Soy mujer, soy invencible,
¡y estoy exhausta!

Soy mujer, soy invencible, ¡y estoy exhausta!

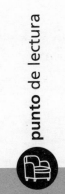

punto de lectura

De esta edición:
D. R. © Santillana Ediciones Generales, S.A. de C.V., 2010.
Av. Río Mixcoac 274, Col. Acacias.
México, 03240, D.F. Teléfono (55 52) 54 20 75 30

Primera edición: noviembre de 2010.
Sexta reimpresión: septiembre de 2012
ISBN: 978-607-11-0788-6

Fotografía de portada y de solapa: Paola González.
Diseño de cubierta: Gerardo Hernández y Angélica Alva.
Diseño de interiores: S Consultores en Diseño.
Impreso en México.

PRISA EDICIONES

Para Pablo,
tu amor me hace sentir invencible.

ÍNDICE

13   Agradecimientos

15   Introducción

YO CON MI PAREJA

23   El amor llega cuando menos lo esperas

25   Del hombre perfecto a... ¡tiene defectos!

27   Dos psicologías, dos personalidades,
      dos formas de ser...

29   En lo próspero y en lo adverso

34   Cuando dos mundos se juntan

38   ¿Qué tanto platicas con tu pareja?

41   Sexualidad en la pareja

47   ¡Abajo los mitos del amor!

52   ¡Peligro! Evita las cuatro señales

56   ¿Nosotros, problemas? ¡Para nada!

59   Hombre: ¿seguro o inseguro?

61   ¡Los celos!

65   Los pesos de la mujer, ¡cómo pesan!

67   El síndrome que todo hombre detesta

72   "Lo que tú digas y quieras, mi amor":
      codependencia

74   Tu pareja te quiere por cómo la haces sentir

78   Lecciones de una amante

84   ¿Qué harías diferente?

86   Sospecho...

88   El dolor de la infidelidad

93   La mujer también es infiel

95   Cuando termina lo acabado: el divorcio

106   ¡Me casé con un misógino!

110   Hasta que la violencia nos separe

113   Guía para mujeres maltratadas

YO Y MI TRABAJO

121   ¿Por qué trabajas?

124   ¿Se nos estará pasando la mano?

129   ¿Cuál es tu estilo para trabajar?

141   ¿Me embarazo o no me embarazo?

145   Soy mamá, trabajo y me siento culpable

153   Trabajar en casa

157   ¿Te das permiso para ganar?

162   Atrévete a pedir

165   Las paradojas del dinero

169   ¿Cómo te ves en cinco o 10 años?

175   Conecta los puntos de tu vida

YO CON MI FAMILIA

181   "Así es mi vida"

185   La neblina en el camino

188   Adiós a la mujer perfecta

190   ¿En qué inviertes tu tiempo?

194   ¿Cuáles son tus prioridades?

198   Mamá: "Cerrado por inventario"

200   ¿Yo?, sólo soy ama de casa

205   Educa y disfruta

209   ¿Hijos "privilegiados"?

212   Las palabras cambian vidas

216   Educar sola

221   Te casas también con la familia

224 Quince reglas para ser una buena suegra

228 Adoptar un hijo

233 Vivir en el límite y en la fragilidad:
hijos con discapacidad

237 Una hija adicta: "No contaba con eso..."

240 "Mamá, papá: soy gay"

YO Y MI SALUD

247 ¿Adicta a la adrenalina?

250 Estrés, ¿nosotras?

253 Tu energía es primero

259 La lucha entre cuerpo y mente

262 Inhala... exhala

266 Los beneficios del yoga

268 Vamos a caminar

271 Dormir... dormir... dormir

274 La felicidad está en el cerebro

278 Favor de tocar

281 Sentirte y verte bien

286 ¡Más joven cada día!

291 El secreto para adelgazar

295 ¡Desintoxícate!

297 Desórdenes alimenticios

299 Anorexia

303 Bulimia

305 "Comida confort" y comer compulsivo

314 ¿Dónde dejé mis llaves?

317 Estar en calma

323 La piel del alma

329 ¿Qué tanto me quiero?

335 Sé feliz

342 El espejo y los trucos de la mente

345 Valora tus cualidades

351 ¿Me hago cirugía o no?

354 ¡Qué mujer tan encantadora!

359 Aprende a decir "no"

363 Descubre el fondo de tu enojo

366 Estoy pasando por una crisis

370 Tengo depresión y no sé como salir de ella

374 Sobrevivir a una pérdida

384 La nueva mujer

   384 Vivo sola, ¿estoy sola?

   388 Ya no hay hombres...

   396 Relaciones desechables

398 La actitud es todo

403 Conclusión

409 Bibliografía

AGRADECIMIENTOS

Gracias, gracias, gracias...

Quiero dar gracias de todo corazón a todas mis lectoras, quienes se esfuerzan día a día para ser invencibles; y a los cientos de mujeres que con frecuencia, sin saberlo, a manera de plática, testimonio, anécdotas, cuentos, correos electrónicos, confesiones e historias, colaboraron para enriquecer este libro.

Un agradecimiento especial a:
Adriana, Adriana Bizarro Arteaga, Alicia Alarcón, Alice Oriani, Alma de Gaudiano, Alma Torres, Amelia Hinojosa, Ana Bertha Barragán, Ana Paula Pérez, Andrea Toledo, Andrea Vargas, Andrea Sánchez, Araceli Hernández, Berenice Guzmán de Díaz del Castillo, Bessy Lorena Sánchez, Carla Cué, Carlos Soto, Claudia Herreramoro, Cecilia Aguilar Marco, Concha de Haro, Consuelo Artigas, Cristina Pastrana, Cristy González Lobo, Diana Franco de González, Mercedes Carbonell de Lozano, Emma Real, Erika Jurado, Gaby González, Gabriela Deschamps, Gaby Serna, Gaby Guajardo de Vargas, Galia Moss, Germán Dehesa, Gina Ysita, Guadalupe González de Gavaldón, Jesús Alfonso Zúñiga San Martín, Leticia Sánchez Ruiz, Lourdes Mier y Terán de Vargas, Lourdes Arredondo, Luz María Mier y Terán, Liana Henkel, María Amparo Espinoza Rugarcía, Macarena Vargas, Magda Torroella, Marcela Quiroz, María Eugenia Alamilla de Santandreu, María Teresa Cruz, María Vargas, Marisol Campohermoso, Mariza Rivera Torres, Maru Alonso, Maru Hernández, Martha Carbonell de Nieto, Maty Martí, Mercedes, Mina Kawage, Mina Magallón, Nancy Sanciprián, Norma García, Olga Sánchez Cordero, Paola Quintana, Patricia Kuri, Queta Contreras, Regina Kuri, Rocío

Incera, Rosalba, Sandra Hussein, Sharon Wilkins, Susana del Mazo, Solange de Brawn, Sylvia Sánchez Alcántara, Tere Villareal, Tere Viniegra, Tere Hermoso, Tere Hevia, Verónica de Vargas, Verónica Torres y Yolanda.

Gracias a los expertos que generosamente me proporcionaron todo tipo de información y apoyo:
Doctora Connie Moreno, doctor José María Zubirán, Cristina Quezada, doctora Julia Borbolla, doctora Laura Elliot, doctor Luís Ortiz Oscoy, doctor Román Torres Trujillo, doctora Olga Labastida, Irma Miriam de Anhalt, Josefina Leroux, Juan Carlos Kanahuati, Miguel Tijerina, doctor Luis Perelman, Patricia Moctezuma, Verónica Pereyra, Roberto Garrido Cruz, padre Luis Canché.

Gracias también, de todo corazón, al maravilloso equipo de Editorial Santillana, sello Aguilar, por su entusiasmo, confianza y paciencia al elaborar, organizar y revisar el material. En especial a:
Armando Collazos, Patricia Mazón, Sara Schulz, Gerardo Hernández Clark, César Ramos, Rocío Salas, Adriana Beltrán, Itzel Hernández, Rubén Domínguez, Gabriel Miranda, Edgar Rivas, Arturo Almazán, Angélica Alva, Cristina Paoli, Jorge Solís Arenazas y Eva Ginsburg.

A Adriana Arvide por las ingeniosas ilustraciones.

A Paola González y Carlos Soto de Imágenes Traslentes por la fotografía de portada.

A los licenciados José Luis Caballero y Ana Katia Basaguren por darle protección y fuerza a mi autoría.

INTRODUCCIÓN

Al regresar de un viaje por la República Mexicana, me da mucho gusto darme cuenta de que ya no hay profesiones exclusivamente masculinas: el capitán del avión es mujer; a la par, veo en el periódico la foto de una mujer nombrada general del Ejército Mexicano. Más tarde, noto con sorpresa que en el mariachi que ameniza la comida, quien toca el violín es mujer. Y así por el estilo, día con día la percepción y el hecho mismo de que hay jefas de Estado, científicas, astronautas, diputadas, policías y demás, va en aumento. ¡Qué maravilla! ¡Qué orgullo! ¡Claro que podemos! El éxito de una mujer es el éxito de todas.

Hoy es el tiempo de las mujeres. Nuestro tiempo. Es nuestro momento y nuestra oportunidad. También, nuestro gran reto. Las posibilidades de marcar una diferencia en el mundo en que vivimos son ilimitadas; las mujeres tenemos un gran poder, además de cualidades, dones, fortalezas y, sobre todo, una gran influencia en la vida de los que nos rodean.

Como la mayoría de las mujeres de mi generación, fui educada para creer que el verdadero poder viene del trabajo o de un título profesional, y así nos lo exigimos. Es un hecho que hoy en día nos fijamos muchas metas que compiten entre sí. Queremos ser "súper poderosas": hacer todo perfecto, ser cultas, guapas, delgadas, estar a la moda, ser las mejores mamás, caminar con tacones de aguja, ser competitivas, tomar clases de todo, ganar bien, ser *sexys*, tener la casa linda, desarrollarnos internamente, ser interesantes, profesionales, tener nuestros pequeños placeres y, además, contar con tiempo para descansar. Sí, las mujeres tenemos hambre de tiempo.

Si sumamos todo el tiempo que requiere lo anterior, el día tendría que tener, exactamente, 42 horas, pero tiene 24 y nosotras sólo una cantidad limitada de energía que dejamos repartida en pedacitos por todos lados. Difícilmente nos damos oportunidad para recargarla, lo cual nos lleva a un gran desgaste físico y mental. Por ende, estamos atrapadas en un juego difícil de ganar.

¿Podemos tenerlo todo? Por supuesto que sí, quizá no al mismo tiempo. Lograrlo es cuestión de definir los asuntos prioritarios de nuestra existencia, de acuerdo con las etapas de nuestra vida.

Hoy, después de casi 30 años de trabajar para lograr lo que un día soñé, puedo comprender que el verdadero poder tiene muy poco que ver con lo que nuestro currículo diga. En realidad, surge de encontrar nuestra propia voz, ser honestas con nosotras mismas y seguir los dictados de nuestro corazón.

Permíteme compartir contigo la anécdota que dio origen a este libro:

Una mañana, de vacaciones en Cancún, salí a caminar por la playa. Aproveché para hacer ejercicio, gozar de la vista del mar, respirar aire limpio y agradecer los regalos que la vida me ha dado. De pronto, vi a una señora que caminaba en dirección contraria a mí y que, por su apariencia, supongo era estadounidense.

Al ver la leyenda impresa en letras negras sobre su playera blanca, de inmediato me identifiqué y pensé: "Sí, sí, así me siento, exactamente así." Alguien supo expresar en pocas palabras lo que, sin darme cuenta, yo sentía y vivía. Por un instante, la mujer y yo nos miramos y sonreímos en perfecta complicidad. No sé quién era, de dónde venía, ni los años que tenía y, mucho menos, a qué se dedicaba. Ella tampoco sabía nada de mí. Sin embargo, esa leyenda de inmediato nos hermanó.

Cada una siguió su camino. Nunca nos volvimos a ver. Lo que tenía escrito en su camiseta era, precisamente, el título de este libro: "Soy mujer, soy invencible, ¡y estoy exhausta!"

Estoy segura de que hoy en día millones de mujeres en el mundo nos sentimos identificadas con esta frase, no importa de dónde vengamos ni la situación que vivamos.

A lo largo de mi trayectoria profesional, he tenido la oportunidad de viajar por la mayoría de los estados de México. Así, he leído, escuchado y conocido a mujeres con historias maravillosas. Historias que deberían estar escritas con letras de oro, porque son un ejemplo a seguir. Mujeres profesionales, luchonas, fuertes, recias, tesonudas, que trabajan entre 14 y 16 horas diarias; que realizan grandes proyectos con eficiencia y entrega, al mismo tiempo que desempeñan sus roles de madre, esposa, amante, cocinera, chofer, lavandera, psicóloga y demás quehaceres que todas conocemos y llevamos a cabo.

Esto me ha enseñado que cuando una mujer se enfrenta a una situación límite, ya sea la enfermedad de un hijo, sacar adelante a una familia, asumir un reto, empezar un trabajo, afrontar una discapacidad o una adversidad de la vida, saca fuerzas que ni ella misma sabe que tiene. Nos volvemos invencibles. Las mujeres tenemos una gran fortaleza interna y externa que todavía no acabamos de reconocer. Es por eso que resulta tan significativa la frase de Eleanor Roosevelt: "Las mujeres son como una bolsita de té: nunca sabes lo fuertes que son hasta que las metes en agua caliente."

Como muchas mujeres, tengo una familia —mi mayor orgullo— y 35 años de estar felizmente casada con un hombre al que admiro y adoro. Puedo decir que he pasado por todas las situaciones, o casi, y sé lo difícil que es tratar de hacer todo y lograr un equilibrio a pesar de las caídas, los logros, las oportunidades y demandas que hoy tenemos. Sin embargo, debo asegurarte que se puede.

Por otro lado, pertenezco a la "generación sándwich" de mujeres que nos desarrollamos en los años setenta, entre una mamá modelo de los años cincuenta y la revolución feminista de nuestro tiempo. Crecimos con un pie en el pasado y otro en el futuro, lo cual nos ha dado una buena dosis de confusión.

Nos educaron mujeres cuyo único fin era casarse, entregarse, atender a su esposo y formar una familia para dedicarse a ella por entero. Al mismo tiempo, el movimiento feminista nos llamó a despertar, a revalorarnos, a ser libres sexualmente, a soltar esos viejos conceptos y a desarrollarnos como mujeres independientes, como personas. Y es así que, para bien o para mal, toda mujer liberada de hoy tiene encriptada en la conciencia a la mujer tradicional de mediados del siglo pasado. Por ello, cada vez que actuamos desde este poder adquirido, nuestra esencia entra en conflicto.

En estas páginas no pretendo dar una solución, tipo receta de cocina, a los múltiples dilemas y las paradojas de nuestra existencia. Porque no hay una solución única; la historia de cada mujer es distinta. Me basta cumplir con lo que dice mi querido amigo Germán Dehesa: "Nuestra obligación es mostrar, no demostrar, y mucho menos aconsejar." Lo que busco es provocar la reflexión; ayudarnos a ver a distancia el camino que hemos decidido recorrer, porque es producto de las decisiones que tomamos. Quisiera que sintieras un abrazo comprensivo de apoyo y solidaridad. Sé que juntas encontraremos formas más femeninas para lograr el equilibrio que generalmente alcanzamos por un momento y vemos esfumarse al siguiente.

Durante la investigación que realicé para dar forma a estas páginas, me di cuenta de que el tema de la mujer es inagotable. Podría escribir una enciclopedia completa y, aún así, dejar aspectos pendientes, razón por la que en este libro decidí enfocarme en los puntos clave e inmediatos de la vida de la mujer actual. Dividí el contenido en cinco capítulos: "Yo con mi pareja", "Yo y mi trabajo", "Yo con mi familia", "Yo y mi salud" y, finalmente, "Yo conmigo misma".

El primer capítulo, "Yo con mi pareja", trata sobre tópicos tan diversos como el amor que llega cuando menos lo esperas, la comunicación con tu pareja, la infidelidad, las lecciones que puede darnos una amante y la violencia física dentro de una relación amorosa.

En el segundo capítulo, "Yo y mi trabajo", expongo temas como por qué trabajamos, por qué sentimos culpa, la disyuntiva entre embarazarse o no, trabajar en casa, por qué no sabemos pedir, las paradojas del dinero y otras situaciones a las que nos enfrentamos hoy.

En el tercer capítulo, "Yo con mi familia", encontrarás temas relacionados con el equilibrio entre nuestra vida personal y la familia, y qué tanto nos afecta la necesidad de brindar una educación sólida y coherente a los hijos, en especial cuando lo haces sola.

En el cuarto capítulo, "Yo y mi salud", abordo las maneras en que podemos cargarnos de energía, sentirnos y vernos mejor; hablo sobre los antioxidantes, la dieta anti edad, las conductas autodestructivas, y otros temas que considero parte fundamental de nuestra feminidad.

Por último, en el capítulo "Yo conmigo misma", que disfruté mucho escribir, abordo el tema de las mujeres solas y exitosas, además de muchas circunstancias que vivimos la mayoría de las mujeres, como pasar por una crisis, descubrir el fondo del enojo, nuestra relación con el espejo y los trucos de la mente; qué tanto nos queremos, la piel del alma, entre otros temas que espero disfrutes.

Para terminar estas palabras introductorias te invito a visualizar la manera en que un alfarero crea una vasija: coloca una mano en el exterior mientras, con la otra, en el interior, resiste la presión para darle forma a su obra. Si permite que la presión de afuera sea mayor que la de adentro, no sólo el espacio interior se reducirá, sino que podrá perder el control de la vasija, incluso romperla.

¿Cuántas veces permitimos, en el proceso de moldear nuestra vida, que sea la mano exterior la que ejerza y domine la presión? Las citas, los compromisos, lo tangible y lo material se vuelven prioridades. Es fácil dejar a un lado todo aquello que no es cuantificable, que no conduce al éxito y que tampoco tiene una retribución inmediata —comunicación real, congruencia, tiempo de reflexión, espiritualidad, crecimiento interior y entrega—, pero que al faltar lleva al rompimiento irremediable de la vasija.

Acudamos entonces, querida lectora, a nuestra mano interior para restablecer el equilibrio perdido. Quizás debamos anhelar una vida más simple y reconsiderar nuestra propia exigencia, para encontrar el poder que verdaderamente importa.

Gaby Vargas

CAPÍTULO 1

YO CON MI PAREJA

YO CON MI PAREJA

EL AMOR LLEGA CUANDO MENOS LO ESPERAS

Poco a poco el trato, los detalles, las flores, las palabras, la tenacidad y las miradas llegan al corazón; se descubre la fineza del alma, la fortaleza del espíritu, el contacto de la piel, el primer beso, y se siente cómo el corazón, inexplicablemente, se abre, cede, se inunda y derrite para siempre. Así es. El amor llega cuando menos lo esperamos.

Cuando dos personas crean una relación donde el alma se asoma, la vida parece tener otra tonalidad; nos llenamos de entusiasmo, nos sentimos creativas, inspiradas, nos brilla la mirada; tal parece que el otro refleja lo mejor de nosotras mismas.

Sin embargo, cuando ese príncipe azul se va, sientes que el amor se va con él y acaba para siempre; que no habrá otro hombre jamás. Pero en ocasiones, sin darnos cuenta, nos enamoramos de la idea de estar enamoradas más que de la persona en sí misma.

Por ello comparto contigo una idea que para mí fue muy importante saber: nosotras somos dueñas de nuestra fuente de amor. Sí, el amor es un sentimiento inagotable que siempre está y estará en nuestro interior. La pareja sólo tiene la cualidad de reflejar el amor que nosotras sentimos.

¿CÓMO ESCOGEMOS A NUESTRA PAREJA?

Los sociólogos nos dicen que lo hacemos con base en tres criterios:

1. Cuestiones de tipo social, como clase socioeconómica, religión, nivel educativo y demás.

2. Razones de tipo personal, como apariencia, intereses comunes y gustos.

3. Atracciones inconscientes a las que llamamos "química", eso que no sabemos bien a bien por qué nos gusta pero que, sin lugar a dudas, nos atrae de la otra persona.

A la hora de elegir, nuestra decisión está muy influenciada por cómo es nuestra familia —nuestros papás y hermanos— o por algún maestro o tío que de chicas nos gustaba o impresionaba.

Algunos estudios han demostrado que al elegir pareja buscamos alguien que de alguna manera se parezca a nosotros. ¡Es increíble! ¿No? Puede ser en movimientos, forma de hablar, estilo, educación y, en ocasiones, hasta físicamente. ¿Te ha tocado ver parejas que se parecen mucho entre sí?

A partir de ese encuentro, de que nuestro amor propio se refleja en el otro y el suyo se refleja en nosotros, se inicia la vida en pareja. El camino que tome la relación dependerá de muchas circunstancias y muchos detalles, que ambos pueden manejar y sortear.

DEL HOMBRE PERFECTO A... ¡TIENE DEFECTOS!

Cuando paseas por el campo caminas por espacios planos, verdes y floreados, pero también por curvas, pendientes y caminos de tierra seca. ¿No es cierto? De acuerdo con diversos estudios, todas las relaciones atraviesan por situaciones que pueden representarse con estas metáforas. Conocerlas nos ayuda a recorrerlas de la mejor manera y evitar que nos tomen por sorpresa.

Primera etapa. La foto perfecta. Llena de ilusión, deslumbrada, te enamoras del hombre ideal. Ves todas sus cualidades: se ríe precioso, es muy inteligente, tiene unos ojos divinos, es culto, simpático, interesante; además, es sencillísimo. La relación todavía es superficial. Te enamoras de su imagen, como si fuera una foto perfecta y enmarcada. ¿Y qué crees? Tú también te presentas como una foto insuperable: eres toda sonrisas, prudente, tolerante. ¿Defectos? ¡Para nada! No los tienen tú ni tu pareja. En realidad ves lo que quieres ver.

Poco a poco, el tiempo y el trato muestran nuestro "yo" completo. Ni modo. Somos seres imperfectos. Esto nos provoca inseguridad, ya que sentimos miedo de decepcionar y de que el otro nos decepcione.

Segunda etapa. La foto tiene fisuras. ¿Cómo? El "hombre maravilla" tiene defectos. Aquí transitamos de: "¡Es lo máximo, lo que siempre había buscado!" a: "Es medio irresponsable", "se come las uñas", "es malo para contar chistes y hace comentarios que no vienen al caso". Te preocupan sus mañas y faltas. Al mismo tiempo, esas debilidades te recuerdan que tú también estás llena de imperfecciones. Así, la relación entra en terreno pantanoso.

Es probable que en esta etapa empieces a generalizar: todos los hombres son iguales. Son adictos al trabajo. No saben de otra cosa más que de futbol. No tienen iniciativa. Nunca quieren hacer planes diferentes... Estos comentarios, como *boomerang*, regresan a ti y deterioran tu autoestima: soy una tonta, una ciega, siempre hago lo mismo, etcétera.

Después, los dos empiezan a aplicar la técnica "o". Me quieres o no me quieres. Me aceptas como soy o búscate a alguien más. Tendemos a reducir las cosas a blanco o negro, sin tomar en cuenta que los seres humanos somos una combinación infinita de claroscuros.

Al analizar fríamente esta etapa de confusión, si somos objetivas y abrimos la mente y el corazón, podemos decidir si aceptamos o no sus defectos y los nuestros; podemos ver hasta dónde estamos dispuestas a abrirnos, a recibir al otro en forma integral. Sólo así fluye la relación.

Tercera etapa. Así me gusta la foto. Las expectativas aterrizan. Con una buena dosis de humildad y compromiso aprendemos a ver, tanto en nosotras como en el otro, lo que en realidad importa en la vida. Es poco sociable y callado, pero tierno y cariñoso; es estricto y enérgico, pero también el mejor compañero; es despistado, pero inteligente y sensible; es medio adicto al trabajo, pero me hace reír y es noble. Cuando sientes que el otro te respeta, te transforma, te motiva, te hace crecer y ser mejor persona, aprendes a cambiar unas cosas por otras; y sabes que él piensa y siente lo mismo por ti. Entonces aparece la voluntad de fundirse y desprenderse en una relación auténtica y comprometida. Aprendemos a querer a nuestra pareja con todo y su lado oscuro.

La ilusión y el desencanto son los hilos que tejen la trama de la vida. Sin embargo, la tarea de integrarnos uno al otro es permanente. La aceptación de nuestros defectos puede ser la raíz de nuestras fortalezas y el catalizador para madurar.

Si en el camino entrelazamos nuestras manos al pasar por las curvas, la sequía y las piedras, habremos llegado a la madurez y plenitud de la relación.

El secreto está en transitar las tres etapas sabiendo que vamos juntos y, más importante aún, que deseamos seguir juntos.

DOS PSICOLOGÍAS, DOS PERSONALIDADES, DOS FORMAS DE SER...

¡Y por fin llega el día de la boda! Todos los sueños de compartir una vida se hacen realidad. La luna de miel, la ilusión de acondicionar la casa juntos y la alegría de irse descubriendo uno a otro son las piezas que componen la nueva vida. Los primeros meses del matrimonio transcurren en medio de efervescencia, detalles, sueños y esperanzas. Cualquier pequeño mal entendido se supera fácilmente. Salen juntos, se reúnen con amigos, quizá llegue el primer bebé para completar este fascinante universo. La pareja está ocupada en construir su futuro.

En todos los matrimonios, por bien que se lleven, de pronto hay diferencias. El hombre y la mujer tienen psicologías distintas, dos personalidades, dos formas de ser. Incluso somos dos egoísmos; esto es una realidad humana y produce un enfrentamiento que, de agudizarse, se convierte en silencio conyugal, por el que todo se puede ir al abismo.

Para reforzar el amor es necesario buscar formas de unión. Esto no es espontáneo, no brota de la simple bondad del corazón. Alguna vez escuché que "amar es un acto de la voluntad", y cada día compruebo que es cierto. La vida, por sí sola, no quita los defectos que podamos tener. De hecho, el tiempo suele empeorarlos. Lo que se necesita es querer ser mejores. Es una tarea de reforma personal continua, sosegada y consistente. Hay que estar conscientes de que la esencia del matrimonio es vivir en común, lo que significa respetar, ceder, compartir, entregarse, tolerar.

La vida está formada por detalles cotidianos que facilitan y alegran la convivencia. Sólo cuando hay voluntad de buscarlos, la relación se transforma en una decisión, no en un asunto de rutina.

EN LO PRÓSPERO Y EN LO ADVERSO

¡Pobres novios! Son las seis de la tarde, algunos instrumentos difunden música mística y cientos de varas decoradas con orquídeas blancas reciben a los invitados. Frente a nosotros, el altar, la arena, un cielo rojizo de atardecer y el mar. Alrededor de 500 personas presenciamos una ceremonia religiosa muy emotiva; la joven pareja se promete amor y fidelidad.

A lo lejos, el sonido y las luces explosivas de una tormenta eléctrica se dibujan en el cielo y nos distraen. "Está muy lejos", pensamos los asistentes, mientras con la mirada confirmamos que nos cubre el cielo limpio. Las mesas blancas del banquete, compuestas con cientos de velas y orquídeas, parecen sacadas de una película. Las palmeras enmarcan el área y no hay lona o techo que las cubra.

Al término de la ceremonia, los invitados felicitamos a los novios y nos dirigimos hacia la zona iluminada de las mesas. Sobre los hombros empezamos a sentir el aviso de una que otra gota: "Ahorita se quita, sólo está chispeando", comentamos Pablo y yo con la mamá de la novia. "En noviembre no llueve en Acapulco." Antes de terminar la frase, el cielo se rompe en un furioso y cerrado aguacero. Los invitados, incrédulos, nos miramos como diciendo: "¿Qué hacemos? ¿Habrá plan B? ¡No hay lona, ni un pedazo de techo!" Fue interesante observar las diferentes reacciones.

Los novios y la mayoría de los invitados corren a resguardarse al único lugar techado: los baños. Algunos vuelan a pedir su coche y huyen. El papá de la novia, empapado, camina de un lado a otro buscando inútilmente algún remedio. Los que acaban de llegar ni se bajan del coche, se van. Otros se refugian (es un decir) bajo las palmeras. Y unos 18 amigos nos amontonamos bajo dos paraguas que Pablo trae por casualidad en el coche.

La lluvia azota de lado y la lucha por mantenernos secos está perdida. Lo glamoroso de todo se fue en un instante. Las mujeres quedamos con los vestidos escurridos, el cabello pegado sobre la cara y el rímel corrido. Las guayaberas de los señores se hacen transparentes, y los pantalones negros se les encogen como si fueran de pescadores. Los heroicos meseros empiezan a repartir vino, tequila y lo que sea, para calentarnos un poco.

Después de dos horas, la lluvia no cesa y no tiene para cuando hacerlo. Ensopados, empezamos a preocuparnos. ¡Pobres novios! Alguien pregunta: "¿Qué se hace en estos casos?" Escucho la respuesta de mi amigo Jorge y me encanta: "Nada. Te quedas y apoyas." Varios de los ahí presentes ya casamos hijos y sabemos lo que esto significa: la ilusión, planear todo con tanta anticipación y, sobre todo, ¡lo que cuesta! En el momento, todo parece arruinado. Nadie se puede sentar, no hay música, la cena no se puede servir y algunas personas continúan retirándose del lugar. Nos imaginamos a la novia llorando dentro del baño. Esto hubiera sido lógico y comprensible, pero para sorpresa de todos, resulta lo contrario.

Cuando sus amigos deciden ir por los novios y traerlos con porras a la lluvia, la pareja muestra disposición para enfrentar su primera adversidad tomados de la mano. Me encanta ver la actitud de Joanna, la novia. Su madurez, su sonrisa franca y la calidez con que agradece efusivamente la permanencia de todos, llama la atención. Con un gesto de "ni modo, así nos tocó", se disponen a disfrutar. Se ve igual de bonita con el vestido de novia empapado; su belleza viene de adentro, está feliz. En lugar de quejarse, sufrir o maldecir, los dos proyectan una luz que contagia y nos da una lección.

Los del sonido se las ingenian y suena la música. En ese momento no importa la lluvia, los arreglos, los vestidos o el maquillaje. La gente baila contenta y en la "aguada" boda, reina hasta la madrugada un ambiente de solidaridad y cariño muy especial (nunca paró de llover).

Finalmente, así es la vida: nos cae un chubasco cuando menos lo esperamos y la gran diferencia entre derrotarnos o sacar la casta está en la actitud. La escuela de la vida le proporcionará a esta joven pareja, como a todos, muchas de estas situaciones. Sabemos que no podemos controlar lo que nos sucede o la manera en que los demás se comportan; lo que sí podemos es decidir cómo reaccionar frente a las circunstancias y convertirlas en trampa o trampolín. Trampa si me dejo llevar por ellas, trampolín si las supero. Pablo y Joanna hacen de la adversidad un trampolín y nos dejan el grato recuerdo de una boda que, a pesar de todo, fue inolvidable.

Dice Viktor Frankl: "El tamaño que tengo como ser humano es el tamaño del obstáculo que soy capaz de vencer."

AVANCES Y RETROCESOS

Inevitablemente, quienes compartimos una vida en pareja afrontamos esas tormentas, diferentes etapas de avance y retroceso, épocas de calma y momentos de crisis. Si nos empeñamos en disfrutar plenamente las buenas etapas y aprendemos a tomarnos de la mano en las de crisis, el amor crece, madura, se fortalece. Pero las heladas suelen llegar inesperadamente, y a veces no estamos preparados para capotearlas. ¿Qué podemos hacer? Aquí hay algunas recomendaciones:

1. Decídete a amar. A todos nos ha pasado que un día amanecemos con la idea de que nos cae mal nuestra pareja. Es normal, es lógico. Sería irreal lo contrario. A una amiga le preguntaron que si algún día le había pasado por la mente divorciarse de su mari-

do. Ella contestó: "Divorciarme no, pero matarlo, mil veces". Creo que todas lo hemos pensado.

Cuando nos sucede esto, hay que seguir la receta de la madre Teresa: **"Para curar heridas, hay que pasar con amor por encima del sentimiento."**

2. Ve más allá de lo físico. Al principio, todo es pasión. El amor, para que sea perdurable, necesita madurar, crecer y profundizarse. El atractivo físico se acabará, la relación psicológica se desgastará. Lo que queda, lo que sostiene, es haber generado una relación de tipo espiritual que trascienda y permanezca.

3. Cuida el amor, es frágil. El amor no viene en el paquete del matrimonio. No está garantizado. Hasta el mejor amor se desvanece si no se nutren las reservas. Setenta por ciento de los casos de infidelidad en pareja se debe a sentimientos de soledad. En estos casos, un tercero entra fácilmente. Si nos paramos en dos pies y alguien nos empuja, será difícil caernos. Si nos paramos en uno solo, es fácil perder el equilibrio y caer.

4. Sé tenaz. Hay veces en que luchamos y no vemos resultados inmediatos. Sin embargo, mucho hace quien mucho ama. Con tenacidad, los frutos llegarán. Es cuestión de mantenernos firmes.

5. ¡Ojo con la muralla! Ingenio, buen humor, inteligencia y voluntad propician una convivencia enriquecida. Es paradójico que el primer riesgo de alejamiento como pareja sean los hijos. Surgen en lo cotidiano frases como: "Si ya no te acaricio es por los niños", "si ya no me arreglo es por los niños", "si trabajo tanto es por el bien de nuestros hijos" y "si me duele la cabeza es por los hijos". De pronto hay una muralla. ¿Cuánto y hasta dónde debemos cuidar a nuestros hijos y dejar de ser compañeros de vida? Los hijos se van y los dos nos quedaremos en donde empezamos.

6. Atiende tu vida sexual. Es importante no sólo por el placer, sino por la entrega, el encuentro y la profunda comunicación espiritual que provoca entre la pareja. El propósito no es encerrarse en uno mismo, sino buscar y entregarse al otro para hacerlo feliz.

7. Comparte. A veces parece que cuanto más tiempo pasa, menos abrimos el corazón para comunicarnos. Compartir lo que pensamos, nuestros sentimientos y nuestras experiencias nos mantiene unidos. ¿De qué platicábamos al inicio de nuestra relación?

8. Convive. Opta por vivir como al principio de la relación. Una vez que pasa el entusiasmo inicial, decir "te quiero", tener un gesto de cariño o una caricia, ofrecer una sonrisa o pedir una disculpa se convierten en detalles que fortalecen una relación y sobrepasan al enemigo de la monotonía.

9. Comprométete. Invita a tu pareja a hacer un proyecto de vida en conjunto, sin renunciar a ser tú misma, manteniendo tu propia personalidad. El amor sin compromiso no es amor. Comprométete a luchar, proteger y hacer crecer el amor con tu pareja.

Un día escuché que un avión despega con más facilidad cuando tiene el viento en contra: así cobra fuerza y se levanta. Una relación de pareja comienza llena de ilusiones y seguro encontrará varios retos en el camino, que serán como ese viento. Sólo con el amor se pueden vencer. Es lo que nos dará fuerza para que el matrimonio se levante y vuele.

CUANDO DOS MUNDOS SE JUNTAN

Es importante considerar que estamos recién llegadas al mundo del otro; un mundo de trabajo, amigos y costumbres que no desaparecen sólo porque... ¡ya llegamos! Como pareja nos debe quedar muy claro: además de su propio mundo, el hombre y la mujer siempre buscarán su independencia, su espacio. Por el bien de la relación, hay que dejarnos ser uno a otro: así nos ganamos el respeto a nuestro mundo y, en ciertos momentos, a nuestra privacidad.

Comparto contigo algunos conflictos que suelen aparecer en esta fusión de dos mundos diferentes:

LAS PRINCIPALES CAUSAS DE CONFLICTO SON:

Las costumbres. Cada uno somos el lugar donde nacimos, los cuentos que escuchamos, la escuela a la que fuimos, los amigos que tuvimos y demás. De esos dos mundos, como pareja construimos otro. Traemos a él nuestras propias costumbres e ideas para formar los cimientos de la nueva familia. Por ejemplo, en la familia de Gina, los domingos tenían la costumbre de salir a comer juntos; ahora a Pepe, su esposo, le gusta quedarse en casa, cocinar y pasar tiempo solos. Al principio a Gina le costó trabajo, ahora es lo normal. Es cuestión de ceder. Así es en todo.

La familia política. Es conveniente, desde el principio, poner límites de común acuerdo para saber hasta dónde se permitirá que intervenga la familia del otro, y con toda delicadeza e inteligencia comunicarlo. Es un hecho: te casas con toda la familia. Por ello es importante acordar que en fechas y celebraciones serán parejos. Una vez con la familia de uno, y otra con la del otro.

Las pequeñeces pueden llevarnos a grandes conflictos si no las aclaramos desde el principio y a tiempo.

Los amigos. Cuando entablas una relación de pareja, a veces cuesta trabajo hacer entender a nuestras amigas y amigos que la relación con ellos ya cambió, respecto al tiempo y espacio que compartiremos. Así es la vida: pasaremos por una época de celos en la que quizá se sientan desplazados; después, lo entenderán.

Asimismo, con la pareja, también es importante definir más o menos el tiempo que cada uno pasará con sus amigos, para que ambos tengan ese espacio tan importante y gozoso sin que el otro se sienta abandonado.

El trabajo. Cuando alguno de los dos pasa mucho tiempo en el trabajo, lo queramos o no, la relación se descuida y deteriora. El tiempo de estar juntos, platicar y salir, disminuye. El amor crece con la convivencia, y en esta situación, los horarios, los sueldos y los compañeros de trabajo influyen en la relación, por lo que conviene involucrar a la pareja y tenerla al tanto del mundo laboral del otro, para que no lo vea como su enemigo a vencer.

El dinero. Ojo. Hay que tener mucho cuidado con su manejo. Dicen que cuando no hay harina hay muina, y es cierto; su carencia puede prestarse a reclamos y frustraciones; como, por ejemplo, cuando cada uno piensa que, de no haberse casado, no sería tan pobre o no tendría tanta presión.

Cuando la situación es así, perdemos de vista el sentido de pareja; se habla de lo "mío" y de lo "tuyo", no de "lo nuestro".

Los hijos. En ocasiones, uno de los dos le da más importancia y tiempo a sus hijos que a su pareja; por lo general, somos las mujeres. Hay esposas que olvidan ser compañeras y se convierten en la súper mamá del año. Todo el día piensa, habla, actúa, va y viene, en función de sus hijos y nada más. Su conversación y su mundo son las tareas, las clases, los amiguitos y los pañales. Déjame decirte que además de ser "cero sexy", es un aspecto que abre la puerta a la traición. Un hombre necesita una compañera de vida que tenga un poco de mamá, pero mucho de amante y amiga. Algo similar necesitas tú de él.

Por otro lado, el tema de los hijos se puede volver el principal motivo de discusión debido a los permisos, la forma de educarlos y otros asuntos cotidianos. Hay que ponerse de acuerdo y discutir a solas, nunca en presencia de ellos.

Los malos hábitos y las adicciones. Cualquier mujer que haya vivido en casa con un padre, una madre o incluso una pareja con alguna adicción, sabe que el alcoholismo, las drogas o el vicio por el juego son grandes fuentes de conflicto. Manejar situaciones así no es fácil, y es necesario reconocerlas para recibir apoyo; es fundamental seguir un tratamiento muy serio para superarlas.

El machismo. Esta posición tiene su origen en un sentimiento de inseguridad, que puede convertirse en una lucha sin fin por tener control y poder sobre la otra persona, de la que los dos saldrán lastimados.

El hombre machista busca dominar a la mujer: su tiempo, espacio, atención, finanzas, etcétera. Por lo general, todavía encontramos hombres a quienes les molesta que la mujer busque ser independiente, trabaje y gane más dinero o tenga un mejor puesto que él. Con mucho amor e inteligencia se puede vencer.

El feminismo exagerado. A veces las mujeres buscamos defender nuestra independencia sobre todas las cosas, y ser dueñas absolutas de nuestro tiempo y espacio. Luchamos por nuestros derechos y a veces por los de todas las mujeres. Lo cual está bien. Sin embargo, no olvidemos tomar en cuenta que los hombres también están confundidos sobre su nuevo papel, que generalmente se opone a la educación que recibieron. La cuestión es tener paciencia y, como siempre, actuar con mucha inteligencia.

Los "permisos emocionales". Son muy comunes los conflictos en pareja cuando uno de sus miembros proviene de una familia en que se permitía expresar libremente las emociones, y el otro viene de un entorno donde esto era motivo de burla y se consideraba señal de debilidad. Si uno expresa la tristeza y el enojo sin reservas, el otro reprime sus emociones, oh, oh, conflicto a la vista…

Al principio de este matrimonio, la persona que expresa sus emociones, esperará que su pareja reaccione como lo hacía su familia; por lo que se sentirá herido y poco atendido si no ocurre así; el otro pensará que se trata de un drama, una exageración. Por esto es muy importante hablar de los sentimientos y las diferencias desde el principio, para llegar a un entendimiento.

El egoísmo. Cuando una persona se casa y espera que la otra sea la responsable de su felicidad y seguridad, o del bienestar de los hijos, finca su matrimonio sobre una base equivocada: el egoísmo. Unir dos mundos implica renunciar, ceder y entregarse al otro. Ésta es la clave para que una relación en pareja funcione a lo largo de los años y de las diferentes etapas que atraviesa.

Como ves, éstas son algunas posibles fuentes de conflicto. Identificarlas, reconocerlas y ponerlas en palabras es una manera de empezar a superarlas, ¿no crees?

¿QUÉ TANTO PLATICAS CON TU PAREJA?

Qué triste es ver a una pareja sentada a la mesa de un restaurante, mirando hacia los extremos opuestos del salón, sin hablarse uno al otro. ¿Te ha tocado ver alguna? ¿Te ha tocado ser una? El silencio sólo se interrumpe con frases como: "¿Te sirvo agua?" o "¿me pasas la sal?" No se necesita ser psicóloga para adivinar que esa relación está destinada a morir, porque la falta de comunicación refleja desinterés, rechazo y soledad. Hay quienes piensan: "¿De qué le platico a alguien que me conoce desde hace tantos años?" o "ya sé todo de él" o "¡ya no tengo nada nuevo que contarle!"

La comunicación, más que un lujo, es lo que mantiene viva una relación.

Está comprobado que muchas parejas invierten, si acaso, 10 minutos en la comunicación cotidiana. Esto no es una plática real sino mero intercambio de información y cortesía. "Buenos días", "¿qué vas a hacer hoy?", "¿qué quieres de cenar?", "¿cómo están los niños?" Hasta que el sonido de la televisión ahoga las conversaciones irremediablemente. "Hasta mañana." Así, poco a poco, dejamos de ser amantes para convertirnos en socios de una vida práctica y operativa.

¿Quién no tiene temores, sueños, anhelos, inseguridades o esperanzas que buscan salida? ¿Cuántas de nosotras vivimos capoteando estos vagos sentimientos que la vida llena de ajetreo nos impide aclarar, afrontar y sacar? ¿Y sabes?, el silencio puede enfermarnos, sobre todo cuando tratamos de acallar un malestar, un pensamiento, presentimiento o una congoja.

¿QUÉ TE IMPIDE HABLAR?

Por una extraña fermentación interna, lo que no expresas tarde o temprano te envenena. ¿Qué te impide hablar?, ¿será miedo, evasión, falta de tiempo, el celular, los hijos? Al compartir tus inquietudes, especialmente con tu pareja, todo se transforma; como si se tratara de un rompecabezas, las piezas empiezan a acomodarse y dejan entrever una solución. Pero hay personas que parecen querer más a su celular, Blackberry, ipod o computadora que a su pareja. O por lo menos, están más conectadas con ellos.

Con frecuencia, sólo atendemos las cosas de fuera sin darnos tiempo para cultivar el interior de la relación. Hay que hablar de corazón. Escuchar de corazón. Atrevernos a viajar por el alma, con la tranquilidad que da pasear acompañadas de la mano por el campo. Buscar, crear y retomar lazos para cultivar el amor. Evita esa ley implacable del no cambio: la inercia hace que todo lo que no cambia para mejorar, empeore.

ESCUCHAR CON EL CORAZÓN

Si supiéramos escuchar con el corazón, ¡nos asombrarían muchos matices y sutilezas del hombre al que creemos conocer!

En ti y en él está el poder de reinventarse y asombrarse. Para ello se necesita amar, querer conquistarse uno a otro. Piensa en tu pareja y di:

¡Hay tantas cosas que puedo compartir contigo! Puedo platicarte de mi pasado, no como un recuento biográfico de hechos, sino de lo que me hizo reír o llorar. Puedo contarte recuerdos de quienes me ayudaron a darle forma a mi vida. Hubo acontecimientos que estuvieron llenos de luz, y otros de tristeza y oscuridad. Puedo compartir contigo mi forma de ver las cosas, a otras personas en mi vida o al Dios al que le rezo todas las noches. Puedo comentar contigo qué me impacta sobre el libro que estoy leyendo, la última película que vimos juntos.

Es cierto que el primer obstáculo está dentro de mí misma. Prefiero esconder mis puntos vulnerables. Quizá he editado la versión que conoces de mí. Te puedo mostrar mi cuarto de trofeos, pero temo abrirte el de imperfecciones y debilidades. Si me atrevo a mostrarme tal como soy, te puedo contar mis secretos, mis esperanzas y mis sentimientos. Algunos son buenos, otros no tanto. Pero son míos.

Al compartirlos siento que me conecto contigo. Y como todo lo que viene del corazón es contagioso, estoy segura de que tú también querrás platicarme tus inquietudes. Te voy a escuchar sin juzgarte, sin aconsejarte, sin tratar de darte soluciones mágicas. Me esforzaré por entender más allá de lo que dicen tus palabras. Observaré qué me dicen tu mirada, tus gestos, tus silencios, para comprenderte mejor.

Cuando tengamos la oportunidad de salir de la rutina, no desperdiciemos la ocasión de comunicarnos. Evitemos hablar sólo para intercambiar información, quejarnos de hechos pasados, hablar de lo mal que va un hijo en la escuela, hablar del trabajo, criticar a alguien o a todo. Aprovechemos esos maravillosos momentos que nos ofrece el paréntesis. La comunicación es la vida del amor y su raíz se fortalece en el acto de compartir. En sentido profundo, comunicar es compartir tu persona, tener algo en común. Así lograremos no un encuentro, sino varios: yo contigo, tú conmigo, yo conmigo, tú contigo, y nosotros con el mundo. Platiquemos en pareja.

SEXUALIDAD EN LA PAREJA

¡Qué bueno que ahora las mujeres tenemos otras perspectivas de nuestra sexualidad! El valor que hoy le damos se basa en circunstancias más importantes que tener el famoso himen intacto o en la maternidad.

Hoy entendemos la sexualidad como una complicidad con nuestra pareja, una comunicación profunda, una entrega voluntaria que incluye nuestro cuerpo, mente y espíritu.

Sin embargo, en esa misma proporción en que viejas actitudes se han modificado, las mujeres tenemos el compromiso de vivir una sexualidad responsable, sana y plena.

¿Cómo puede una mujer tener una relación de pareja plena? Le pregunté a la sexóloga Patricia Moctezuma:

Patricia: Una auténtica relación de igualdad entre hombre y mujer requiere una participación activa de ambos. La mujer ya no está considerada en segundo plano respecto al hombre. La mujer tiene el derecho de iniciar un encuentro sexual cuando lo desee, o bien decir "no" si no tiene ganas.

Para esto, la comunicación es importante; es necesario eliminar los temores y la ansiedad para dar paso al goce y al placer, y que la mujer oriente a su pareja sobre cómo estimular las zonas de su cuerpo que le proporcionan mayor placer.

Recordemos que aun con el silencio comunicamos algo: un gesto, un ademán, pueden ser interpretados por la pareja como signo de rechazo o aceptación. Y en el plano de la sexualidad, hay que ser muy hábiles para mandar las señales en forma cuidadosa.

Otro aspecto importante es entender y comprender qué tipo de estímulos hacen que la relación de pareja sea positiva.

Los doctores Masters y Johnson señalan que la fase inicial del deseo se activa por estímulos externos. El hombre es especialmente sensible a los visuales y la mujer a los auditivos. Es decir, el varón prefiere ver y la mujer escuchar.

Gaby: ¿La frecuencia es importante?

Patricia: Es un mito recurrente hoy en día. Que una pareja debe tener encuentros sexuales varias veces al día, a la semana o al mes; me parece que eso le compete exclusivamente a la pareja. Cada cual define sus tiempos propios, ya que están en función de las circunstancias: salud, cansancio, actividad laboral y demás.

Los estudios recientes nos dicen que las parejas jóvenes tienen relaciones sexuales con más frecuencia, mientras que las parejas mayores, con más años de estar juntos, se hacen más distantes. Sin embargo, en estas últimas se ha manifestado una mayor calidad en cada encuentro sexual.

Gaby: ¿Hay técnicas especiales que hacen mejor la sexualidad?

Patricia: Las técnicas sexuales como los juegos amorosos, posiciones, uso de materiales sexuales explícitos y otros similares, pueden utilizarse, siempre y cuando no sean el único medio para lograr el clímax y, sobre todo, no incomoden a una de las partes. El respeto al otro es fundamental.

Gaby: ¿Qué hay del orgasmo? ¿Es necesario para que la relación sea plena?

Patricia: Con el orgasmo sucede lo mismo que con la felicidad: entre más la buscas, más puede alejarse. Perseguir el orgasmo como fin último de las relaciones conlleva el riesgo de no alcanzarlo.

El gozo de la intimidad y de los contactos sexuales, está demostrado, pueden llegar a ser tan importantes y satisfactorios para las personas como el orgasmo.

Gaby: ¿Una vida sexual plena con tu pareja disminuye las posibilidades de la infidelidad?

Patricia: Es importante ver que hay un vínculo directo entre "satisfacción sexual" y "calidad de la relación".

Las investigaciones indican que mientras mayor sea la satisfacción sexual de la pareja, menor es el deseo de tener una relación extramarital.

¿QUÉ QUISIERAN LOS HOMBRES PARA LOGRAR UNA MAYOR INTIMIDAD ERÓTICA?

Consulté el libro del doctor Ken Druck, *Secrets Men Keep*, e hice preguntas indiscretas a algunos hombres, con el fin de averiguar qué quisieran para lograr una mayor intimidad erótica. Aquí te presento el resultado de las dos búsquedas:

- Que las mujeres tuvieran más iniciativa para el sexo. Por eso cuando te sientas animosa, ve, búscalo y dile.

- Que a las mujeres les apeteciera hacer el amor más seguido.

- Que las mujeres fueran más honestas. Ellos saben que podemos simular respuestas y orgasmos, lo cual no les permite aprender a amar de diferentes maneras. Asimismo, a algunos los deja con la duda permanente de confiar o no en su pareja; no saben cuándo es real y cuándo no. Esto los orilla a no abrirse a la intimidad y a la unión placentera.

- Expresa honestamente qué te gusta y qué no. Platícale que no siempre tienes que llegar al orgasmo para que la relación sea satisfactoria. A las mujeres nos gusta la cercanía, el sentido de unión y placer; y eso no necesariamente significa un orgasmo. Necesitamos sentirnos libres de hacer lo que queremos, no lo que pensamos que el otro quiere.

- La mayoría de los hombres conocen muy poco acerca de la sexualidad femenina. Lo aprenden de otros hombres, de programas de televisión, revistas y películas. No están seguros de reconocer el orgasmo femenino. Están confundidos acerca de cómo estimular el clítoris de una mujer y dónde se encuentran sus zonas erógenas.

- Los hombres se quejan de que las mujeres no comunican sus gustos, o bien tardan años en hacerlo. Sin embargo, les incomoda preguntar. Enséñale, dile cómo y dónde. Haz bromas, procura que se rían y se relajen, para quitar la tensión del momento.

- Cuando existe un problema en la sexualidad de la pareja, por lo general, los hombres se culpan. Las mujeres podemos ayudar mucho en esto. Simplemente con hablar se quita presión. Eso ayuda.

- A los hombres también les gusta escuchar que aprobamos su cuerpo. Hay una gran ansiedad en cuanto al tamaño del pene.

- El orgasmo de un hombre varía en intensidad y placer; igual el de una mujer.

- Los hombres a veces exageran en cuanto a la intensidad de su respuesta sexual, como las mujeres.

- Algunos hombres no se atreven a negarse a la relación sexual. La mujer puede pretextar cansancio, dolor de cabeza y demás, pero un hombre no. Y forzar la relación puede llevarlo a la impotencia, lo cual para ellos es tremendo. Facilítale decirte que no, y no lo consideres algo personal. Pueden ser mil cosas ajenas a ti. Piensa que lo mismo has sentido tú.

- Muchos hombres no transmiten sus sentimientos. Les cuesta trabajo expresar con palabras si lo que buscan es cercanía, intimidad, relajamiento o sexo.

- Algunos hombres piensan que el buen sexo y la mujer decente son dos cosas que no van juntas. Cuando se casan, la pasión se desvanece, a menos que te encargues de mostrarle que el viejo dicho es cierto: "La esposa debe ser una dama en la sala y una puta en la cama." Si de plano a ti tampoco te nace, quizá conviene consultarlo con un especialista.

- Los hombres a veces prefieren un "rapidín" al sexo romántico. Algunas veces, el sexo por puro placer, por diversión, sin límites, no es romántico, aunque el hombre sienta mucho amor por su pareja.

- Muchos hombres, al igual que las mujeres, tienen fantasías sexuales, de las cuales su pareja nunca se entera. Es muy normal. Platícalo con él y juegen con ello, puede ser muy divertido.

¿QUÉ HACE AL SEXO DISFRUTABLE?

Cercanía. Los hombres se sienten especialmente cerca después de haber compartido sus emociones. Les gusta hacer el amor después de tener una pelea o una discusión fuerte con su pareja.

Autoestima. Para ellos, es muy importante sentirse deseados, exitosos, poderosos... Quieren sentirse físicamente atractivos y ven una conexión entre autoestima y energía sexual.

Una pareja atractiva. Quieren sentir atracción, química por su pareja. Sienten que cuando hay apertura en la relación, la persona se torna atractiva y eso ayuda a la sexualidad.

Tiempo. No les gusta sentirse presionados, sino que tienen todo el tiempo del mundo. Por eso gozan del sexo en vacaciones.

Jugueteos. Quieren relajarse, no tomarse las cosas tan en serio. Les gusta innovar, tratar nuevas posiciones. Les gustan las mujeres que se ríen al hacer el amor.

Variedad. La creatividad es un poco como el jugueteo. Crear sorpresas, inventar papeles a desempeñar, vestirse de manera especial.

La primera vez. Siempre es excitante. El primer amor, manejar la primera vez, la primera vez en la oficina, en el avión, esquiando, cualquier suceso especial. Aman a las mujeres que se entusiasman también con las primeras veces.

Así que, querida lectora y compañera de viaje, ahora ya sabemos estos secretos de los hombres. Como siempre, está en nuestras manos tomarlos o dejarlos. Sin embargo, recordemos que la sexualidad y el erotismo son los puntos que unen, más que otra cosa, a la pareja.

¡ABAJO LOS MITOS DEL AMOR!

A través del tiempo nos han hecho creer que, de no seguir ciertas reglas "lógicas", nuestra relación de pareja puede ser un desastre. Hemos oído que debemos estar de acuerdo en todo, que la relación tiene que ser muy romántica o que no debemos pelearnos. Además de que esto es utópico, los estudios han comprobado que, en las emociones y en el amor, la lógica no cabe.

A primera vista, estas normas, inventadas no sé por quién, pueden sonar lógicas y hasta bonitas. Una y otra vez leemos y escuchamos los atributos que hacen a una pareja feliz; hasta los medios nos bombardean con imágenes muy románticas de lo que, según ellos, significa estar enamorados. Estas idealizaciones nos llevan a creer que, como pareja, debemos estar perfectamente tejidos, formando una unidad que flota por la vida en una gloriosa armonía.

Pues, ¿qué crees? Para nada. Las investigaciones del doctor Phillip C. McGraw, de la Universidad de Dallas, Texas, en cuanto a relaciones de pareja, derriban los mitos que siempre nos han sonado tan adecuados. No funcionan, y esto lo comprueban los numerosos divorcios que hay en la actualidad.

A continuación te presento algunas falsas leyendas en proceso de extinción:

Primer mito. Una buena relación de pareja depende de la compatibilidad. ¿Quién no ha pensado que tal vez el problema con su pareja se deba a que no ven las cosas con los mismos ojos? ¡Por favor! Hombres y mujeres nunca vamos a ver las cosas de la misma manera. Es más, rara vez entenderemos cómo y por qué él ve el mundo de cierta forma. La razón es que somos genética, física, psicológica e históricamente diferentes. Valoramos distintas cosas en diferentes circunstancias y, ¡qué maravilla que sea así! Por muchas razones, somos de esta manera. Hay que aceptarlo, eso no va a cambiar.

Mejor armonicemos con nuestra pareja en los aspectos en que naturalmente coincidimos: el corazón, el amor y la complementariedad. Respetemos su punto de vista en lugar de usarlo como fuente de conflicto. Es mucho más disfrutable estar con alguien que enriquece nuestra vida que con alguien que simplemente la refleja, ¿no?

Segundo mito. Una buena relación requiere de mucho romance. Claro que una pareja debe esforzarse por crear momentos románticos, como una cena con velas o un fin de semana en la playa. Pero no esperemos un romance tipo Hollywood. Estar enamorados significa explorar zonas más profundas y seguras que el simple enamoramiento inicial, en que sentimos un mareo excitante y chapulines en el estómago. Muchas personas tienen una visión distorsionada del amor. El hecho de que las sensaciones cambien no significa que éstas sean menos plenas. Esas primeras experiencias explosivas del amor, no necesariamente significan un amor de verdad. Son sólo la primera etapa y es humanamente imposible quedarse ahí. Todas las parejas vamos caminando hacia etapas más ricas y profundas, aunque no tan embriagantes.

Tercer mito. Una buena relación resuelve todas sus diferencias. Dicen que si no resolvemos nuestras diferencias, habrá conflictos en nuestro matrimonio. No es cierto. Hay cosas en las que tu pareja y tú no están de acuerdo, nunca lo han estado y nunca lo estarán. Quizá las diferencias sean acerca de cómo distribuyen el dinero, cuestiones de sexo, formas de mostrar afecto o la manera en que educan a sus hijos. Por ejemplo: piensas que tu esposo es muy duro con tus hijos y él se preocupa porque considera que tú eres "barco" y los estás echando a perder. ¿Te suena? Lo increíble es que éste ha sido un punto de conflicto por generaciones. Es normal y seguiremos teniendo discusiones como éstas, que nunca tendrán solución. Entonces, ¿para qué perder el tiempo en pequeñeces?

El único acuerdo real que debe haber en una pareja es éste: es imposible estar de acuerdo en todo. Con esto en mente, no hay que dejar que las discusiones tomen un tono personal; no lleguemos a insultos ni a contra ataques que sólo nos frustran. Una relación sana y realista tiene lo que los psicólogos llaman "cercanía emocional". Podemos no lograr cercanía en un tema específico, pero sí conseguirla emocionalmente. Hay que darnos derecho a disentir, sin tener que declarar quién está bien y quién está mal. Simplemente relájate y continúa con tu vida. Decídete a colocar la relación por arriba del nivel de conflicto. Este esfuerzo te dará mayor satisfacción que intentar llevar la vida evitando desacuerdos.

Cuarto mito. Una buena relación requiere compartir actividades que los unan. Te platico: mi amigo Alberto es un gran jugador de tenis. Juega casi a diario con un grupo de amigos, no sólo para hacer ejercicio, sino para competir y retarse unos a otros. A Paty, su esposa, también le gusta jugar tenis, pero por distintas razones: le encanta encontrarse con sus amigas una vez a la semana para disfrutar la "chorcha", el ejercicio y pegarle un poco mejor a la pelota.

Un día, basados en este mito de hacer cosas juntos, se inscribieron en un torneo de parejas. La idea suena atractiva, ¿no? Comparten un interés y, de acuerdo con ciertas creencias, es lo mejor para la relación. Pues el torneo casi acaba en divorcio. La primera noche, para cuando terminó el primer set, ya no se hablaban. Paty no soporta que Beto la corrija y todo el tiempo le grite: "Era tuya", "¡no se la regales!", "¡muévete!", "¡te toca!", "¡échale ganas!"... y ella, con el hígado torcido, contesta: "¿Y qué crees que estoy haciendo?" Al cambiar de cancha, ni siquiera se voltean a ver. Cada vez que ella falla una pelota, él pone los ojos en blanco y exhala con desesperación. Asimismo, se queja de que Paty se pone a platicar durante los puntos, y no con él, ¡sino con la pareja del otro lado! Desde el punto de vista de Beto, si la bola no llega justo a la raqueta de Paty, ella es incapaz de correr para pegarle y de seguro es porque así evita despeinarse... En fin. Estoy segura de que sabes a lo que me refiero.

Es bueno, y muy válido, realizar alguna actividad en común, pero cuando no se logra, cuando sólo provoca enojo, estrés o resentimiento, es mejor no hacerlo. Aquí es esencial el respeto por los gustos e ideas del otro. En lo personal, estoy convencida de que realizar juntos alguna actividad fortalece la relación; a mí me funciona, pero a fuerza ni los zapatos entran.

Si a ti no te convence ver el "fut", ir al boliche, a los toros, a las carreras o al golf, no lo hagas. Es mejor que el tiempo que pasen unidos sea de calidad y de gozo. Así que, *no es indispensable* una actividad en común para mantener una buena relación. Recuerda que lo importante no es lo que hacemos, sino cómo lo hacemos.

Quinto mito. Una buena relación nada tiene que ver con la sexualidad. Jamás te lo creas. Tener relaciones sexuales es un acto de acoplamiento y entrega en el que, al dar y recibir, se comparte algo único y muy especial. Es lo que más une y comunica a una pareja. De acuerdo con el doctor Phillip C. McGraw, si como compañeros tenemos buena relación sexual, ello sólo significa 10 por ciento. Sin embargo, si no se tiene una buena relación sexual, esto registra 90 por ciento. Es decir, es cierto que el sexo no es lo más importante para disfrutar una relación sana, pero si no se tiene buen sexo, la relación se deteriora. La sexualidad es una extensión natural de la afinidad que hay entre la pareja, tanto en lo mental como en lo emocional y en lo físico.

Estar compenetrados sexualmente nos hace sentir que somos amados y respetados.

La sexualidad, en cualquier etapa del matrimonio, es de gran importancia simbólica; de hecho, puede ser el factor más sensible para provocar decepciones entre la pareja. Si no te sientes deseada, o si él se siente rechazado, pueden generarse conductas destructivas. Como el sexo es algo tan íntimo, los sentimientos de rechazo se pueden amplificar de manera que causen resentimiento y dolor.

Quitémonos este mito de la cabeza. La sexualidad es importante en una pareja, sobre todo en su expresión más íntima. La unión física conecta a la pareja emocionalmente y lo hace como ninguna otra cosa. Desencadena una especie de química que hace que nos reconozcamos uno a otro como algo más que amigos y compañeros que comparten una vida juntos. Nos hace ser una verdadera pareja.

Los mitos de la pareja perfecta están muy arraigados entre nosotros; sin embargo, para que una pareja sea verdaderamente feliz hace falta cerrar los oídos a lo que los demás dicen que debemos hacer. Para conseguirlo se necesita abrir la mente y el corazón. Por favor, olvídate de las reglas; si no te sirven a ti, pues no sirven y punto.

¡PELIGRO! EVITA LAS CUATRO SEÑALES

"¿Cómo les irá? ¿Cuánto tiempo durarán casados?" Es lo que solemos preguntarnos cuando vemos a la pareja de novios bailar su canción, muy abrazados, en la fiesta de bodas, mientras intercambian miradas de ilusión y promesas.

En ocasiones, por mera intuición, adivinamos que permanecerán juntos poco tiempo o, por el contrario, que tendrán un bonito matrimonio; a veces nuestra predicción falla.

Sin embargo, el psicólogo y matemático John Gottman, perteneciente al laboratorio de investigación familiar de la Universidad de Washington, no se equivoca. A él le basta analizar una hora de conversación entre marido y mujer para predecir, con 95 por ciento de exactitud, si la pareja continuará unida o no, los siguientes 15 años.

Esta observación se realiza con cámaras de video y sensores que registran el pulso, la sudoración, las expresiones, los movimientos y el ritmo cardiaco de la pareja, mientras discuten algún tema que entre ellos sea motivo de conflicto.

Cualquiera pensaría que una predicción semejante precisa recopilar mucha información en tantos contextos como sea posible. John Gottman ha demostrado lo contrario. Desde la década de 1980 ha llevado a su "laboratorio del amor" a más de 3 mil matrimonios. Los resultados se han analizado de acuerdo con un parámetro que Gottman ha bautizado como SPAFF (contracción de *specific affect*, afecto específico). Es un sistema de codificación con 20 categorías que corresponden a todas las emociones imaginables que puede expresar un matrimonio en el curso de una conversación. Por ejemplo: indignación es categoría 1; desdén, 2; enojo, 7; queja, 11, y demás.

Gottman ha enseñado a sus colaboradores a leer cualquier matiz de emoción en la expresión facial de las personas e interpretar fragmentos de diálogo en apariencia ambiguos. Cuando observan en cámara lenta la cinta grabada de un matrimonio asignan un código de SPAFF a cada segundo de interacción de la pareja, de forma que una discusión de 15 minutos acaba convertida en una secuencia de mil 800 números: 900 para cada uno de los integrantes de la pareja. Por ejemplo, anotan: 7, 7, 14, 10, 11. Esto significa que uno de ellos se mostró primero enojado, después neutral, luego se quejó, etcétera.

A esto se agrega la información que proporcionan los electrodos y sensores acerca de cuándo se aceleró el corazón, cuándo se elevó la temperatura o se movió cada uno en su asiento, lo cual ofrece una visión multidimensional de la relación.

¿QUÉ MIDEN CON ESTO?

Desde una perspectiva técnica, miden las emociones negativas y positivas que surgen cuando una pareja pelea. Según Gottman, para que una relación marital sobreviva, la proporción entre emociones positivas y negativas —en un enfrentamiento—, debe ser al menos, de cinco positivas por una negativa.

A esto agrega que los primeros siete años de matrimonio son definitivos: gran porcentaje de divorcios ocurre en este periodo. La segunda etapa peligrosa ocurre entre los 16 y los 20 años de casados.

Gran parte de la información que Gottman requiere se la proporcionan las actitudes que él llama "Los cuatro jinetes":

1. Crítica hacia la pareja
2. Evasiva
3. Hermética
4. Desdeñosa

Gottman considera el desdén la señal más peligrosa y amenazante para la permanencia del matrimonio. "Mucha gente piensa que es la crítica —dice Gottman—, pero yo puedo criticar a mi mujer y decirle: 'Nunca escuchas, eres una egoísta e insensible'; desde luego, ella responderá a la defensiva. Y no solucionaré nada. Pero si le hablo desde un plano superior, le haría mucho más daño."

El desdén es cualquier declaración que se hace desde un nivel superior. Casi siempre es un insulto: "Eres una hija de tal por cual, o eres una tonta, o una inútil." Se trata de colocar a la pareja en un plano inferior al tuyo. Es una cuestión jerárquica. Está muy ligado a la indignación y al rechazo. No hay diferencia entre hombres y mujeres, ambos lo practican igual. Si en una pareja detectas el desdén, ya no necesitas conocer todos los pormenores de su relación para saber que está destinada al fracaso.

Un reportaje, realizado para la revista *Newsweek*, cuenta el caso de una pareja de recién casados que decían estar muy enamorados y comprometidos. Al ver en el "laboratorio del amor" que cada vez que discutían lo hacían con sarcasmo y desdén, Gottman predijo que habría problemas. Después de cuatro años de matrimonio, se divorciaron. Y como éste, Gottman tiene muchos casos comprobados. La clave de todo, el secreto, está en el trato.

No es el enojo lo que destruye una relación, ni la procedencia de mundos emocionalmente diferentes. Todos los matrimonios, felices o no, nos enojamos; la diferencia de sexos también puede contribuir a los problemas de pareja, pero no los causan.

"Los verdaderos enemigos de una relación feliz y duradera —dice Gottman en su libro, *Los siete principios para que un matrimonio funcione*— son 'Los cuatro jinetes'".

Entrevistó también a un gran número de matrimonios felices, a los cuales llama "verdaderos expertos en la materia". Ellos confirmaron que el factor que más ha influido en su buena relación ha sido la amistad. Coincido con ellos: nada te une más a tu pareja que el hecho de que te caiga bien, te divierta, te haga reír, pero también que te sepa apoyar y escuchar, como hace una buena amiga. Asimismo, que le dé mucha importancia al conocimiento profundo del otro, a procurar la comunicación constante y los momentos de acercamiento e intimidad.

Algunas de las conclusiones de Gottman son que los felizmente casados son personas más sanas, su sistema inmunológico trabaja mejor y sus hijos son más estables en la escuela y en lo emocional.

"La mejor manera de mantener a los demonios alejados —dice Gottman— es crear cada uno un 'mapa del amor' acerca de los sueños y los miedos de su pareja." ¿Te has preguntado qué tanto conoces en realidad a tu esposo, novio o lo que sea? Comparto contigo algunas de las preguntas de Gottman:

1. ¿Puedes decir quiénes son sus mejores amigos?
2. ¿Sabes qué le preocupa?
3. ¿Conoces algunos de sus sueños?
4. ¿Puedes decir cuál es su filosofía básica de vida?
5. ¿Le muestras con frecuencia tu afecto con besos y caricias?
6. ¿Hay pasión y fuego en tu relación?
7. ¿El romance es todavía parte de tu relación?
8. Al final del día, ¿le da gusto verte?
9. ¿Podrías decir que tu pareja es uno de tus mejores amigos?
10. ¿Te escucha con respeto, aun cuando no está de acuerdo?
11. ¿Están de acuerdo con valores básicos y metas en la vida?

¿Cómo está tu mapa del amor? Cuenta un punto por cada "sí". Arriba de seis, tienes una buena relación. Si tiene menos de seis, Gottman recomienda trabajar en las cuestiones básicas del matrimonio; por ejemplo, la comunicación.

"Una forma rápida de probar si todavía hay esperanza es preguntar a la pareja qué le atrajo inicialmente del otro. Si pueden recordar esos momentos mágicos y sonreír, no todo está perdido", concluye Gottman.

Una relación ideal de pareja no es producto de la casualidad; es una cuestión de trabajo y voluntad.

¿NOSOTROS, PROBLEMAS? ¡PARA NADA!

"Aquí no pasa nada." Así viven muchas parejas. Los problemas o los sentimientos negativos no se expresan, sólo se reprimen, se ignoran o se anestesian. La vida "los vive", como si hubiera que cumplir y quedar bien con algo o con alguien; quizá con el "deber ser", como si tuviéramos otra vida en la maleta. "¿Problemas nosotros? ¡Para nada!" Y, después de un tiempo, queda la pareja que apenas se reconoce y se pregunta, extrañada: "¿Dónde quedó todo el amor y la magia? ¿Adónde se fue la emoción?"

Las emociones negativas (enojo, temor, culpa, decepción) no se pueden reprimir sin afectar las emociones positivas. Al reprimir unas, las otras se cancelan.

Cuando en una relación no se habla con la verdad, cuando las emociones negativas no se expresan con libertad, el amor y la magia se entierran bajo montones de emociones no comunicadas; por ende, se asfixian y mueren.

LAS SEÑALES DE ALERTA

La muerte de una relación, de acuerdo con el psicólogo y autor John Gray, sobreviene en cuatro etapas: resistencia, resentimiento, rechazo y represión.

Si en una relación queremos mantener vivos la pasión y el amor, evitemos las cuatro "R".

Resistencia. "¡Ooootra vez, ahí va con su misma historia!" Te resistes a algo que tu pareja dice, hace o siente —aunque sean tonterías— y mentalmente lo criticas, te cierras a escucharlo o te das cuenta de que te alejas un poco y sin hablarlo con él. Esas pequeñas resistencias se acumulan y pasas a la segunda "R".

Resentimiento. Aquí ya hay una molestia y un desagrado abierto ante lo que él hace o dice. Percibes que, de una manera desproporcionada, te enojan esas pequeñas tonterías. Si lo escuchas contar su historia mil veces y no le comunicas que te resistes a oírla otra vez; o bien, te molesta que se levante tarde, haga promesas que no cumple, o deje la toalla mojada sobre la pijama, y no lo hablas, entonces nace el rencor: "Odio cuando cuenta su historia, no lo soporto o no soporto que..." (pero sólo lo piensas).

Enojo, frustración, ira, odio, son síntomas de la etapa dos. Si a mi pareja no le digo la verdad, el resentimiento se acumula y se convierte en la tercera "R".

Rechazo. Aquí es imposible, física y emocionalmente, seguir conectada a él. Las señales de rechazo son: no querer estar con él, polarizar siempre cualquier punto de vista que tenga, fantasear o tener relaciones con alguien más. El rechazo es una consecuencia natural del resentimiento acumulado. No puedes estar cerca de tu pareja sin que aparezcan la tensión y el rencor; por lo tanto, te alejas para sentir alivio. Ya no lo amas. Si terminas la relación en esta etapa, será amargo y doloroso, porque todo lo reprimido brotará como de un volcán. Si no dices la verdad sobre lo que sientes, pasas a la siguiente etapa de separación, la cuarta "R".

Represión. Es la más peligrosa. Se da cuando estás tan cansada de resistir, resentir y rechazar que reprimes todas las emociones negativas para "llevar la fiesta en paz" o "por el bien de los hijos" y demás frases que seguro has escuchado.

Aquí, anestesias los sentimientos para sobrevivir de manera cómoda. Mas el precio que pagas es alto. Pierdes entusiasmo por la vida y ésta se vuelve aburrida y predecible. O bien, reprimes tanto las cosas que ambos llegan a pensar que no tienen problemas. Entierran todos los sueños románticos de juventud y aceptan el *statu quo*. Saben qué esperar y qué no esperar y se convencen a sí mismos de que, si no son felices, al menos ahí la llevan. ¡No te imaginas la cantidad de matrimonios que viven en esta triste situación!

Ojo: Las cuatro "R" se aplican a todas las relaciones, no sólo a las de pareja sino con papás, hijos, jefe, amigos, incluso contigo misma.

Conclusión: hay que hablar las cosas siempre, para evitar caer en las cuatro "R" que deterioran por completo cualquier relación.

HOMBRE: ¿SEGURO O INSEGURO?

Lo he pensado. Si me hubiera casado con un hombre que quisiera detener mi crecimiento y saboteara mi desarrollo profesional, creo que estaría divorciada. Sé que es el sentir de muchas mujeres y la causa de muchas separaciones.

Encontrar un hombre seguro de sí mismo es lo mejor que, como mujer, te puede pasar. Es por eso que admiro y adoro a mi marido; le agradezco profundamente que me haya apoyado y alentado en mi desarrollo profesional durante 25 años.

Lo triste es que todavía hay hombres que no lo comprenden. No han captado o no quieren captar que las mujeres tenemos inquietudes y una decisión férrea de salir adelante; queremos crecer y desarrollarnos, ser mejores, profesionales y, sobre todo, algo muy importante: no hay marcha atrás.

Cuando te casas con un hombre inseguro es posible que encuentres estos puntos de conflicto:

Sueldo y puesto. Su "masculinidad" se ve amenazada si ella tiene mejor puesto o mejor sueldo. Quizá no es del todo su culpa; es lo que vio y aprendió en su casa. Sin embargo, las cosas han cambiado. Si el teléfono y tantas cosas más ya no son iguales a cuando era niño, en lo relacionado con el papel de la mujer tampoco lo son. "Mi marido y yo tenemos una cuenta de banco juntos, y cada quien deposita ahí su sueldo. A veces es más alto el de mi marido, a veces el mío", me dice Erika, gerente de recursos humanos. En la mayoría de las parejas éste ya no es problema. Sin embargo, si ella gana más puede ser un punto de conflicto que se debe manejar con inteligencia.

Celos. El hombre inseguro siente celos de que su mujer tenga contacto con otras personas, otros intereses, esté informada y con pleno derecho para tratarlo a él de igual a igual. Ojo con ellos, no creas que los celos se quitan con el tiempo. ¡Al contrario!

También hay que considerar que, desde que la mujer trabaja fuera de su casa, el número de infidelidades femeninas ha aumentado. Si este hombre reforzara en su mujer lo que ella necesita y conociera su propia valía personal y la de su pareja, las infidelidades y los celos no existirían. ¿No es cierto?

Estrés. El estrés producido por el trabajo de ambos es otro tema que se filtra entre la pareja. El hombre ya no encuentra en su casa ese oasis de descanso idealizado por pasadas generaciones. Su mujer también llega estresada por el tránsito, enojada con el jefe, o tensa por ese proyecto que está a punto de aprobarse. Y claro, al estar los dos en esa frecuencia, cualquier incidente sin importancia se puede convertir en bomba nuclear. Seguro sabes a qué me refiero.

¿Yo, ayudar en casa? Cuando la mujer aporta 50 por ciento de los ingresos de la casa, por lo general espera que el hombre colabore, en la misma proporción, con las labores del hogar. Pero en la mayoría de los casos no sucede así. Muchas mujeres se quejan de que su marido o pareja no lava un plato, no cambia un pañal, ni se acomide —como diría mi mamá— a ayudarla. Y si el hombre llega a hacer algo, busca y espera que le festejen su esfuerzo de manera desproporcionada, cosa que la mujer no entiende. Ese círculo vicioso afecta la relación sexual y afectiva de la pareja.

Tan fácil que las cosas resultarían y, de hecho, ya resultan en muchas familias, cuando el hombre seguro de sí mismo apoya, ayuda y le entra parejo a los quehaceres de la casa. Además, es un gran ejemplo de educación para sus hijos, quienes al ser mayores repetirán las conductas aprendidas. La mujer no sólo valorará y agradecerá esas acciones, sino que se sentirá más enamorada.

¡LOS CELOS!

Por favor no pongas mi nombre porque si mi novio se entera, me mata. Tengo un novio que quiero mucho, es muy tierno, comprensivo y generoso. Sólo que en todo momento quiere estar conmigo y acompañarme a todos lados. No le gusta que salga con mis amigas a tomar un café o al cine. Y si por casualidad voy, debo traer prendido el celular todo el tiempo. ¡Y cada cinco minutos me llama! "¿En dónde estás? ¿Con quién estás?, ¿de qué platican?" Me prohíbe ir a trabajar con los jeans a la cadera, minifalda o escotada. Sólo deja que me vista así cuando estoy con él, y... ¡pobre de mí si platico con alguien más! ¡Me hace unas escenas que no te imaginas! Mis amigas me dicen que lo corte, pero lo quiero y cuando no le dan sus "ataques", es muy lindo... ¿Qué hago?

Hay de celos a celos. ¿Alguien podría decir que no los ha sentido alguna vez? Lo dudo. Los celos, fundados o infundados, pueden acechar a cualquiera. Se pueden sentir no sólo respecto a la pareja, sino en el trabajo, con los amigos o dentro de la misma familia.

Sin embargo, te diría que observes bien las reacciones celosas de tu novio, porque un patrón de conducta así difícilmente cambia y, como mencionamos, muy fácilmente se intensifica.

TIPOS DE CELOS

Los celos no distinguen épocas, edades, culturas o estratos sociales. "¿Conque te gusta Brad Pitt? Vieja coqueta. Pues déjame decirte que con Julia Roberts yo feliz podría tener una aventura...", escucho divertida a Ramón y Paty. Este tipo de celos no va más allá de un juego de halagos mutuos que alimentan nuestro ego; y a veces, con un poco de sana malicia, los provocamos. Es normal sentirlos, quisiéramos que nuestra pareja sólo tuviera ojos para nosotras.

Sentir celos también puede ser una defensa primaria contra alertas de infidelidad o abandono; por ejemplo, cuando notas que hay un excesivo interés de la compañera de trabajo hacia tu novio o marido. Decía san Agustín: "El que no siente celos, no está enamorado." Los celos se justifican como un instinto natural por proteger aquello que amamos. Hasta aquí, podríamos decir que sentir celos es normal. Sin embargo, pueden llegar a ser tan obsesivos, negativos y enfermizos como para destruir una relación y hacer de la vida un infierno. Quien de manera constante tiende a ser celoso con su pareja, podríamos decir que, como el alcohólico, es un enfermo.

Una persona así se vuelve un detective en permanente vigilia. Cualquier interés que muestre su pareja, sea por una actividad o por una persona, la enoja, lo interpreta como abandono o traición. Incluso acciones simples como no contestar una de sus llamadas, llegar tarde a casa o ir a una reunión, son motivo de un largo y tortuoso interrogatorio, que con el tiempo se vuelve rutinario. Dice Shakespeare en *Otelo*: "Una nada, un soplo, una ligera sombra como el agua; todo, todo, ante los ojos del celoso, se convierte en una prueba tan fuerte como lo es la palabra del Evangelio."

¿POR QUÉ LOS CELOS?

Los celos se manifiestan con altibajos: unos días la persona está bien, tranquila, y otros días se encela por todo, al grado de la paranoia.

La persona celosa sufre mucho. Cuando le da el clásico ataque de celos, verdaderamente cree que la engañan, la desprecian, le toman el pelo y materialmente siente un gran dolor en el pecho; lo que en verdad sucede es que su cerebro le hace creer, de manera inconsciente, que ella misma es despreciable. ¿La causa? Una baja autoestima.

La baja autoestima se origina entre los tres y los cinco primeros años de vida de una persona, cuando le hicieron creer que era mala, que no valía nada. ¿Cómo? De muchas maneras: la sobreprotección, las comparaciones y los castigos, por ejemplo.

La sobreprotección de un niño, a pesar de las buenas intenciones de su mamá, le hacen sentir que no vale nada, que es débil, que por sí solo no podrá hacer las cosas. Asimismo, las comparaciones lo hacen sentir que vale menos que otros. Y los castigos, las nalgadas, los gritos, las amenazas, a pesar de la buena intención de educar, lo acusan, lo señalan, le hacen sentir que es malo. Lo desafortunado es que el niño aprende y desarrolla un impulso inconsciente de castigar, reprimir o rechazar todo lo que crea que es malo.

Esta baja autoestima mejorará o empeorará según le vaya en la vida. Es una ecuación muy sencilla: entre más baja su autoestima, más inseguro se vuelve y más fuertes serán sus celos de adulto.

Cuando el niño tiene entre 10 y 12 años, etapa en que construye su forma de ser, sentirá de vez en cuando que no vale, que los demás son mejores; y para justificar su baja autoestima, que no sabe de dónde le viene, creerá que es malo, feo, torpe o inútil. Y todos estos sentimientos reprimidos salen a flote en el momento de relacionarse con alguien que le interesa, es decir, su pareja. De ahí el miedo que siente a que su pareja le deje por otra persona: en el fondo está convencido de que cualquier otro es mejor que él.

Así que, si notas a tu novio, pareja o esposo con celos obsesivos, visitar a un terapeuta puede ser una buena solución, además del cariño y apoyo que tú le puedas dar.

Si llegaras a notar que los celos crecen, son infundados y no tienen remedio, piensa muy bien si lo más conveniente sería cortar por lo sano. Tu vida puede llegar a ser un pantano. ¿Es necesario?

LOS PESOS DE LA MUJER, ¡CÓMO PESAN!

Para algunas mujeres el dinero no es tema de discusión con su pareja, ni siquiera cuando ellas ganan más que su cónyuge. Ambos han establecido normas que les funcionan muy bien. Y como ya vimos que el dinero es el principal factor de discusiones, me interesó saber cómo le ha hecho Claudia Herreramoro para evitar dichos conflictos con su esposo. Lo comparto contigo, por si crees conveniente adoptar su técnica.

Una vez casados, mi esposo Gerardo Sánchez y yo, seguimos trabajando y nuestras respectivas empresas empleadoras nos depositan en la misma cuenta; nuestros gastos se adecuan al ingreso familiar; es decir, siempre hablamos de cuánto "ganamos" (la suma de los dos ingresos) y, con base en eso, hacemos los gastos e inversiones.

También hemos hecho un esfuerzo por ahorrar una parte del ingreso total, para cumplir ciertos objetivos como comprar una casa, hacer cierto viaje, etcétera.

Las inversiones importantes —bienes raíces o fondos de inversión— están también a nombre de los dos. Y más que por pensar en una posible separación, o por si al otro llegara a pasarle algo crítico, el motivo principal ha sido no dejar desprotegidos a los niños, pero también simplificarle la vida al otro en el momento de una situación fatal.

Estamos casados con separación de bienes, pero al final, con esta forma de ahorrar y tener nuestro dinero, es casi como estar unidos con bienes mancomunados. Ambos contribuimos al ingreso familiar y tenemos los mismos derechos sobre cualquier ahorro que tengamos.

A través de los años, ha habido momentos en que Gerardo ha ganado más que yo y otros en los que yo he ganado más que él; esto en ningún momento ha sido un conflicto, pues siempre hablamos de cuánto ganamos entre los dos.

Asimismo, siempre hablamos de cuánto gastamos y podemos ahorrar entre los dos. Al tener tan definida nuestra forma de vida, nunca hemos tenido conflicto por gastar en ciertos lujos —siempre según lo que ganamos—. Nunca ha pasado que yo compre algo con lo que mi esposo no esté de acuerdo o viceversa. Es más, si alguno sabe que el otro quiere tal o cual lujo "extra", buscamos la manera de comprárselo.

Como conclusión, te puedo decir que la comunicación entre la pareja es la herramienta fundamental para evitar cualquier conflicto o mal entendido.

En cambio Alicia, de 30 años y de profesión dentista, me dice que aunque los dos comparten su sueldo para los gastos de la casa, ella siempre tiene un "guardadito" del que su esposo no está enterado; quincena tras quincena, ella deposita cierta cantidad para tenerlo como "colchón", lo cual me parece muy sabio. Es algo que todas deberíamos hacer.

YO NO TRABAJO...

Un gran temor en las mujeres que no trabajan es qué puede pasar con ellas si dependen económicamente de su marido. Todas hemos escuchado historias tremendas de cuando una mujer, de un día para otro, se encuentra viuda, divorciada y en estado de *shock*, sin tener la menor idea de cómo permanecer a flote.

Si decides quedarte en casa, será tu decisión; comparto contigo algunos consejos de expertos en finanzas:

Ten un plan. Cuando decides dedicarte a tus hijos y dejas de trabajar, sin duda les ofreces el mejor futuro posible. Pero, ¿y tu futuro?

Encontrarte en la situación de que nada más el papá trabaje y vivan de un solo sueldo puede causarte, en el día a día, muchos conflictos. Hay que crear un plan a largo plazo, lo cual es importante aunque nunca te quedes sola.

Todos parejos. Muchas veces, cuando el hombre es quien trae el sustento, los dos asumen que sólo él tiene derecho sobre la chequera. La dinámica implícita es que quien se queda a cuidar a los niños —lo cual es una súper chamba— solicita que su marido le haga el favor de concederle el gasto. Sin embargo, considera que no eres su hija, los dos son un equipo. Necesitan basar la relación en los mismos derechos y los mismos ingresos.

Lo nuestro. Desde el momento en que tomes la decisión de quedarte en casa, se debe hablar de "nuestros" ingresos, no "los míos y los tuyos." Es la única manera de evitar que la relación se desgaste financiera y emocionalmente.

Ahorra. Si es posible, trata de ahorrar una parte del dinero que te dé en una cuenta personal, para asegurar tu futuro. Infórmate en los bancos, hay muchos planes de ahorro con intereses muy buenos.

EL SÍNDROME QUE TODO HOMBRE DETESTA

Casadas o solteras, a la mayoría de las mujeres nos da con frecuencia un síndrome que los hombres detestan. Quizá tenga origen en la naturaleza misma de la mujer, que la impulsa a cuidar a los suyos. Me refiero al "complejo de mamá". Éste es ideal cuando se dirige a los hijos; sin embargo, las cosas cambian cuando lo hacemos extensivo a nuestra pareja. ¿Sabes a qué me refiero? Aunque sabemos que lo rechazan, con frecuencia caemos en él. Te puedo asegurar algo: a ningún hombre le gusta dormir con alguien que le recuerda a su madre.

¿LO PADECES?

Sería bueno revisar si lo padeces. Pregúntate lo siguiente: ¿Alguna vez le has dicho a tu pareja cosas como: "Te vas a enfermar; ponte un suéter", "no se te olvide hablarme cuando llegues", "te he dicho que no dejes las toallas tiradas" o "ya llevas tres cervezas y 10 tacos, luego te quejas de que te duele el estómago"? Créeme que cualquier hombre se contiene para no ahorcarnos cuando les hablamos así.

¿Has hecho cosas como sacar a diario la ropa que se va a poner al día siguiente? ¿Le arreglas la corbata, lo peinas? ¿Buscas sus llaves? Cuando viajan, ¿empacas y desempacas su ropa? ¿Le guardas su dinero para que no lo pierda?

¿Lo corriges todo el tiempo en lo que dice? En medio de la plática, de pronto lo interrumpes y dices: "No, no eran 10 personas, mi vida, eran 15", o "no mi amorcito, los conocimos el martes, no el jueves". (De pronto, no sé por qué, sentimos su mirada fulminante y su irresistible deseo de ahogarnos en la primera fuente que se atraviese.)

¿Comentas sus errores con los demás? Por ejemplo: "mi marido es un inútil. La última vez que Jorge organizó el viaje, resultó un verdadero desastre!" o "Luis es muy bruto, le pedí que apartara los boletos con tiempo y, como siempre, se le olvidó, así que mejor lo hago yo". ¿Por qué hacemos esto? Sabemos que nuestra pareja es un hombre preparado, exitoso, inteligente, mayor de edad y que a diario toma grandes decisiones. Sin embargo, no resistimos las ganas de tratarlo como si fuera un niño. Con ese trato le damos a entender que es incompetente, que no puede cuidarse solo y que sin nosotras, francamente, no viviría. ¿A quién le gusta que lo traten así?

¿RAZONES? HAY VARIAS:

- Si nuestra mamá jugó este papel en casa, para nosotras es normal hacer lo mismo (una aprende lo que ve).

- Inconscientemente queremos sentirnos indispensables en su vida y pensamos: "Si soy necesaria para él, nunca me dejará."

- A veces buscamos un poco más de atención y de cariño.

- Erróneamente creemos que les gusta.

- Nos sentimos superiores. Si fuera el caso, sería poco inteligente mostrarlo.

LOS INCONVENIENTES:

Este comportamiento de "mamá", parece tener sus compensaciones; sin embargo, a la larga, deteriora enormemente la relación.

- En la naturaleza masculina está dominar y proteger. Por eso, muchas veces el hombre busca otra mujer que lo trate como lo que es y que lo haga sentir admirado. Recuerda que todo hombre tiene un gran ego.

- Es fácil que llegue a relacionar la palabra "esposa" con alguien que lo cuida, lo mima, lo regaña y se encarga de él, tal y como lo hace una madre, en lugar de pensar en ella como amiga, compañera y, sobre todo, amante.

- Corremos el riesgo de que por tratarlo como niño y asumir que es poco capaz, termine por comportarse de esa manera.

- Entre más inepto e inútil se convierta, encontraremos menos razones para admirarlo (lo cual, en una relación de pareja, es grave).

- En la vida diaria esperamos con frustración que coopere con tareas sencillas, lo cual, por supuesto, nunca hace. No nos damos cuenta de que nosotras tenemos la culpa, por solucionarle todo.

- Es la mejor manera de alejar el romance y la pasión de la pareja.

- Él, con el tiempo, termina por hartarse, reprime el enojo y desarrolla un sistema de bloqueo mental hacia las órdenes y las quejas de su mujer.

LAS POSIBLES SOLUCIONES:

Algunas de ellas cuestan mucho trabajo, pero debemos hacer el esfuerzo.

- El primer paso es reconocer nuestra conducta, aceptar que somos unas mamás sobreprotectoras e insoportables. ¿Por qué lo hacemos?

- El segundo, platicar al respecto con nuestro esposo o novio, y acordar mutuamente cambiar el trato.

- Hay que mordernos la lengua cada vez que sintamos la tentación de corregirlo o de recordarle lo que tiene que hacer.

- Cambiar ese tono y esas palabras que usamos para hablarle como si tuviera cinco años. Si de vez en cuando le dices: "¿Quién es mi bebé?" o "venga pa' cá, mi chiquito", es normal; sin embargo, si es el tono con el que le hablas la mayor parte del tiempo, sobre todo en los momentos de romance, puede haber un problema. Quizá es tiempo de construir una relación más madura.

- Hay que tratarlos como lo que son: hombres fuertes, maduros e independientes.

- Resiste la tentación de solucionarle todo o ser su agenda y secretaria ambulante.

Cambiar nunca ha sido fácil. Pero si lo logramos, la relación de pareja se enriquecerá enormemente y, sobre todo, él pensará en su mujer no como madre —le basta con la que tiene— sino como lo que es: su compañera, amiga y amante.

"LO QUE TÚ DIGAS Y QUIERAS, MI AMOR": CODEPENDENCIA

Este complejo de mamá tiene diferentes niveles; hay quienes lo padecen en forma leve y otras que se encuentran en estado de gravedad. Veamos.

Ser indispensable, en especial para él, es algo que buscas con obsesión. Te gusta. Es más, disfrutas desvivirte, cuidar, rescatar, salvar o curar a tu pareja. Eres capaz de dejar a un lado tus propias creencias, decisiones y valores. Y tus planes y sueños dependen de lo que él quiera. Vives y te nutres a través de su vida, y olvidas lo que tú quieres, incluso quién eres. Sus deseos dictan cómo vestirte, cómo actuar, quién y cómo debes ser. Tus palabras favoritas se vuelven: "Lo que tú digas y quieras, mi amor."

Eres como el agua: te acomodas a la forma y al espacio en que te encuentres. Para eso estás: para ayudarlo, para rescatarlo. Vas dejando pedacitos de ti por aquí y por allá, y al quedarte sola descubres que sin el otro, eres "nadie".

Este tipo de "ayuda", lejos de salvar a la persona, lesiona y perjudica a ambas partes. ¿Por qué? Porque al resolver los problemas del otro y "aliviar" su dolor buscas elevar tu autoestima. Porque de manera inconsciente y obsesiva tratas de controlar todo lo que él hace. Porque —y esto es difícil de reconocer—, en el fondo, obtienes ganancias secundarias.

Ahora te puedo decir que no soy una víctima, pues yo también tuve la culpa —me dice Carmen. Lo permití todo, giré siempre alrededor de él, de su familia, sus intereses, sus gustos, tratando de halagarlo en todo, para que se sintiera orgulloso de mí, de sus hijos, de sus posesiones, sabiendo que la mayoría de las veces lo hacía por miedo a que me abandonara y volver a sentir el desamparo que sufrí cuando era niña.

CODEPENDENCIA

Lo que tienes se llama codependencia. Una enfermedad del alma. Sus síntomas son dolorosos y progresivos. Llega a ser una adicción. Se esconde detrás de un "no puedo vivir sin ti". Su causa: una forma equivocada de amar. Se adquiere por contagio, por supervivencia o por imitación. Suele darse en personas que han vivido largo tiempo en un entorno marcado por el abuso de alcohol, sexo, trabajo, comida, juego, o violencia física o psicológica.

Una mujer codependiente busca ser indispensable para su pareja. Si en algo te identificas, no es tu culpa. Los estudios muestran que por lo general las personas codependientes vivieron en una familia disfuncional, en la que existió abuso de algún tipo: psicológico, de autoridad, económico o sexual. En ella hubo problemas de comunicación, de congruencia, y se vivió sin libertad de expresión. En tu casa escuchaste, quizá, frases como: "De eso, en esta casa no se habla", "aquí no pasa nada", "no seas quien eres, debes agradar a la gente", y otras semejantes.

Ante la amenaza de ser abandonada, de quedarte sin aprobación y apoyo, aprendiste a querer para que te quieran, a ser proveedora de comodidad, a no creer en tus propias percepciones sino a negarlas y a no confiar en tus sentimientos. Creciste sin el apoyo emocional que te da la fortaleza y seguridad para ser tú.

Está bien, dirás. Y ¿ahora? Primero, date un abrazo, acéptate y reconoce esta enfermedad del alma. Que tu recuperación sea tu prioridad. Busca ayuda profesional, las terapias de grupo son un gran alivio. Aprende a quererte, a respetarte a ti misma, a ver tus propias necesidades y aceptar ayuda; permítete sentir y pensar. ¿Qué quiero yo? Ama de manera desprendida. Ponte límites en el constante dar y preocuparte por el otro. Sin invadir. Desarrolla tu espiritualidad. Encuentra el sentido de tu vida, tu misión. "Amar no significa sufrir." Deja que tu pareja se haga responsable de su vida. Renuncia al control y a la manipulación. Y lo más importante: asume la responsabilidad de tu vida. Te darás cuenta de que ahora ya no es un "te quiero para que me quieras", sino un "te quiero porque me quiero" y por eso me quieres.

Ahora intento ser feliz —me dice Carmen después de reconocerse codependiente y asistir a una terapia de grupo—, sé que la felicidad no es algo constante; hay que alimentarla como al amor y, por eso, sólo sé que ahora voy a tratar de vivir mi vida, no huir de ella.

Cuando sientas los primeros síntomas de este síndrome que todo hombre detesta y que a ti te daña tanto, piensa en remediarlos, como si se tratara de una grave enfermedad y busca ayuda para vivir tu propia vida.

TU PAREJA TE QUIERE POR CÓMO LA HACES SENTIR

Nunca olvidaré una película inglesa en la que una pareja cenaba en casa. Ella, guapísima, joven, delgada, arreglada, la mesa con flores, la casa, de revista. Él, muy guapo, galante, en fin… al parecer, la vida perfecta.

Una vez que la cámara nos ubica, hace un acercamiento a la cara de él, quien ve de frente a su esposa y, a la mitad de la cena, sin preámbulo alguno, le suelta la frase: "Te dejo." A ella se le atraganta la cena y, con cara de asombro, lo único que alcanza a preguntar es: "¿Hay otra mujer?", a lo que él le contesta: "Sí." Después de un silencio que se nos hace eterno, ella, con serenidad, pregunta: "¿Qué tiene ella que no tenga yo?", y lo que él le contesta me parece lo más fuerte que me podrían decir, o está muy cerca: *She is easy to live with* ["Es fácil vivir con ella"]. ¡Gulp! No le dijo: es más guapa, cocina mejor, hace mejor el amor. ¡No!, le dijo una frase que engloba un sinnúmero de pequeños detalles que hacen la vida de cualquier persona mejor o peor. "Es fácil vivir con ella." Me dejó pensando y espero que a ti también. Es uno de los propósitos del cine.

Ahora que, si se trata de hacer tu vida y la de tu pareja verdaderamente miserables, yo te digo cómo. "¿Para qué?", te preguntarás. Bueno, pues para que, de una manera exagerada y obvia, podamos mirarnos en un espejo, evitar estas conductas destructivas, y hacer de la vida algo más gozoso para nosotras mismas y para quienes nos rodean.

DIEZ FORMAS DE HACER MISERABLE LA VIDA EN PAREJA

1. Reniega. Nada contagia más lo negativo y la mala vibra que renegar. ¿Ya sabes?, así como cuando te aprieta el zapato, estás cansada o te va dar gripa y quieres que todo el mundo lo sepa. Acompáñalo con frases como: "No importa lo que haga, nada es suficiente", o "todo lo hago mal". Pronto verás que aun la persona más positiva y entusiasta termina por evitarte o suicidarse.

2. Échale la culpa a otros. En lugar de reconocer tu error, para resolver las cosas o para que no vuelva a suceder, tú niega toda responsabilidad con argumentos tipo: "¿Y yo por qué? ¡No es mi culpa!" Con esto, tu pareja se peleará, huirá o, con tal de terminar la discusión, resignado aceptará que sí, que todo "como siempre" fue su culpa.

3. Compara. Sin importar lo que hagas, no vivas en el presente, porque eso proporciona felicidad. En cambio, compara todo: pareja, casa, trabajo, a ti misma con otras personas y, por supuesto, menciónalo siempre, en especial a tus seres más cercanos.

4. Haz pucheros. Cuando los dos integrantes de una pareja construyen su vida juntos, inevitablemente hay discrepancias. La pregunta

es: ¿qué haces cuando esto sucede? Una opción es no decir nada, estar malhumorada, fruncir el ceño, cruzarte de brazos y que el problema crezca y empeore. Terrorismo emocional puro.

5. Grita. Cuando se trata de echar a perder una relación, gritar es tan efectivo como callar. La única ventaja es que hay algo de comunicación verbal. Gritar intimida y, para que funcione mejor, puedes ponerte roja, hacer que las venas del cuello salten y decir cosas como: "¿Y yo qué?", o mejor, "¿y tú qué?"

6. Quéjate. Qué placentero es oír quejas, ¿no crees? Especialmente si te quejas de todo: la gente, tu familia, el servicio, el clima, tus amigos o compañeros de trabajo, por mencionar algunos temas. Es muy efectivo, verás cómo todos te abandonan.

7. Di groserías. La gente que grita casi siempre termina diciendo malas palabras, porque se alimenta de su propio sonido. El enojo crece, crece y se vuelve más incoherente. La incoherencia implica groserías, cuyo propósito es herir y bloquear. Tú dilas con frecuencia y verás cómo, antes de que termines de pronunciarlas, estarás completamente sola. Garantizado.

8. Afirma "tú siempre..." o "tú nunca..." Si quieres que un problema se quede sin resolver y que el enojo escale de manera inmediata a declaración de guerra, no dejes de decir estas lindas frases. La razón es que él, de inmediato, también pensará en su propio reclamo. Entonces los dos perderán por completo el punto.

9. Sé pasiva. Olvida que ésta es tu vida, tu pareja o tu oportunidad de hacer algo. No pienses, no hables, no actúes, no te esfuerces ni cometas errores. Deja que tu pareja haga todo por ti, hasta que se canse y te deje por otra mujer. Después de todo, la mejor forma de actuar como víctima es... no hacer nada

10. Encuentra el error. Ignora el hecho de que la gente, tu pareja en este caso, florece ante el halago. En lugar de observar lo que hace bien, enfócate en todo lo que hace mal; después dícelo y hazlo sentir mal cada vez que puedas. No falla.

Ojalá que no te identifiques con ninguno de los 10 puntos anteriores. Que la vida sea un gozo no depende de los grandes sucesos, sino de evitar estas pequeñas piedritas en el zapato que, practicadas a diario, pueden llegar a hacernos la vida verdaderamente miserable.

Asimismo, si evitamos estos puntos quizá también evitemos que con el tiempo, un día nuestro esposo nos suelte, mientras cenamos, un: "Te dejo porque es más fácil vivir con ella."

LECCIONES DE UNA AMANTE

—¿Qué te pareció, comadrita? —me dice Cristy—. Yo, por lo pronto, recibí la lección de mi vida.

Las dos nos quedamos pensando.

Dos parejas de amigos muy queridos, Pablo y yo, salimos muy animados de una boda, como a la una de la mañana, por lo que decidimos continuar la fiesta en un antro con música de salsa. Una vez sentados, entre la penumbra y el juego de luces del lugar, cruzamos miradas con un amigo recién divorciado que, con la mente perlada, bailaba entusiasmado con una mujer joven de pelo largo y negro, muy atractiva.

—¿Es Carlos? —preguntó alguien—. ¿Qué hace aquí, si nunca le gustó bailar?

Cuando la música cesó, Carlos, con respiración agitada y tres botones abiertos, se acercó a nuestra mesa

—¡Qué tal! Les presento a...

—Mucho gusto, soy Fabiola.

—Siéntense, por favor.

Confieso que, como conocíamos a la ex esposa, las mujeres de la mesa les hicimos espacio con un poco de reticencia. La plática comenzó y las amigas nos dedicamos a observar, como en una película que se ve por primera vez, a la nueva acompañante. En el transcurso de la conversación nos dimos cuenta de lo cariñosa que era Fabiola con Carlos, de la atención que le concedía, cómo lo escuchaba... pero, sobre todo, ¡cómo se reía de sus chistes de siempre! Contra lo esperado, las amigas no tuvimos otra opción que aceptar que Fabiola era encantadora.

Juntas, Cristy y yo, reflexionamos: quizá se nos había olvidado ser cariñosas, quizá ya no escuchábamos con atención cuando nuestros esposos hablaban, quizá desatendíamos los pequeños detalles, pero, sobre todo, ¡ya no nos reíamos de sus chistes!

Por otro lado, preocupa ver cómo ya no está de moda hablar de matrimonios felices. Una de cada tres parejas se divorcia, según datos del INEGI. Las noticias y los programas de televisión sólo exponen amores fracasados. Las historias de amor que presentan se dan antes del matrimonio o fuera de él, y el matrimonio es presentado como la sepultura del amor.

¿A qué responden estas tendencias? ¿Qué amenaza la vida de una pareja? ¿Podemos hacer algo? Quizá necesitamos unos ojos en los cuales refugiarnos y sentirnos amados. Cuando una persona no encuentra esto en su casa, es probable que quiera buscarlo en otro lado.

Cada quien tendrá sus razones. Sin embargo, recuerdo esta frase que leí en algún lado: "Te amo no sólo por lo que eres, sino por lo que soy cuando estoy contigo." Dicho de otra manera: la gente no te quiere por guapa, culta, chambeadora y demás. Te quiere por la manera en que la haces sentir. Te invito a reflexionar, ¿cómo hago sentir a mi pareja? Pensemos que el ego puede ser muy peligroso; siempre busca atención, ser reconocido, validado y, a veces, al costo que sea.

La gente nos ama por cómo la hacemos sentir... Esto me recuerda el milenario cuento de Scherezada.

Había una vez, en el reino de *Las mil y una noches*, un rey llamado Shahryar quien, furioso porque su esposa le había sido infiel, decidió darle cauce a su cólera y desposarse cada noche con una doncella del reino y al día siguiente mandarla matar.

Un día, el rey llamó a Scherezada, la hija de su visir. Mujer inteligente, sabedora de su fatal destino, al llegar la noche le contó al rey un cuento. Él, complacido, le perdonó la vida por un día.

A la noche siguiente, ella recurrió una vez más a la magia de la palabra y de la historia, para prolongar su vida un día más. De esta manera, pasaron mil y una noches en las que el rey no sólo le perdonó la vida a Scherezada, sino que se enamoró perdidamente de ella. Le pidió matrimonio y vieron crecer tres hijos.

Siempre he admirado la inteligencia y la habilidad de Scherezada, y me pregunto si este cuento no encerrará la clave para lograr que la vida de una pareja perdure: mantener vivo el interés en el otro como si nuestra vida dependiera de ello. ¿Lo hacemos?

¿QUÉ TIENE UNA AMANTE QUE NO TENGA YO?

Rescato de mi librero un pequeño ejemplar que compré hace mucho tiempo y que, a juzgar por los diferentes colores con los que lo he subrayado en cada época de mi vida, me habla de diferentes maneras. *Consejos de una vieja amante a una joven esposa*, de Michael Drury.

En él, una periodista entrevista a una mujer de 74 años, quien primero fue esposa enamorada y madre, para luego convertirse en amante por muchos años.

Esta vieja amante nos comparte las experiencias y lecciones de un amor ilícito. Al leer, se percibe la fragilidad de una relación ocasional y la creatividad a la que, como Scherezada, debe recurrir la protagonista. Las casadas vemos que tenemos mucho que aprender, recordar o aplicar.

Es posible que esposa y amante coincidan en una sola persona —ése debería ser el objetivo de una compañera de vida—; sin embargo, la sociedad supone que una amante está del lado malo y, en consecuencia, no tiene nada que decirle a una mujer que está del lado bueno. Pero claro que tiene. A continuación reproduzco algunas reflexiones de esta sabia y vieja amante:

1. Las mujeres legalmente unidas a veces están más preocupadas por la administración y el "deber" que por el gozo, la aventura y el compañerismo. Con frecuencia deshumanizan el amor y lo reducen a técnicas que no difieren de las utilizadas para manejar un automóvil.

2. Me siento horrorizada ante esas mujeres jóvenes de ojos fríos y científicamente seguras de que no hay posibilidad de que el corazón se rompa. Cargadas de ansiedad, competitivas y carentes de sexualidad.

3. Las mujeres casadas pueden quedar asombradas al enterarse de cuánto tiempo pasa una amante escuchando, cocinando platos favoritos y seleccionando sus ropas para complacer.

4. Las mujeres casadas identifican a sus maridos, inclusive a ellas mismas, con sus funciones; la vida de pareja no debe convertirse en una mera comodidad, como el autobús del colegio.

5. Si existe un secreto para ser amada, éste reside en no tener que serlo. Los hombres y las mujeres que se tienen a sí mismos, son la gente más atractiva de la Tierra. Una mujer que se dice a sí misma: "Si me amara, pasaría más tiempo conmigo o me compraría regalos, o satisfaría mis necesidades", está practicando para no ser amada.

6. Una amante no intenta revelar totalmente su espíritu al hombre en cuestión. Ese impulso es un signo de inexperiencia y de incertidumbre. Uno va lentamente. Cuando hablar es la sustancia, más que el vehículo, pronto se vuelve algo vacío.

7. Una mujer casada se equivoca de plano cuando husmea en la mente de su marido como si ésta fuera una ostra que comerá para

la cena. Desconfiar, padecer, sacar conclusiones sin fundamento, todas son actitudes que matan el amor y los sueños.

8. Un día, José me dijo: "Si alguna vez quieres que te deje, dedícate a las tareas del hogar." No quiso decir que no debiera hacerlas; quiso decir que no se convirtieran en el centro de nuestra vida.

9. Un hombre me dijo: "Me enamoré de mi esposa porque no le importó empaparse durante una tormenta y porque tenía pecas en la nariz y la volvían loca las palomitas de maíz del cine." Cualquier cosa puede funcionar si la gente hace que funcione. Tener miedo es sensato; lo que no es tan sensato es creer que cerrar los ojos hará desaparecer al desierto.

10. En el matrimonio, nadie puede garantizar que nos seguiremos sintiendo de una determinada manera. Jurar amor eterno es como prometer sentir a perpetuidad cualquier otra emoción: temor, dolor, admiración o alegría. Lo que uno puede jurar es que seguirá esforzándose por ser amada, un voto que es más flexible, más factible de cumplirse y verdadero.

¿SOCIOS O AMANTES?

Piensa en lo fácil que es pasar, en el día a día, de amantes a socios. Un grupo de amigas, todas con 20 y 30 años de casadas, comemos alrededor de una mesa y, con afán de investigación, expongo el tema: "La rutina, el cansancio, los problemas económicos, el quehacer y los hijos nos llevan a una vida práctica en la cual la ilusión de amantes se desdibuja, si no por completo, casi… ¿no es cierto?"

—Es que fíjate cómo, cuando tus hijos son chicos, la mayor parte de los temas que platicas con tu esposo, o tus amigos, son acerca de los hijos —comenta Gilda.

—Además, pasa que uno al otro empiezan a valorarse sólo en el papel de papá y mamá; incluso empiezas a llamar a tu esposo "papi" o él a ti "mami", y lo de amantes, para nada. Cuando acabas de tener bebés, estás hecha una gorda y todo el día cuidas niños. ¿A qué horas te arreglas? Y claro, te dan ganas de matar a tu marido cuando pasa la chava sexy, de cuerpazo, a la súper moda, y a él se le salen los ojos —agrega Betty.

—Y los fines de semana o las vacaciones, por lo general sales con los niños, con la familia o con otras parejas que también tienen niños, y la verdad con tu esposo sales poco. Lo cual no ayuda en nada al romance.

—Cuando eres joven piensas que tu linda cara y tu cuerpazo son las únicas herramientas que necesitas para enamorar a tu marido. Dejas todo en el plano superficial —comenta Marcela—. Y claro, surge el miedo constante de que alguien más atractiva, más inteligente, te arrebate al marido. Te conviertes en una especie de investigadora de la PGR.

Sacamos como conclusión que esta vida operativa, enfocada al "deber ser", nos puede hacer sentir a los dos, hombre y mujer, poco vistos, poco importantes. Nos alejamos de la espontaneidad, de la sorpresa y olvidamos por qué nos enamoramos.

Por simple que parezca, pienso que lo que mantiene unida a la pareja son los detalles: un abrazo, reconocer lo que el otro hace, escucharse uno al otro con atención, compartir una actividad, simplemente estar, reír, platicar, comer fuera solos de vez en cuando, mantenerse atractivos, decir "te quiero", "gracias", mirarse con cariño.

Sí. Una vez que, como pareja, decidimos hacer vida juntos, esa historia de amor puede durar viva 30, 40 o 60 años. Está en nuestras manos lograrlo. ¿Tú qué opinas?

¿QUÉ HARÍAS DIFERENTE?

"Enlista las cinco personas o cosas que más valoras en la vida, por orden de importancia." El maestro lanzó la orden, en el congreso de logoterapia, y te invito a ti, querida lectora, a que hagas el ejercicio también. Me detuve y reflexioné. Pensé en Pablo y, como ola, me inundé, me envolvió. Me siento plena. Su nombre es lo primero que escribo. Mis compañeros y yo, entusiasmados, intercambiamos nuestros tesoros. Mis hijos, mis nietos, la salud, mis yernos, mis papás, la naturaleza, los amigos, la vida, en fin... Es difícil establecer una jerarquía con tantos amores, con todo aquello que siempre damos por descontado.

El siguiente planteamiento cae como balde de agua fría: imagina que pierdes aquello que escribiste en primer lugar. ¿Qué pasaría? Imagínate. De inmediato se hace un silencio. Todos sentimos un puñal en el plexo solar. Esa idea ha existido siempre, pero nos la hemos quitado de la cabeza como si se tratara de un mal pensamiento. Ahora debemos anidarla, sentirla, escribirla y comunicarla. ¿Qué me pasaría si pierdo a Pablo? ¿Qué te pasaría si pierdes a la persona que más valoras en la vida? Con sólo pensarlo se apaga mi vida. Encuentro difícil expresar con palabras el sentimiento de orfandad al que me asomo. Borges tuvo razón al escribir: "No hay más paraísos que el paraíso perdido."

Una vez que intercambiamos nuestros dolores, reales e imaginarios, escuchamos el tercer planteamiento: imagina que la vida te da la oportunidad de recuperar aquello que perdiste. ¿Qué harías diferente? ¿Qué actitud cambiarías? Es increíble lo que un ejercicio de este tipo nos puede hacer reflexionar. ¡Qué importante es ser consciente de cuando estamos en el paraíso! Para apreciarlo y disfrutarlo.

Vuelvo a respirar; surge el alivio de una segunda oportunidad. Viene a mi memoria el poema de Ana María Rabatté: "En vida hermano, en vida..." ¿Qué haría diferente si tuviera la oportunidad de recuperar aquello que más valoro? Quiero compartir contigo mis reflexiones de ese día:

Por mi parte, estoy frente a la computadora y decido cerrarla para ir contigo. Pienso en todos aquellos momentos en los que escojo continuar escribiendo en lugar de sentarme junto a ti para ver la televisión, abrazados. Qué tiempo perdido... Qué rápido olvido aquello que Concha y yo, las dos amantes del trabajo, comentamos un día: no hay nada que valga más que un abrazo cálido y apretado. ¡Cómo reconforta y enriquece! Que no se nos olvide, Concha. ¿De qué sirven logros, posesiones o reconocimiento si estamos solas? Mi papá siempre lo ha dicho: "Llórate pobre, pero no te llores solo." Qué fácil es repetirlo y qué difícil es trabajar en ello y ganarse el cariño del otro. Porque querer es muy fácil, lo difícil es que te quieran, que alguien desee estar contigo. Y las horas de trabajo, tenlo por seguro, no lo logran... Por eso, Pablo, te prometo organizarme más y reservar mi tiempo para ti, para disfrutarnos mientras juntos, abrazados, nos acompañamos.

¿Qué haría diferente? Al estar ahí, contigo, prometo "estar" verdaderamente, interesarme más por tus cosas, en lo que vives y piensas; darte toda mi atención y escucharte sin distracciones cuando me cuentes cómo estuvo tu día, antes de informarte cómo me fue a mí. Qué irónico es pensar que, a veces, entre más cerca estamos de las personas, más miopes podemos ser a sus estados de ánimo. Ciegos para percibir las etapas o crisis por las que pueda estar pasando, incapaces de ver su corazón. Me propongo sacudirme de la rutina, de la conversación trivial. Pablo, quiero enamorarte a diario.

¿Qué haría diferente? Me comprometo a ser más prudente y no tratar de imponerte absurdas pequeñeces y, para descubrir tus necesidades, me propongo ser más atenta y cariñosa, y estar abierta a lo que dices y a lo que, quizá por no preocuparme, a veces no dices. Sobre todo, te diré más seguido que te admiro, que me enamoran tu serenidad, fortaleza, valor e integridad para afrontar y sobrellevar los problemas que la vida te presenta. Por último, te quiero dar las gracias por hacerme sentir siempre amada, protegida y valorada. Te adoro.

Piensa, ¿tú qué harías diferente? Y hagámoslo hoy, mañana puede ser demasiado tarde...

SOSPECHO...

Sospecho que mi esposo tiene una aventura porque hace meses no tenemos relaciones. Seguido llega tarde, como que está ausente, no platica, contesta el celular a escondidas y cuando le pregunto qué hizo en el día, siento que me inventa pretextos... en fin.

Este testimonio de Susana refleja el sentir de muchas mujeres, bajo distintas circunstancias. ¿Qué hacer? ¿Cómo enfrentar la situación?

Recurro a la terapeuta Josefina Leroux. Tiene más de 20 años de experiencia en este campo y publica la columna "Diván" en los periódicos del Grupo Reforma. Ella me responde:

Yo te pregunto, Gaby, ¿ella sí se comunica, es muy expresiva y toma eventualmente la iniciativa para ir a lugares distintos y hacer el amor? Porque algunas veces no hay tal aventura sino preocupaciones reales, rutinas, aburrimiento, problemas que no se han compartido, miedos y depresión que originan distanciamiento.

Podríamos decir que intuir una infidelidad lleva al cónyuge a un sinfín de dudas e inferencias que pueden persistir durante años.

La pareja debe saber qué quiere que suceda cuando salga a la luz la evidencia de la infidelidad. Y estar consciente de que sus expectativas pueden ser totalmente idealistas. Por ejemplo, he escuchado lo siguiente: "Desearía que dejara a su amante, me pidiera perdón y fuéramos felices para siempre." Mientras, el marido está pensando que ojalá la esposa le pidiera el divorcio, porque no tiene el valor de tomar la iniciativa e irse con otra.

Cuando la infidelidad es real, tarde o temprano aparecen las pruebas y surge una crisis. Es decir, surge el fondo del problema y el principio de solución del problema.

He acompañado por 20 años a parejas en esta situación y las que mejor arreglan su problema son las que hablan con la verdad y actúan de manera firme y congruente con lo que sienten. Me refiero a los casos en que es necesario considerar una separación.

Lo paradójico es que una vez que el marido está solo con su amante y separado de la familia, de pronto empieza a darse cuenta de los riesgos que corrió por su excesiva confianza en la tolerancia de su esposa. También se invierten los papeles: la amante empieza a presionar y la esposa a resistirse, lo cual le provoca emociones invertidas.

Si los intentos de solución no dan resultado, es inútil insistir. En mi experiencia profesional, las crisis son los mejores recursos para cambiar el equilibrio estático o pernicioso en una pareja.

Desafortunadamente, nos han enseñado todo lo contrario: a impedir a toda costa una crisis, y lo único que se logra es posponerla.

A Susana le sugeriría una terapia de pareja. Si él no acepta, puede elegir una terapia individual, para hacerse responsable de su felicidad. Si ella o cualquier mujer que se encuentre en esta situación cambia, a su pareja no le quedará más remedio que hacer lo suyo.

Al término de la conversación, en mi mente queda la pregunta que Josefina me hizo al inicio de la conversación: "¿Ella se comunica, es muy expresiva y toma eventualmente la iniciativa para ir a lugares distintos y hacer el amor?" Ahí te la dejo...

EL DOLOR DE LA INFIDELIDAD

Un encuentro casual, una cana al aire, un tremendo romance, una noche de copas o una amante de hace mucho tiempo; lo que haya sido, descubrir la infidelidad de tu pareja es siempre un golpe al alma, al cuerpo y al corazón. Es una profunda estocada de ésas que nunca quisiéramos sentir.

Sin embargo, cuando la infidelidad sucede, el mayor daño que hace es que se instala un huésped que, una vez acomodado, tarda mucho en retirarse: la desconfianza.

Entrevisté para este tema a Mariana, señora de unos 40 años, quien vivió esta dolorosa experiencia y, algo que me admira, perdonó a su pareja. ¿Se puede? Veamos.

Gaby: Mariana, ¿duele?

Mariana: Es una experiencia muy dolorosa. Sólo quienes la hemos sufrido sabemos lo que se siente. Te desgarras por dentro. Puedo decir que ningún golpe físico me habría lastimado tanto.

Gaby: ¿Lo sospechabas?

Mariana: Cuando me enteré de que mi esposo me pintaba el cuerno, ya me latía. Una parte de mí quería confirmarlo y la otra no. Finalmente ganó la incomodidad de sentirme sola, engañada, burlada y pisoteada.

Mi esposo comenzó a nombrarme mucho a su asistente —la cual yo le había presentado; era mi amiga, madre soltera y necesitaba el trabajo—. "Es muy inteligente, habla muy bien inglés, es muy mona, me resuelve todo", decía.

Por otro lado, en casa él se quejaba por cualquier tontería.

Gaby: ¿Cómo lo confirmaste?

Mariana: "No me quiero meter en problemas, señora, pero...", me dijo la señora que me ayuda en la casa. Las piernas me temblaban al escuchar lo que me contaba...

Mientras yo estuve fuera, de vacaciones con mis hijos, él llevaba a comer a su asistente a la casa, quien incluso pasó noches en mi cama.

"Por qué no me platicas qué hiciste en las vacaciones mientras me fui a cuidar a mis hijos?", le pregunté ese día.

La cara se le descompuso, comenzó a tartamudear. "¿A qué te refieres? Sabes que estuve trabajando."

"¿A quién traías a comer y quién se quedaba de noche en mi cama?"

Gaby: Ante esto, ¿cómo reaccionó?

Mariana: Por supuesto, al principio todo fue negación e historias incoherentes. "Ya hablaremos más tarde y con detalle; ahora no puedo, estoy en shock", le dije, y me metí al baño a despintarme, a pensar. No paré de llorar.

Por supuesto, esa noche no dormí. A la mañana siguiente comencé el día con mil disculpas de su parte y con historias diferentes a las de la noche anterior. "Tenemos mucho de qué hablar, pero ahorita necesito pensar las cosas." Me fui a comer con dos amigas, con quienes me desahogué, y les conté todo.

Gaby: Ya me imagino cómo te sentiste...

Mariana: Tenía ganas de llorar, de gritar, de correr. Pensé irme de viaje sin que nadie supiera adónde; me detuvo el solo hecho de pensar en provocarles un mal momento a mis hijos. Ese fin de semana nos fuimos todos a Cuernavaca, como estaba planeado.

Sentía el alma fuera del cuerpo. No tenía hambre, no podía dormir, lloraba a escondidas para que mis hijos no me vieran. No quería ni ver a mi esposo, que con la cara compungida me pedía mil veces perdón. Me escondía por la noche en el jardín. Lo veía desesperado, llamándome y buscándome sin encontrarme; y yo... sin encontrar el alma.

Gaby: La mezcla de sentimientos...

Mariana: Claro. Pasaron unos días, yo no sabía qué hacer. Las disculpas seguían. Sonaban muy distantes. A él no lo quería cerca y ante mis hijos fingía que no había problema.

Después, afloró el coraje. Tenía ganas de pegarle, y después, de hacerle sentir lo mismo y meterme con alguien muy cercano a él. Tenía que buscar una solución.

Me venía a la mente lo que la sociedad o el machismo dicen a este respecto: si un hombre tiene una amante, es más hombre. Si una mujer tiene un amante, es una puta.

Gaby: Un gran golpe a la autoestima...

Mariana: En esa época, gracias a Dios, tenía un buen trabajo; trataba con grandes personalidades y lo hacía muy bien. Eso me distrajo del dolor. Pero al llegar a la oficina, durante varios días, llevaba los ojos rojos por el llanto, la piel seca y el pelo como estropajo. Una amiga, al verme, me decía: "Métete al baño y llora lo que tengas que llorar; maquíllate y sal sin que nadie note tu tristeza."

Le pedí a mi esposo que despidiera a su asistente. Todavía pasaron unos meses antes de que lo hiciera. Ahí comprendí que una relación de amantes no se termina cuando la tercera persona lo propone, sino cuando ellos lo determinan. Así que decidí ser yo la que ganara.

Decidí perdonar a mi marido y confrontar a la supuesta "amiga" a quien le había conseguido la chamba. Fue muy doloroso.

A partir de este incidente, busqué un camino para volver a sentirme segura y atractiva. Así que me enamoré de un hombre que en ese momento era novedad y, sí, dejé que complementara mi alma por un tiempo.

Creo que cuando alguien se compromete con su pareja, y la pareja no cumple su compromiso, como en mi caso, cuestionas la igualdad o la desigualdad. Y surge el "¿por qué yo no?"

Gaby: Y, ¿qué hiciste?

Mariana: Un día me propuse reconquistar a mi marido. Me costó mucho trabajo, pues tenía que actuar muchos papeles. Al decirle "te quiero" me mordía la lengua, pero sabía que si lo repetía varias veces, algún día lo podría volver a sentir y él también. Me costó muchos años.

Gaby: Perdonar, ¿en verdad se puede?

Mariana: Dicen que el duelo de perder a un ser querido dura aproximadamente dos o tres años. Yo llevaba cuatro años desde la infidelidad y el dolor seguía.

Un día decidí ir a la iglesia. Me hinqué y le pedí a Dios que me ayudara a perdonar, y a perdonar bien, a volver a querer a mi esposo; a perdonar a esta supuesta amiga que tanto me lastimó.

De pronto, te lo digo de corazón, sentí como si un rayo de luz entrara en mi cuerpo y sanara mi alma. Fue tan intenso que sentí mi cuerpo muy ligero. Cuando me puse de pie, sentí una paz enorme y un verdadero perdón.

Esto te lo cuento porque a la persona que pueda experimentar el perdón le sucede algo muy importante en el organismo: siente una enorme tranquilidad al dejar el suceso atrás.

Creo que en este proceso de duelo y aprendizaje también bloqueé muchos sentimientos. Volver a tener relaciones íntimas con mi esposo, y disfrutarlas, me costó mucho tiempo y trabajo.

Gaby: ¿Qué te motivó a perdonar?

Mariana: Mi motivo principal fue tener cerca a mis hijos y verlos crecer. Gozarlos y darles la seguridad de tener como papás a una pareja; permitirles desarrollarse dentro de una familia unida. Todo esto ha sido muy difícil, pero valió la pena. Mi esposo es muy buen papá y conmigo ha sido muy cariñoso.

Te puedo decir que lo quiero, y lo quiero mucho. Adoro a mi familia y sé que él también me quiere mucho. Llenamos nuestra vida con palabras bonitas y con detalles continuos, nos abrazamos y nos reímos mucho.

Creo que es muy importante volver a reírte con tu pareja, divertirse, inventar planes diferentes, abrazarse y darse tiempo para platicar; y, si se puede, volver a querer. En mi caso esto ha funcionado.

LA MUJER TAMBIÉN ES INFIEL

Entrevisto a una investigadora privada. Su especialidad: la infidelidad de pareja. "Aunque el hombre sigue siendo más infiel que la mujer, también las mujeres son infieles ahora —me dice—. Desde hace unos 15 años, mi trabajo para investigar mujeres ha aumentado muchísimo. Antes era algo esporádico. Por lo general, ellas dicen que van al súper o al gimnasio y es cuando se ven con su amante."

"¿Y tú qué opinas?", le pregunté a la terapeuta Josefina Leroux, especialista en el tema, quien me contestó lo siguiente:

Sí, Gaby, las mujeres están siendo más infieles ahora. Si antes era una décima parte, ahora 40 por ciento incurre en la infidelidad. Son muchas las causas:

1. Existen más libertad y mayores oportunidades que antes. Los chistes lo ilustraban bien. Antes un hijo ilegítimo sólo podría haber sido del lechero. Nadie más tenía contacto con el ama de casa, que se pasaba ocupada con tanto hijo.

Ahora las mujeres trabajan, conocen otros hombres y tienen tentaciones. Claro que éstas se convierten en oportunidades para tener una aventura, si se cruzan con otras realidades como una pobre relación conyugal.

2. No nos han enseñado a resolver problemas mediante el diálogo; si hombres y mujeres no tienen lo que imaginaron, acaban buscándolo fuera de casa.

3. Las parejas esporádicas muchas veces no se buscan, se encuentran cuando una mujer siente que su esposo no la ama ni la desea, cuando le ha pedido repetidamente que se comuniquen o hagan más vida de pareja y él no le presta atención. En esa circunstancia es vulnerable, y puede caer.

No se justifica, pero las necesidades afectivas y eróticas pueden considerarse inaplazables si no hay claridad moral o madurez.

SI MI MARIDO NO QUISO VENIR... ÉL SE LA PIERDE ¡HOY ES MI NOCHE!

4. También existe el reto planteado por una cuestión de género. Las jóvenes dicen: "Si ellos lo hacen por qué nosotras no". No se dan cuenta que imitan un mal endémico en nuestra sociedad.

LUEGO SE ARREPIENTEN...

Si una mujer piensa en serle infiel a su pareja —me comenta Josefina Leroux— yo le preguntaría si está preparada para afrontar las consecuencias: qué hará cuando su esposo se entere, si se embaraza; si se contagia de una enfermedad de transmisión sexual, si la pareja o la familia del otro los descubre, si su amante empieza a exigirle o acosarla por teléfono, si mantiene una relación con él, se enamora y luego la deja; si su esposo le pide el divorcio, si se enteran sus hijos, etcétera. La mayoría de quienes tienen una relación extramarital se creen muy listos y piensan que nadie se dará cuenta; después, cuando viven las consecuencias, se arrepienten sin remedio de su amorío.

Tiene razón Josefina, porque, además, si la mujer o el hombre tienen hijos, y éstos se enteran —lo cual generalmente sucede—, con qué cara los verán después. A ellos les duele y les hace mucho daño. ¿Y el ejemplo? ¿Y el respeto? ¿Dónde quedan?

Hay que pensar las cosas dos veces antes de echarnos a perder, si no la vida, sí buena parte de ella.

CUANDO TERMINA LO ACABADO: EL DIVORCIO

La idea de que el matrimonio es para toda la vida ha quedado en el olvido. Las estadísticas muestran que el índice de divorcios es cada vez mayor. Sin embargo, a pesar de que muchas parejas intentan pasar las tormentas juntos, a veces la separación es inevitable y lo mejor para todos. Hay también parejas que sueltan la toalla al primer par de desencuentros, y buscan la salida más fácil: el divorcio.

Un divorcio no sólo involucra al cónyuge, también a los hijos —quienes sufren de manera especial y a veces se sienten culpables— así como a la familia y a los amigos.

De acuerdo con lo que pude percibir al entrevistar a muchas mujeres separadas, el divorcio es una decisión que por lo general toman después de haberlo pensado muy bien y de haber intentado salvar su matrimonio. No es elección de un momento.

El divorcio implica un cambio drástico que requiere firmeza, fortaleza y paciencia para adaptarse a él. Lo importante es recoger las piezas, aprender a sobrevivir y seguir adelante.

Comparto contigo esta entrevista que le realicé a Gloria. Sus experiencias y reflexiones me parecieron muy auténticas, sensatas y maduras; pueden ser las de cualquier mujer que pasa por esta dura decisión.

Gaby: La decisión de separarte, ¿es difícil?

Gloria: Hace tres meses terminó lo que empezó a acabarse hace 10 años. Me sorprende, al mirar hacia atrás, el tiempo que pasó desde que empezó la agonía de mi matrimonio, y no me decidía a hacer un cambio en mi vida.

De pronto todo termina y aparece el dolor. Aparecen también diferentes sentimientos hacia lo que no concluye. Resulta difícil desprenderse de algunas cosas, algunos recuerdos, algunas historias y aventuras compartidas.

Sin embargo, enfrentar este dolor me obliga a darme cuenta de que no todo termina tan rápido ni tan fácilmente; detrás de este final hay todavía demasiadas cosas de las cuales habré de ser responsable, vivencias por acomodar en su lugar, vínculos por redefinir, experiencias por capitalizar y, sobre todo, ausencias por superar.

Gaby: ¿Cómo fueron tus años de matrimonio?

Gloria: Me casé a los 23 años, justo después de terminar mi carrera y de haberme titulado. Nos conocimos en la universidad, fuimos compañeros de banca. Nuestra relación fue de amigos que al principio compartían trabajos en equipo, diversión con los compañeros y, sobre todo, una comunicación en que cada uno contaba sus historias. Fue así como en el proceso de conocernos, conectamos esa parte del alma donde concurren muchos más hilos de conexión que entre amigos, donde sucede ese delicado equilibrio entre el querer de la posesión y el querer del amor. Apareció ese extraño deseo de involucrarse con el otro... de permanecer con él.

En ese momento creí haber encontrado a ese otro singular que difícilmente puede ser sustituido por alguien más. Estaba enamorada y feliz. Me encontraba con quien me facilitaba ser yo misma y me daba esa libertad para desarrollarme personalmente; con quien me sentía segura. No cabía en mi mente que esa unión se disolviera en algún momento. Mi proyecto de crear una familia parecía estar en condiciones perfectas.

Gaby: ¿Sientes que el ser padres ayuda a la relación?

Gloria: Los primeros 15 años sucedieron según lo esperado. Como muchas parejas que empiezan, fuimos construyendo un hogar, equipándolo poco a poco con gran esfuerzo y trabajo. Los dos trabajábamos y contribuíamos para tener lo que necesitábamos. Existía esa confianza ciega y un equipo de dos que se dirigían al mismo objetivo con la certeza de un futuro satisfactorio para ambos.

Al año y medio tuvimos a nuestra primera hija, y la recibimos con un enorme gozo. Con ella descubrimos el significado de ser padres. ¡Qué experiencia tan rica, de dimensión inconmensurable! Para mí, es lo que da sentido a la vida. Año y medio después, nació nuestra segunda hija, y dos años y medio más tarde el tercero; me sentía la mujer más plena. En ese momento se empezaba a completar mi proyecto, mi sueño.

La experiencia de ser padres es una bendición, pues la intensidad que uno descubre de amar y darse a alguien sin límites, sin ninguna condición, sólo se logra desde el amor de padres. Es la experiencia más enriquecedora que me ha ofrecido la vida.

Gaby: ¿Cuándo y cómo comienza la ruptura?

Gloria: A los 15 años de casados ocurrió lo que nunca hubiera pensado. La aparición de una tercera persona en nuestra relación. Me di cuenta de que en nuestra rutina familiar habíamos dejado a un lado el entusiasmo y la pasión. Cuando esto sucedió, todavía creía firmemente en que la magia que había existido entre los dos podría borrar esa pesadilla que estaba viviendo.

Gaby: Y tomaste la decisión...

Gloria: Para mi sorpresa —y yo que pensaba que podía controlar todo—, la presencia de la tercera persona duró siete años. No hubo la firmeza, ni la voluntad para dejar fluir nuevamente nuestra relación de pareja y recuperar la confianza del otro. Fueron siete años que no abonaron a mi seguridad; siete años en que yo reclamaba reconocimiento, compañía, apapacho, atención, comunicación, entre otras cosas... Cosas que no se piden sino que se dan cuando hay interés.

Caímos en un círculo vicioso donde era imposible sostener una conversación que permitiera entender el punto de vista de cada uno: defender la razón es ineficaz en el terreno de los sentimientos.

La razón no sirve para curar heridas ni para reparar la pérdida. Aunque pensaba que la justicia tenía que darme la razón. Resultó igual: perdí.

Gaby: ¿Alguna vez intentaron una terapia de pareja?

Gloria: Intentamos una terapia de pareja tras comunicar a los hijos nuestra separación y ver su reacción y su dolor. Cuando finalmente tomé la decisión de la separación, pasé noches de mucha angustia en vela. Es el paso más difícil y doloroso. Recuerdo ese momento de mi vida como el peor; no podía dejar de pensar en el dolor que esto causaría a mis hijos.

Los últimos tres años, después de la terapia, logramos tener una relación más cordial; dejé a un lado tanto reclamo, entendí que las cosas no sucederían sólo con pedirlas y que aferrarme a la idea de lo justo y lo injusto era inútil. La voluntad se me fue acabando, la confianza también. El desinterés y la distancia se hicieron presentes poco a poco y creo que me cansé de seguir luchando por algo que claramente no iba a suceder.

Gaby: Es un trabajo de dos...

Gloria: Es muy doloroso ver el esfuerzo, la voluntad y la tenacidad perdidos... pero sí, esto es un trabajo de dos. Siempre.

Durante todos estos años pensaba en mis hijos, en ese proyecto que les quería ofrecer. A pesar de que decidir no permanecer juntos hubiera parecido obvio, mis hijos fueron la primera razón para no hacerlo.

No me arrepiento de haber dejado pasar tanto tiempo. Mis hijos crecieron, y si bien la decisión le duele a cada uno de los que formamos una familia, hoy tenemos más armas para superarlo y ver hacia adelante.

Gaby: ¿Cómo te encuentras ahora?

Gloria: Dejar atrás a un compañero de ruta es más difícil que no haberlo tenido nunca. Cuesta mucho trabajo seguir adelante, avanzar de otra manera, capitalizar lo aprendido y disfrutar de lo nuevo.

Experimento una sensación de liberación, pero también de gran tristeza. Lo que pierdo no es una pareja, a ésta la perdí hace 10 años; lo que pierdo es la ilusión, el proyecto de vida, ese sueño de permanecer juntos, en familia. Me encuentro navegando en medio de la incertidumbre del futuro.

Gaby: ¿A qué le temes?

Gloria: Quisiera sentirme segura de que podré diseñar un futuro nuevo. Siento miedo de quedarme sola. Me duelen mis hijos y me preocupa su bienestar emocional y económico. Quisiera sentir nuevamente esa energía electrizante que me permitía disfrutar todo lo que tengo a mi alrededor. No la encuentro todavía. Quisiera que este año transcurriera rápido, muy rápido, y pasar este bache. Quisiera que la tristeza no invadiera cada momento en que estoy sola. Quisiera encontrar esa alma gemela y conectarme con ella. Quisiera estar en un mañana donde yo sea la verdadera protagonista de mi vida, segura de que cada decisión que tome me hará sentir plena.

CONSIDERACIONES EN EL DIVORCIO

- ¿Hay posibilidad de solucionar el problema? Inténtalo. De no ser así, es mejor dedicar esa energía para fortalecerte moralmente y superar lo que viene con entereza.

- El divorcio implica una pérdida y, como tal, exige pasar por distintas etapas del duelo, hasta llegar a la aceptación.

- La recuperación implica asumir todos los sentimientos asociados con esta pérdida: enojo, dolor, abandono, tristeza, sensación de injusticia, incertidumbre por el futuro, etcétera.

- Es prudente mantener todos los detalles y las razones del divorcio en privado. Es una situación íntima que debe compartirse con pocos. Hablar continuamente del tema aburre a los demás y los aleja. Es obvio que con los amigos más cercanos podemos expresar nuestros sentimientos sin reservas; sin embargo, hasta ellos se pueden cansar.

- Si hay niños en el matrimonio, ellos son la prioridad. Hay que informarles de la decisión antes que a nadie y explicarles, según su edad, los motivos y cuál será la situación familiar. Es esencial ser cuidadosos con los comentarios que se hacen frente a ellos.

- Es muy importante evitar que los hijos se involucren en el proceso. Debemos ubicarlos en una posición neutral.

- Hay que evitar que los niños sientan que deben tomar partido por alguno de los papás.

- Cuando uno de los cónyuges pide el divorcio, el otro debe concederlo con dignidad, siempre y cuando se llegue a acuerdos justos para ambos, en todos los aspectos: hijos, economía, vivienda. Hoy en día existe la posibilidad de recurrir a un mediador, persona neutral que facilita a la pareja adoptar acuerdos.

- Las dos causas más comunes de divorcio son las desavenencias económicas y la infidelidad. Si es por la segunda, es inútil intentar cualquier tipo de agresión hacia la tercera persona.

- Durante las visitas al tribunal, la relación debe mantenerse lo más correcta y fría posible. Los abogados pueden encargarse de los asuntos delicados, para que la ex pareja no se enfrente. Sin embargo es probable que el juez reúna a la pareja sin la presencia de sus abogados. Por más difícil e incómoda que sea la situación, hay que tener en mente que hubo experiencias compartidas y años felices. Por ello, la conducta de ambos debe enmarcarse en la cortesía.

LA VIDA DESPUÉS DEL DIVORCIO

Aunque de momento no lo sientas así, hay vida después del divorcio. Tienes todo el derecho a rehacer tu vida. ¿Fácil? No lo será, por lo que es necesario asimilar el dolor y el cambio.

- Mantente ocupada. Estudia, trabaja, pinta, lo que sea. Asimismo, busca nuevas ocupaciones y pasatiempos que te den la oportunidad de participar en grupos con los que tengas intereses comunes como el deporte, la cultura o los voluntariados.

- Frecuenta a tus amigos, es importante. Y con una buena dosis de seguridad, busca incorporarte a un nuevo grupo y abrirte a lo inesperado.

- Evita el aislamiento. Es posible que encuentres difícil entablar nuevas relaciones, pero sal y diviértete. Eso sí, ten cuidado: las relaciones pasajeras pueden causar mayor confusión y caos. Estás en una situación vulnerable y puede ser fácil que caigas con el primero que te diga: "Qué bonitos ojos tienes." Confía en tu instinto.

- Cuídate de no caer en "citas fáciles" con otras personas, para anestesiar el dolor. Es común enfrentarse a sentimientos de vergüenza o culpa, que pueden volverse autodestructivos De nada sirven.

- Es prioritario que restaures tu autoestima y valía personal, para mantener relaciones sanas. Busca valerte por ti misma. Aprende a disfrutar de la soledad y aprovecha para leer libros que te nutran espiritual y mentalmente. Si es posible, anímate a viajar.

- Busca ayuda profesional si lo crees necesario. Es difícil enfrentar esta etapa sola.

- Haz ejercicio, cuida tu dieta, ponte guapísima. Esmérate en tu arreglo para sentirte mejor.

- Cambia la decoración de tu casa, aunque sean detalles; o la disposición de los muebles. Esto ayuda.

- Habla de lo que sientes con amigas que estén pasando o hayan pasado por la misma situación. Esto te anima y consuela. No eres la única.

- Acepta el reto y pierde el miedo a empezar otra vez. Recuerda que la autocompasión sólo aumenta la tristeza.

CÓMO AFRONTAR EL DIVORCIO CON TUS HIJOS

Sin importar la edad que tengan los hijos, el divorcio de sus papás es un asunto difícil de aceptar y digerir. Tu espíritu y actitud son muy importantes, porque generalmente los hijos se quedan contigo.

- Trata de controlar tu estado de ánimo, de conservar tus amistades, tu carrera profesional y tu ritmo de vida.

- En estos momentos, es fundamental que tus hijos se sientan seguros respecto al futuro. Que sepan que sus papás los adoran y cuidarán siempre de ellos; que seguirán viendo a su papá o a su mamá, aunque esté en otra casa.

- Comunica a tus hijos cómo te sientes. Los hijos absorben las señales emocionales de sus papás como una esponja. Si estamos tristes se pondrán tristes, y felices si estamos felices. Ellos perciben si algo está mal, aunque tengamos la sonrisa en la boca. Es preferible platicarlo abiertamente de manera inteligente.

- Lo mejor es hablar con la verdad, siempre según su edad. Las mentiras los destruyen. Es muy sano hablar con ellos de nuestros sentimientos y estimularlos a que ellos también lo hagan. Desde ningún ángulo conviene hablarles mal de su papá o de su mamá. Todo lo contrario, algún día lo agradecerán.

- Comunica tu situación a los maestros de tus hijos. Aunque la separación parezca no afectarlos, es importante estar muy cerca de ellos y prevenir a sus maestros, por si notan algún cambio de actitud en la escuela. Algunos niños callan sus preguntas y guardan sus sentimientos, lo cual no ayuda a superar la situación.

- Los niños necesitarán la amistad y cercanía de otros hombres, si es que su papá no está allí. Tíos, abuelos y amigos juegan en ese momento un papel preponderante.

- En caso de que surja el problema de que el dinero para sostener a la familia no llegue a tiempo o simplemente no llegue, evita comentarlo con los hijos. Esto les causa mucha angustia. Es más sensato hablar de un cambio de presupuesto y cómo cuidarán en adelante el dinero.

- La nueva situación financiera es uno de los aspectos del divorcio que más afectan emocionalmente. La incertidumbre por el bienestar futuro, tanto el propio como el de los hijos, es fuente de gran tensión. Además de que en muchos casos los hijos tienen que sumar a la pérdida de la estabilidad de su familia, la pérdida de su estatus económico y social.

- Lo ideal es que los ex esposos puedan ponerse de acuerdo en cuanto a permisos, regalos, diversiones, escuelas y dinero. Es triste ver cómo algunos papás piensan que las cosas materiales pueden suplir su ausencia.

- Muchas relaciones madre-hijo y padre-hijo se fortalecen después de un divorcio porque aprenden a conocerse y le dan más valor a su relación.

- Las tradiciones familiares deben continuar: cumpleaños, Navidad, vacaciones. Los ex cónyuges se pondrán de acuerdo para definir horarios y calendarios para que los niños puedan compartir las fechas importantes con ambos. También hay que fomentar que continúen viendo a los familiares de ambos.

- Si alguno de los dos tiene otra pareja, es conveniente ir despacio. No hay que presentarla a los hijos hasta que sea alguien importante. Es preferible evitar las demostraciones físicas de afecto enfrente de ellos hasta que acepten a la nueva persona.

- Para los hijos de padres divorciados, la convivencia de papá o mamá con personas del sexo opuesto es más difícil que el divorcio mismo. Los niños se sienten amenazados por la relación potencial entre su papá o su mamá con una pareja extraña. El temor a un nuevo abandono puede ocasionar reacciones violentas.

- Como siempre en la vida, hay que buscar el equilibrio y reafirmar a los hijos el enorme amor que les tenemos; al mismo tiempo, debemos ser asertivos en nuestra nueva relación.

¡ME CASÉ CON UN MISÓGINO!

Un día recibí una llamada: "Gaby, quiero darte mi testimonio sobre la violencia intrafamiliar." Agradezco el valor y la sinceridad de Maru Alonso, quien me dio su testimonio:

Maru: Yo padecí a un hombre misógino y quiero ayudar a que otras mujeres no caigan en el mismo error. La gente piensa que las mujeres golpeadas sólo pertenecen a clases sociales bajas, pero no es así. Cada día conozco a más mujeres con estudios, inteligentes y preparadas, que son víctimas de los golpes y menosprecio de su pareja.

La mayoría de quienes sufrimos el maltrato estamos convencidas de que es imposible abandonar a nuestro agresor y, en la mayor parte de los casos, nos negamos a hacerlo.

Sólo una minoría de las mujeres confesamos esta situación, y generalmente lo hacemos con un psiquiatra o un psicólogo; algunas mujeres simplemente acuden con un médico general, a curar las heridas producto de los golpes. Inclusive hay un gran número de mujeres embarazadas que sufren maltrato. ¡Es indignante!

La desesperación te provoca una profunda depresión, tu autoestima disminuye en forma patética, no duermes bien, te llenas de achaques e incluso pasa por tu mente la idea del suicidio.

Gaby: ¿Cómo describes a un misógino?

Es el hombre que te humilla constantemente, te desvaloriza y niega, te subestima, te insulta, es infiel y se burla de ti; es una pesadilla. En cuanto al abuso físico, puede ir desde empujones, forcejeos y patadas, hasta tremendas golpizas con fracturas.

Es más, el miedo te paraliza, Gaby, te incapacita para responder a la agresión. Entras en un triángulo de abuso, estrés y depresión, aunque estás consciente de que tu enlace es como una maldición.

Los misóginos no quieren una mujer que pueda estar por encima de ellos; no lo soportan. No perciben de qué manera la relación se puede enriquecer con los logros mutuos y las satisfacciones que ella puede proporcionar.

¿QUÉ QUIERE DECIR LA PALABRA "MISÓGINO"?

La palabra "misógino" proviene del griego "*miso*" que significa "odiar" y de "*gyne*" que significa "mujer".

Para un misógino, las expresiones de dolor emocional en la mujer reflejan lo que él más odia: tristeza y debilidad. Consigue que ella demuestre sentimientos que a él le avergüenzan y después la odia por expresarlos. La famosa frase "ganarás el pan con el sudor de tu frente", se covierte en "ganarás el cielo con los moretones de tu cuerpo". El mejor anestésico para el sufrimiento se llama amnesia. La mayoría de las mujeres adictas a relaciones destructivas no tienen conciencia de su sufrimiento, ni reconocen que éste es causado por su dependencia a un misógino. Por ello viven su infierno sin que nadie pueda hacer nada para ayudarlas. "Es una santa", se podría decir de ellas. Yo las llamaría "santas tontas".

CÓMO AFECTA A LOS HIJOS

Estas situaciones generan en los hijos problemas escolares, alteraciones del sueño, pésima interacción social, depresión y ansiedad. Lo peor es que en muchísimos casos las mujeres no denuncian a su agresor por miedo a que él reaccione con más violencia. Es más, en muchas ocasiones los hombres acompañan a sus mujeres para asegurarse de no ser denunciados.

SUGERENCIAS*

- Un médico no puede aconsejar a una mujer dejar a su agresor, pues puede ponerla en una situación de alto riesgo; es ella quien debe tomar la decisión, y tratar de llevar un plan de seguridad durante el proceso de separación.

- Los chinos representan la palabra "crisis" con un ideograma compuesto por dos símbolos: "riesgo" y "oportunidad". En todas las crisis están implícitas ambas opciones. Del otro lado de la puerta de tu casa existen mil oportunidades de una vida mejor. Hay que tener una pizca de valor para dar el primer paso.

---

* Tomado del libro: *El triángulo del dolor*, del doctor Ernesto Lammoglia.

- No pensemos que para vivir se requiere de una guía, norma, sanción, recomendación o algo que venga de fuera a dictarnos cuál es el camino. Busquemos las señales en nosotras mismas. La única vía, y de gran ayuda, es la espiritualidad.

- Gran parte de la dependencia se basa en la necesidad de tener a quién culpar de lo que nos pasa en la vida.

- A veces no podemos asumir la responsabilidad del aquí y el ahora. Preferimos evadirla y cargársela a otra persona; en ocasiones necesitamos culpar a alguien de nuestras desgracias. El riesgo que tal vez valga la pena correr es el de aprender a no culpar a nadie, condición básica para ser feliz.

- El proceso de curación inicia al aprender a no culparnos a nosotras mismas.

- Ocupemos nuestra energía en nuestro bienestar para promover la felicidad.

- Las mujeres que viven con un misógino deben denunciar a su agresor. Solo así lograremos una posición digna en nuestras vidas.

HASTA QUE LA VIOLENCIA NOS SEPARE

> Lo único que se necesita para que el mal triunfe
> es que las personas buenas no hagan nada.
>
> EDMUND BURKE, 1729-1797

Tengo 16 años de casada y, a veces, no quiero llegar a mi casa. No se lo he contado a nadie, pero como el otro día la oí en el radio, cuando dijo lo de los celos, me decidí a buscarla… Ya no sé qué hacer, mi esposo es uno ante la gente, y dentro de la casa es completamente otro.

Cuando éramos novios me di cuenta de que era muy celoso; no me dejaba ir con mis amigas a ningún lado, pero pensé que era porque me quería mucho. A los 15 días de casados me encerró en mi casa con un candado, y ahí empezó mi vida de perro. Sí, Gaby, porque tengo una vida de perro…

Fíjese que yo sostengo la casa, mi marido tiene problemas de alcoholismo y mi hijo, el grande, va por el mismo camino. Las dos niñas se ponen todas temblorosas cuando su papá me empieza a gritar porque le digo que el dinero no nos alcanza y se enoja, se burla de mí, de mi cuerpo, de lo que hago y, a la menor provocación, me pega. Inventa que me gusta el vecino, me avienta el ventilador, destroza los muebles, azota el plato lleno de comida y embarra toda la pared; me patea y me da bofetadas. Al principio me pegaba de vez en cuando y yo pensaba: "Pues así me tocó y me tengo que aguantar porque ni modo de dejar a mis hijos sin padre."

No le digo que no, Gaby, luego él me pide perdón, me promete que no lo volverá a hacer, y se porta todo cariñoso. Y yo, pues lo perdono. Pienso que ahora sí va a cambiar. Lo malo es que cada vez me pega más seguido y con más coraje. Y, como le dije, ya ni quiero llegar a mi casa. Una vez fui a dar al hospital de lo fuerte que me golpeó con la plancha. Le dije que lo iba a dejar y me contestó que si lo dejaba, iba a matarse o a desquitarse con las niñas. A mí, la verdad, sí me da miedo. Me da miedo quedarme sola. Además, por otro lado, pienso que en un futuro mis hijas no me podrán reclamar que las dejé sin padre.

Quedé consternada al escuchar a esta mujer. Confieso, con vergüenza, que siempre había escuchado el término "violencia intrafamiliar" sin prestarle mucha atención, como algo lejano que sólo sucede en las películas, en Nigeria o Afganistán. ¡Qué ignorancia la mía! ¡No puede ser! Conforme más investigo sobre el tema, más me indigna. En nuestro país la violencia se da en todos los niveles socioeconómicos y, si se vive, no se platica. Descubro que el caso que me cuenta esta señora es más común de lo que pensamos.

De acuerdo con los datos de la Organización Mundial de la Salud (OMS), la violencia intrafamiliar la vive una de cada cuatro mujeres en el mundo. Según los resultados de la Encuesta sobre Violencia Intrafamiliar (ENVIF), de los hogares que sufren este tipo de violencia sólo se pide ayuda en 14.4 por ciento de los casos. La violencia intrafamiliar es la décima causa de muerte de mujeres y la Encuesta Nacional de la Dinámica de las Relaciones en los Hogares 2003 revela que, en México, por lo menos 133 mil mujeres han sido agredidas con arma blanca o de fuego. Y podría llenar la página con estadísticas indignantes.

El tema, tristemente, es muy amplio. Sólo mencionaré un aspecto: los celos relacionados con la violencia entre parejas.

Los celos, por sí mismos, no desatan la violencia. Hay muchos otros factores. La creencia de que nacen porque hay otro hombre, sólo es una metáfora: la mujer no sólo no debe pertenecer a otro, ¡no se debe pertenecer a ella misma!

Si a esta visión machista sumamos celos patológicos, una imagen negativa de sí mismo, el factor del abuso y la dependencia del alcohol, la baja autoestima, la imposibilidad de verbalizar los sentimientos y un historial de violencia en su familia de origen, obtenemos una combinación letal: un asesino en potencia.

Cualquiera pensaría que una mujer que trabaja y recibe un sueldo no aceptaría que la humillaran. Cualquiera diría que el maltrato es una razón indiscutible para separarse de la pareja. Increíblemente no es así. Por la cabeza de estas mujeres no pasa la posibilidad de dejarlos; menos la de denunciar el abuso. ¿La razón? Son tantos los insultos y las invalidaciones que han soportado, que ellas mismas se desvalorizan, incluso llegan a considerarse culpables y responsables de dicha violencia.

¿QUÉ SE PUEDE HACER?

1. Denunciar, denunciar, denunciar. Las mujeres deben denunciar la violencia que contra ellas ejercen sus compañeros y no retirar la acusación por pensamientos como: "Pobrecito, es que la va a pasar mal en la cárcel... Además, ya me prometió que ahora sí va a cambiar." Si permitimos que esto continúe, el problema no podrá resolverse y, por el contrario, se agravará.

2. Promover reformas legislativas para proteger a la mujer y a los niños de la violencia. Aunque ya hemos avanzado al respecto, se necesita mucho más apoyo en esta materia.

3. Que las mujeres nos unamos y alcemos la voz para defender nuestros derechos. Tenemos que darnos cuenta de que juntas representamos una gran fuerza que podemos aprovechar para luchar y elimi-

nar de nuestro país todo síntoma de menosprecio, sobajamiento y violencia hacia cualquier mujer. La ofensa hacia una mujer es una ofensa hacia todas.

Cuando una mujer es maltratada, es probable que se convierta en agresora de otros más vulnerables que ella: sus hijos. Y, como la violencia es una conducta que se aprende, puede propagarse mediante esos hijos que, en un futuro, serán padres. Con este círculo, la sociedad y el país salen perdiendo.

El Instituto Nacional de las Mujeres tiene una línea telefónica de ayuda que está en servicio las 24 horas del día: (01 800) 911 25 11.

GUÍA PARA MUJERES MALTRATADAS

A continuación, presento una guía seria y profesional proporcionada por Lolita Cantú, de la Fundación Alternativas Pacíficas A.C., para enfrentar una crisis de violencia intrafamiliar. Léela cuidadosamente cuando estés sola en casa o en algún lugar que consideres seguro: la casa de una amiga, familiar o vecino. Tú tienes el poder para detener la violencia que vives en casa.

> Cuando el abuso y los maltratos aumentan en intensidad, necesitas tomar medidas drásticas. Platica con alguien de tu confianza y prepara tu plan de seguridad.

- Si comienza una discusión que sabes llegará a los extremos, intenta ir a un área que tenga salida a la calle.

- Evita discutir en el baño, la cocina u otros lugares donde haya objetos que puedan utilizarse como armas (tijeras, cuchillos, fierros).

- Practica cómo salir de tu hogar de forma rápida y segura.

- Fíjate bien qué puertas, ventanas, escaleras o elevadores puedes usar en caso de que necesites huir.

- Decide y planea dónde refugiarte, en caso de tener que abandonar tu hogar.

- Haz una maleta y tenla siempre donde no pueda verla el agresor, o guárdala en casa de una persona o familiar en quien confíes.

- Busca un vecino en quien confiar y pídele que llame a la policía en caso de escuchar alboroto en tu casa.

- Inventa o escoge una palabra que sea la clave para que tus niños, familiares, vecinos y amigos sepan que necesitas apoyo.

Sigue este plan de acción sin que el agresor se entere:

- Busca apoyo profesional.

- Abre una cuenta de ahorros a tu nombre, para comenzar a establecer o aumentar tu independencia. Piensa cómo puedes ser más independiente.

- Deja con alguien de tu confianza un poco de dinero, un juego de llaves, copias de documentos como acta de nacimiento, tuya y de tus hijos, acta de matrimonio, pasaportes, credencial de elector, etcétera. También ropa extra.

- Piensa en quién puede darles alojamiento temporal a ti y a tus hijos, o hacerte un préstamo en caso necesario.

- Memoriza el número telefónico de emergencias y ten a la mano una tarjeta telefónica, para hacer llamadas.

- Revisa constantemente tu plan de seguridad, para llevarlo a cabo cuando decidas buscar ayuda.

Si ya no vives con el agresor:

- Cambia las cerraduras de la casa lo más pronto posible y asegura las ventanas.

- Platica el plan de seguridad con los niños, para cuando ellos estén solos.

- Informa a la a escuela o guardería quiénes son las personas autorizadas para recoger a los niños.

- Informa a tu vecino y a tu casero que el agresor ya no vive contigo y pídeles que llamen a la policía si lo ven cerca de casa.

- Consigue una orden del juez para que él no se acerque y tenla siempre contigo; cuando cambies de bolsa, es lo primero que debes guardar.

- Llama a la policía si el agresor no cumple con la orden del juez.

- Piensa alguna forma de mantenerte segura si la policía no responde de inmediato a tu llamado.

En el trabajo y en público:

- Habla de la situación con gente de confianza y con los agentes de seguridad de tu trabajo. Dales una fotografía reciente del agresor.

- Busca alguien que te apoye; alguien con quien puedas hablar con toda libertad.

- Asiste a grupos de apoyo a víctimas, por lo menos durante dos semanas, para lograr el respaldo necesario.

Prepárate para salir. Si decides dejar el lugar donde vives, asegúrate de llevar contigo los siguientes artículos:

- Identificación con fotografía.
- Licencia de manejo.
- Actas de nacimiento, tuya y de tus niños.
- Acta de matrimonio.
- Dinero.
- Ropa para ti y los niños.
- Contrato de renta o escrituras de la casa.
- Libreta de depósitos.
- Talonarios de cheques.
- Documentos del seguro.
- Medicinas.
- Objetos pequeños salvables.
- Libreta de direcciones.

- Fotos.
- Expedientes médicos de la familia.
- Tarjeta del Seguro Social.
- Pasaportes y visas.
- Documentos de divorcio.
- Joyas.
- Juguetes pequeños para los niños.
- Algo más que consideres importante o de mucho valor.

Todo esto que nos sugiere Alternativas Pacíficas suena muy drástico; sin embargo, ojalá que las mujeres mexicanas que viven con una pareja violenta lo lean y les dé ánimo para defender sus derechos y los de sus hijos.

Es indignante que en pleno siglo XXI persistan casos de violencia familiar sin que nadie haga nada.

> Decídete a tomar al toro por los cuernos.
> Hace falta valor y tú lo tienes.

Si quieres orientación sobre el tema, escribe a:
alternativaspacificas@prodigy.net.mx

CAPÍTULO 2

YO Y MI TRABAJO

YO Y MI TRABAJO

¿POR QUÉ TRABAJAS?

Alguna vez te has preguntado: "¿Por qué trabajo?" "¿Qué quiero lograr?" "Si no me pagaran, ¿lo seguiría haciendo?" "¿Me satisface tanto como antes?" Te invito a que lo pienses por un momento. Es importante, porque así definirás lo que en verdad quieres en la vida y cómo vas a conseguirlo. Nada reemplaza la satisfacción de hacer lo que te gusta y estar convencida de que tiene sentido.

Puede haber varias razones por las que las mujeres trabajamos: para sacar adelante a una familia y tener un mejor nivel de vida; por pasión; por el reto que representa; por sentir que es una responsabilidad social; porque nos libra del aburrimiento; para evadir problemas y ganar reconocimiento, o porque consolida nuestra vida.

La mayoría trabajamos por el sueldo que recibimos, por supuesto, pero hay que pensar que el trabajo es algo más. También es una forma de expresión, una manera de elevar nuestra autoestima y adquirir un sentido de logro, así como una base para nuestra vida social. Y la realidad es que, en el fondo, sólo nos satisface y hacemos bien aquello que disfrutamos.

Si consideras las horas que dedicas a trabajar te darás cuenta de que si lo haces por simple interés económico u obligación, a la larga te puedes sentir frustrada. A lo mejor ha llegado el momento de que veas en el trabajo una fuente de alegría y satisfacción. Tu trabajo debe permitirte disfrutar, desarrollar tu verdadero "yo"; después, la tranquilidad económica vendrá sola.

Reflexiona: ¿qué es lo que más valoras? ¿La aventura, el reto, la creatividad, la familia, el amor, la amistad, la libertad, la salud, la honestidad, las relaciones, el éxito, el aprendizaje, los viajes, el poder, la integridad, la espiritualidad, la independencia, el dinero, la seguridad, la diversión, el desarrollo personal? Cuando tienes claro qué valoras es más fácil tomar decisiones sin sentir culpa o corregir el rumbo si crees estar equivocada.

Por ejemplo, imagina que después de buscar mucho consigues el trabajo que tanto deseas, y además te van a pagar muy bien. Serás representante de ventas y podrás ganar muy buenos bonos mensuales. Sin embargo, pronto te das cuenta de que la empresa se vale de tácticas de venta poco éticas, que te empiezan a incomodar. Aunque la compañía no comete un fraude abierto, sientes que transgrede tu código moral. Por supuesto, te interesa el éxito y ganar bien, pero al mismo tiempo te sientes muy mal porque, para ti, honestidad e integridad son valores no negociables.

¿Qué hacer? Como en otros momentos de la vida, hay que detenernos y escuchar nuestros tres centros de inteligencia: cabeza, corazón e instinto. ¿Qué opinan? ¿Están en sincronía? Es cuestión de identificar tus valores y prioridades; si no están en armonía, tu cuerpo, a la larga, cobrará la factura.

FÓRMULA PARA ESTABLECER TUS VALORES:

Enfoca. Escribe en un papel: "Yo valoro..." Por ejemplo: "Yo valoro mi familia, yo valoro mi salud, yo valoro mi tiempo libre." De momento deja fuera la palabra trabajo. Primero necesitas ubicar tus valores centrales porque, a lo mejor, te das cuenta de que las dos áreas no han corrido paralelas.

Organiza. Acomoda tus valores en orden de importancia. Quizá encuentres difícil poner uno antes que otro. Sin embargo, es importante priorizarlos para tener muy claro qué te motiva y estimula.

Revisa. De vez en cuando es bueno revisar esta lista, en especial cuando enfrentas una de esas situaciones que te producen incomodidad. Por ejemplo: si debes trabajar tiempo extra, ¿cuál es tu prioridad? Si es el tiempo con tu familia, seguro será un problema que deberás afrontar; pero si las finanzas son lo primero, es probable que no te moleste. Los problemas son una cuestión de percepción. Lo que es incómodo para uno, para otro puede no serlo.

Motívate. Cuando estableces tus verdaderos valores, ellos te inspiran. Busca ese estado mental que te hace sentir profundamente viva, contenta y en paz, aquél que suele acompañarse de una vocecita interior que te dice: "Ésta soy yo, así me siento feliz", y cuando lo encuentres, síguelo. No es tan difícil de identificar. Ese estado mental te da una razón para levantarte en la mañana, pasarte horas estudiando o trabajar sin descanso. Los valores son tu motivación intrínseca. Los dolores de cabeza y la gastritis surgen cuando hay incongruencia entre lo que haces y tus valores, o cuando los has perdido de vista. Cuando te sientas estresada o te falte motivación, revísate para encontrar qué causa el bloqueo. ¿Ignoras tus valores? ¿Los estás transgrediendo?

Utiliza tus valores, te dan fortaleza. A la larga sólo con ellos logramos grandes cosas. Todas tenemos que lidiar con situaciones difíciles... ¡todas! Y los valores nos dan fuerza y convicción para seguir adelante por el camino adecuado.

En la Revolución Francesa de 1789, las mujeres eran las más valientes; se atrincheraban en las barricadas y no había poder humano que las quitara. Tenían un valor que defender: la libertad. Incluso dieron su vida por ello. Esa fuerza te la da sólo la convicción de un valor. No cedas ante una falsa promesa de felicidad, ni adoptes los valores de otros; no te dejes llevar por lo que otros dicen que es valioso. Los valores ajenos, como los zapatos apretados, te incomodan, te traen problemas y poco a poco te desintegran. Es importante escuchar ese sistema de valores que traemos en la médula de los huesos.

Actúa. Si quieres sentirte feliz contigo misma y con tu trabajo, asegúrate de que tus acciones y valores siempre estén en sincronía.

Identifica tus principios y apégate a ellos porque tu integridad es lo más valioso que tienes. Sé congruente siempre.

¿SE NOS ESTARÁ PASANDO LA MANO?

Es para morirse de risa. Leo un artículo ilustrado con una mujer de los años cincuenta que, con un delantal impecable anudado al cuello y a la cintura, y con tacones altos, sostiene una cuchara de palo para remover el guisado sobre una estufa encendida. Con una sonrisa le da la bienvenida a su esposo, mientras sus hijos —dos niños impecables y muy bien portados— juegan. El hogar perfecto. Fecha: 15 de mayo de 1955. Revista: *Housekeeping*. Título: "Guía de la buena esposa." Resalto algunos puntos que hoy en día levantarían la ceja de millones de mujeres:

- *Escúchalo… recuerda que sus temas de conversación son más importantes que los tuyos.*
- *Nunca te quejes si llega tarde a casa o sale sin ti a cenar o a otro lugar de entretenimiento. En cambio, trata de comprender su mundo lleno de estrés y presión, y su deseo de llegar a casa y relajarse.*
- *No te quejes si llega tarde a cenar o si no llega durante toda la noche. Ten en cuenta que esto es algo menor si lo comparamos con lo que pudo haber pasado ese día.*
- *Haz que se sienta cómodo. Que se recueste o se siente en un sillón confortable. Ten su bebida preferida lista.*
- *Arréglale las almohadas y ofrécete a quitarle los zapatos. Habla en tono bajito y agradable.*
- *No hagas preguntas acerca de sus actos, su juicio o su integridad. Recuerda, él es el amo de la casa… no tienes derecho a cuestionarlo.*
- *Una buena esposa siempre sabe su lugar.*

Cada vez que leo esto, me indigna más. ¡Es increíble cómo y cuánto han cambiado las cosas! ¡Qué bueno!

Hace poco, una amiga me contó que, recién casada, su marido le dijo a media noche: "¿Me puedes traer un vaso de agua de limón?", y mi amiga, con los ojos de plato, se incorporó en la cama y le contestó: "¿Estoy soñando? Esto es una pesadilla. ¡No puedo creer lo que me estás pidiendo! De una vez te digo que si quieres un vaso de agua, te levantas por él. No sé cómo te acostumbraron en tu casa, pero aquí no es así." Como diríamos: "santo remedio". El marido se ubicó y jamás se le ocurrió volver a solicitar algo similar.

Darnos nuestro lugar es, sin duda, una enorme ganancia; sin embargo, en otros terrenos ha propiciado que el péndulo se vaya al extremo opuesto, así que por un lado ha sido bueno y, por el otro, considero que tiene sus bemoles.

Si separáramos lo bueno de lo malo, entre lo bueno podríamos colocar todo lo ganado en el terreno del respeto, el reconocimiento, los derechos de la mujer y demás. Entre lo malo habría que destacar que los divorcios van en aumento, los hijos están más solos y las mujeres también; que vivimos con angustias, gastritis y culpa, sin contar el agotamiento que esto conlleva. Entonces, cabe la pregunta: ¿será que se nos está pasando la mano?

A continuación reproduzco unos fragmentos de un *email* anónimo que llegó repetidas veces a mi correo, y que ilustra esta situación.

RENUNCIO A MI PUESTO DE MUJER MODERNA

Son las 6:00 a.m. El despertador no para de sonar y no tengo fuerzas ni para tirarlo contra la pared. Estoy acabada. No quiero ir al trabajo hoy. Quiero quedarme en casa, cocinando, escuchando música, cantando, etcétera. Si tuviera un perro, me gustaría pasearlo por los alrededores.

Quisiera saber quién fue la bruja, la precursora de las feministas que tuvo la infeliz idea de reivindicar los derechos de la mujer. ¡Demonios! Estaba todo tan bien en el tiempo de nuestras abuelas. Ellas todo el día bordaban, intercambiaban recetas y remedios caseros con sus amigas, leían buenos libros, decoraban la casa, plantaban flores, recogían legumbres de las huertas y educaban a sus hijos. La vida era un gran curso de manualidades, medicina alternativa y cocina. Además, no se preocupaban tanto por su figura.

Hasta que vino una fulanita cualquiera a quien no le gustaba el corpiño y se sentía frustrada y ¿qué hace? Decide contaminar a otras tontas, inquietas y rebeldes, con ideas raras sobre "vamos a conquistar nuestro propio espacio". ¡Qué espacio ni qué nada!

Ya teníamos la casa entera, todo el barrio y el mundo a nuestros pies. Teníamos el dominio completo sobre los hombres; ellos dependían de nosotras para comer, vestirse y presumir delante de sus amigos. ¿Qué rayos de derechos quiso brindarnos?

No aguanto más tener que salir corriendo para quedarme embotellada en el tránsito y tener que resolver la mitad de los asuntos pendientes por el celular; correr el riesgo de ser asaltada, de morir embestida e instalarme todo el día frente a la PC laborando como una esclava (moderna, claro), con un teléfono en el oído y resolviendo problemas, uno detrás de otro, para salir tarde, agotada, con los ojos irritados y un dolor de cabeza infernal.

También estamos pagando el precio por estar siempre en forma, sin estrías, depiladas, sonrientes, perfumadas, uñas perfectas, sin hablar de perseguir un currículo impecable, lleno de maestrías, doctorados y especialidades. ¡Basta!

Quiero que alguien me abra la puerta al salir, que retire la silla cuando me voy a sentar o levantar, que me mande flores, cartitas con poemas, que me lleve serenatas. Si nosotras sabíamos que teníamos un cerebro y que lo podíamos usar, ¿para qué había que demostrárselo a ellos?

¿Piensas que ironizo? No, mi querida colega, inteligente, realizada, liberada, estresada y abandonada. Estoy hablando muy seriamente· estoy abdicando a mi puesto de "mujer moderna". ¿Alguien más se suma?

¿Qué te parece? En lo personal, me veo totalmente reflejada. ¡Así vivimos! Entonces, ¿por qué trabajamos? Recopilé entre varias mujeres las siguientes razones:

- Para mantener a mi familia.
- Para ayudar en mi casa con un dinero extra.
- Porque quiero ser independiente.
- Porque quiero sentirme útil.
- Porque en mi casa me aburro, me sobra tiempo.
- Porque deseo relacionarme con el mundo.
- Para asegurar mi futuro. Nunca se sabe…
- Porque quiero sentirme dueña de mi propia vida.
- Porque me apasiona lo que hago.
- Porque busco tener un nombre, ser reconocida y valorada.
- Porque las mujeres sacrificadas que entregan su vida por completo a su familia, olvidándose de ellas mismas, están en plena extinción.

Quizá tú, querida lectora, tengas otras razones que agregar. Sin embargo, la solución a nuestras angustias, gastritis y culpas, no la vamos a encontrar dejando el trabajo y regresando a casa, a menos que sea de manera temporal. Por lo tanto, habría que buscar la forma de equilibrar el trabajo con las responsabilidades personales y familiares. Delegar las tareas es una posibilidad. Otra es convencer a nuestra pareja, si la hay, de que colabore más en la casa. Sobre todo, encontrar lo que nos apasiona para obtener la energía y fortaleza que necesitamos. Así podremos dar un sentido a las miles de tareas que hacemos y dormir tranquilas sabiendo que a diario nos esforzamos para que no se nos pase la mano.

¿CUÁL ES TU ESTILO PARA TRABAJAR?

¿Cómo realizas tu trabajo? ¿Eres organizada y metódica? ¿Terminas lo que inicias? ¿Estás ahogada en un mar de pendientes porque eres incapaz de negarle tu ayuda a todo aquel que te la solicita? ¿Eres analítica, introvertida y prefieres trabajar sola? ¿Eres competitiva o dominante? ¿Buscas tener el control de todo? ¿Tu energía está tan orientada a lograr una meta que se te olvida reconocer la labor de las personas? En fin, ¿cómo eres? ¿Cómo es tu jefe? ¿Cómo son tus compañeros de trabajo?

Cada persona desarrolla su propia forma de pensar, actuar y trabajar, y a su juicio es la más adecuada, la más lógica y correcta. Esto puede ser una gran fuente de conflicto en la comunicación y el entendimiento entre personas o departamentos de una empresa. Lo importante es estar consciente de ello y, estemos o no de acuerdo con otras personas, tratar de comprenderlas. Una herramienta para identificar estas diferencias y entender las diferentes personalidades es el eneagrama.

¿QUÉ ES EL ENEAGRAMA?

Es un mapa de nuestro territorio interno, de nuestra personalidad y de nuestro potencial. Se representa con una figura geométrica de nueve puntas y se ocupa del comportamiento normal más que de las patologías. Condensa una gran cantidad de sabiduría psicológica en un sistema compacto relativamente fácil de entender. Describe las nueve personalidades básicas. La palabra *eneagrama*, del griego *ennea*, "nueve" y *grammos*, "figura", tiene sus orígenes en la tribu de los sufis, hace unos 2 mil años.

Cada tipo de personalidad o "número", según su posición dentro de la figura geométrica, representa un don específico o una cualidad que contribuye al espectro total del potencial humano. Cada cualidad tiene un "lado alto" y un "lado bajo". El lado alto refleja la expresión óptima de nuestra personalidad. El lado bajo surge cuando, en condiciones de estrés o dificultades, distorsionamos ese regalo de nuestra personalidad y presentamos su lado menos atractivo. La mayoría, de manera cotidiana e inconsciente, mostramos una combinación de ambos lados.

Una razón para descubrir el propio número es construir una relación de trabajo con nosotras mismas, con la idea de tratar de ser mejores personas y superar nuestro lado bajo. A través de la observación, logramos reconocer en nosotros los patrones de conducta que repetimos de manera mecánica. En otras palabras, cuando no somos conscientes de nuestra personalidad, nos puede gobernar a su antojo. Es increíble, a veces nuestra principal cualidad puede convertirse en nuestro mayor defecto.

En términos de Carl Jung, las características de la luz y la sombra son las mismas y sólo se diferencian en el grado en que las mostramos en una situación particular. Basta anteponer la palabra "demasiado" o "en exceso" para que la connotación cambie por completo. Cuando conocemos el número que representa nuestra personalidad dentro del eneagrama, nuestra forma de percibir, sentir y actuar, nos hacemos conscientes de que tenemos distintas formas de responder. Si podemos escoger cómo percibir y reaccionar ante una situación, entonces la personalidad ya no nos gobierna, nosotros la gobernamos.

El principal propósito de este mapa es establecer dónde estamos y planear la mejor ruta que nos lleve adonde queramos llegar. Esto influirá en la forma de relacionarnos con los demás y en la mejor comprensión de las circunstancias y los problemas que se nos presenten. ¿No te parece interesante? Dice Shunryu Suzuki: "Cuando tratas de entender todo, no entenderás nada. La mejor forma es entenderte a ti y entonces entenderás todo." El eneagrama puede ser un buen comienzo.

A continuación, una descripción de los nueves tipos de personalidad, según el eneagrama:

Tipo uno: perfeccionistas. Para ellas, el trabajo siempre va antes que el placer. Ponen mucha atención al detalle. Conscientes de hacer las cosas de la mejor manera posible, son meticulosas, disciplinadas, exigentes consigo mismas y con los demás. Son excelentes organizadoras y cuidan hasta el último centavo.

Sus palabras favoritas son: *debo* y *deberías*. En su oficina hay un lugar para cada cosa, y cada cosa está en su lugar. Son muy puntuales y prefieren no ser interrumpidas con conversaciones casuales, ya sea en persona o por teléfono.

Las motiva el "deber ser", la ética, los principios, los ideales y valores morales. Mientras otras personalidades buscan seguridad o poder, la recompensa que buscan ellas al trabajar es la satisfacción de un trabajo bien hecho. Les gustan los horarios, las reglas, la estructura y las listas. Suelen hacer reportes largos y detallados.

Capaces de actuar de manera fría y racional, son personas muy eficientes. Conscientes del control de calidad, convierten lo que está bien en algo mejor y lo que está mejor en excelente. Son personas confiables ya que tienen valores éticos muy altos. Tienen buen ojo para detectar el error. Su lema es: cero defectos. Les gusta tener muy claro cuál es su papel en la compañía y qué es lo que se espera de ellas. Su precisión en el detalle puede atrasar los proyectos porque se empeñan en revisar las cosas a fondo. Pueden ser inflexibles; para ellas el mundo es blanco o negro.

De apariencia limpia y escrupulosa, su postura suele ser rígida. Se orientan más a las cosas que a las personas. Se desarrollan muy bien en trabajos de administración y sistemas. También son buenas contadoras, economistas, pilotos, dentistas, banqueras o cirujanas.

En su peor momento. Las personas tipo uno pueden ser demasiado críticas, rígidas y severas en su juicio. Posponen la toma de decisiones porque no alcanzan a ver el bosque, sino que centran su atención en el árbol y, en especial, en el defectuoso. Esto las puede convertir en personas necias y de ideas fijas. En su peor momento suelen ser dogmáticas, metiches, enojonas, moralistas y demandantes.

Si trabajas con una persona tipo uno. Preséntale la información de manera ordenada y clasificada. Apégate a las reglas. Sé prudente y considerada. Demuéstrale que quieres mejorar y será el jefe más paciente del mundo. Ellas prefieren que vistas de manera apropiada dentro de la oficina.

En lugar de disentir con ella, hazle preguntas del tipo: "¿Qué tal si...?" Cuando sientas que es quisquillosa con todo lo que haces, recuerda que sólo trata de ayudarte.

Tipo dos: ayudadoras. Son gente de gente. De gran empatía y calidez, saben cómo hacer que el otro se sienta bienvenido. Sus sentimientos son sinceros y disfrutan ayudando a los demás. Son generosas al grado de poner a un lado sus propios intereses. Saben sacar lo mejor de las personas mediante la motivación. Cuando se trata de tomar una decisión, les preocupa la forma en que esto afectará a los demás. Para ellas, la fuerza de una organización radica en la importancia que se dé a la gente. Les gusta trabajar en equipo y, para ellas, es muy importante sentirse apreciadas y valoradas.

Son encantadoras y seductoras con las personas que desean conquistar, particularmente del sexo opuesto. Prefieren no estar a la cabeza de una empresa; suelen verse como el poder detrás del trono.

De no tomarlas en cuenta, pueden "cerrarnos las puertas" para, desde ahí, manejar la situación. Con gran entrega cuidan y protegen a quienes les son fieles. Saben cómo hacer que su organización o su jefe luzcan. También les gusta el poder, alardear lo buenas que son y lograr lo que se proponen.

Las personas tipo dos se desarrollan muy bien en trabajos de relaciones públicas, como asistentes de directores, en recursos humanos, servicio a clientes y capacitación. Son buenas maestras, trabajadoras sociales, secretarias, recepcionistas y consultoras.

En su peor momento. Suelen llenarnos de halagos para manipular y sentirse indispensables. Tienen una increíble capacidad para ofrecernos lo que necesitamos. Sin que se les solicite, ayudan al grado de empalagar y meterse en la vida de otros. Su lema: "Si tú ganas, yo gano." Son celosas e infantiles. Sobrevaloran lo que hacen por otros y piensan que su esfuerzo no es correspondido.

Si trabajas con una persona tipo dos. Reconoce su trabajo, necesita el aplauso emocional. Lo mejor que puedes decirle es: "¡Nunca lo hubiera hecho sin ti!" Si la criticas, sé gentil. Nunca trates de manejarlas, es experta en la materia; puede aparentar que su jefe la controla pero, de hecho, es al revés.

Tipo tres: eficientes. Ven al mundo como una competencia que pueden ganar si trabajan mucho y aparentan ser exitosas. Se enfocan en la meta y van directo al logro. Buscan resultados. Son enérgicas, suelen ser muy prácticas y eficientes. Hacen que las cosas sucedan. Su lema es: "Sólo hazlo." Son adictas al trabajo. Les gusta la acción, el reto, la adrenalina. Están muy conscientes de la imagen que proyectan. No temen equivocarse. Se adaptan rápidamente a lo que necesita el mercado o el cliente. Cuando se trata de hacer negocios, les gusta poner su firma en la raya lo más rápido posible. Saben muy bien qué venden y cómo ofrecerlo. Enfocan su atención en las soluciones, no en los problemas. Entienden que el fracaso es una enseñanza para obtener el éxito.

En su peor momento. Son impacientes e intolerantes con las personas poco efectivas. Pueden convertirse en una máquina de trabajo, usar a la gente y olvidar que tienen sentimientos. Pueden ser hostiles con quien dificulte su camino. Cuando su deseo por ganar las supera, pueden ser oportunistas, buscar el beneficio personal y sacrificar sus relaciones personales. Son vanidosas y su autoestima está ligada a las expectativas de los demás.

Si trabajas con una persona tipo tres. Saca cita para que te atienda, ya que es una persona muy ocupada. Prepara muy bien el asunto que vas a presentarle y sé directa, no le hagas perder su tiempo. Enfatiza los resultados y los puntos a trabajar. Haz lo que dices que vas a hacer. No compitas con ella, colabora. No esperes que te apapache por un trabajo bien hecho: es lo que espera de ti.

Tipo cuatro: artistas. Introspectivas e intensas, son muy creativas, apasionadas y profundas. Les atrae lo poco común, lo diferente; les gusta saberse especiales. Son competitivas. Con gran sentido de la estética; crean espacios y ambientes extraordinarios.

Saben lo que quieren y buscan los más altos estándares de calidad. Decía Oscar Wilde, que era una personalidad cuatro: "Tengo el más simple de los gustos; fácilmente me conformo con lo mejor."

Huyen de la conversación superficial, de las imitaciones baratas, del trabajo mediocre. No aceptan ser tipificadas; sin embargo, protegen tanto su individualidad que eso es precisamente lo que las tipifica. Operan con base en su intuición, no por razonamiento.

Se les dificulta el trabajo de rutina, así que sólo por necesidad trabajan en una oficina, y suelen dar salida a su creatividad en alguna forma del arte. Se desarrollan en campos como la producción y el medio artístico; son pintoras, escultoras, actrices, escritoras, asesoras o críticas de arte, y trabajan en publicidad, diseño o medios.

En su peor momento. Sienten que nadie las entiende y se vuelven arrogantes y separatistas. Llevadas por cambios en el estado de ánimo, pueden ser inconsistentes en lo que realizan y caen en la depresión. Una vez que logran lo que anhelan, ya no lo quieren y buscan otra cosa. Suelen dramatizar sus sentimientos y considerar que su creatividad no cabe en lugares comunes. Se adentran tanto en su profundidad psíquica que, a veces, no saben cómo empatar con otros o cómo hacer que sus emociones encajen en un contexto mayor.

Si trabajas con una persona tipo cuatro. Es recomendable dirigir su creatividad y motivarla constantemente, para que no se desvíe de la meta. Para comunicarte mejor con ella hazlo mediante las emociones, no con la razón. Para que dé lo mejor de sí, honra su creatividad y demuéstrale que un proyecto necesita de su toque personal. No minimices sus sentimientos ni le pidas que sea menos intensa: es como pedirle que sea deshonesta.

Tipo cinco: observadoras. Miran la vida desde fuera. Son cerebrales. Les gusta la privacidad y la austeridad, y son inflexibles cuando se trata de defender su espacio, su valioso tiempo y su energía. Son muy objetivas y toman excelentes decisiones en tiempos de crisis.

De mente clara y brillante, hablan poco pero lo que dicen es sustancioso. Suelen ser introvertidas. Prefieren hablar de ideas que de sentimientos. Les atrae el conocimiento, la información, la tecnología, la ciencia, la estrategia. Tienen una gran capacidad de análisis y concentración mental. Absorben muy rápido toda la información. Son muy cautelosas en sus relaciones y respetan las fronteras interpersonales, por lo que pueden considerarse frías.

En su peor momento. Bajo estrés suelen retraerse. Se aíslan socialmente, se vuelven poco asertivas y no exponen sus ideas por falta de seguridad. Son calculadoras. Pueden actuar a la defensiva, como una sabelotodo. Trabajan desde el intelecto y se desconectan de lo emocional. Cierran sus puertas y se hacen invisibles; no contestan llamadas o mensajes ni abren la puerta. Se pierden en internet. La distancia es su don y su pecado.

Si trabajas con una persona tipo cinco. Haz cita y siempre toca la puerta antes de entrar. Detesta las sorpresas. Las juntas indefinidas le incomodan; procura proporcionarle toda la información acerca de los asuntos que se van a discutir y no olvides enlistar quién estará presente. Le gusta sentirse preparada. Cuando hables con ella de un tema, no la confrontes ni la veas directamente a los ojos; lo mejor es que te sientes a su lado. Cuando tengas una buena idea, o hayas realizado un buen trabajo, no esperes que lance fuegos artificiales en tu honor. Odia el teléfono, así que no esperes que se reporte rápido. Evita darle una orden, mejor pídele asesoría.

Tipo seis: leales. Son las preocuponas del eneagrama. Su mente es inquisitiva y siempre están con la guardia en alto. "¿Estaré haciendo bien?" "¿Y si pasa algo?" Cuestionan todo, incluso sus propias habilidades. Su lema es: "Más vale estar alerta y ser precavida." Las motiva la búsqueda de seguridad.

Este tipo de mentalidad, que se anticipa a lo peor que pueda pasar, les da considerables ventajas, ya que las mantiene enfocadas y atentas para detectar qué puede ir mal y quién puede ser el causante.

Una vez que identifican las desventajas o los riesgos de hacer algo, lejos de flaquear, con mente clara enfrentan la situación. Cuando confían en su equipo, hacen todo lo posible por mantener la relación y son cálidas, abiertas, leales y confiables. Son muy trabajadoras y responsables.

Como les interesa saber qué hay detrás de las apariencias, observan a la gente y son psicólogas naturales. Siempre en busca de información reveladora, se vuelven las mejores detectives, para ver si hay congruencia entre lo que se dice y lo que se quiere decir. Les gustan las cosas claras y agradecen saber dónde están paradas, por lo que pueden ser muy asertivas.

En su peor momento. Experimentan mucha ansiedad, se ponen nerviosas, sudan. El miedo las paraliza. Tienen la habilidad de imaginarse el peor de los escenarios, se mantienen alertas y, a veces, llegan a sospechar la existencia de una doble intención. Su tendencia natural es decir "no" a cualquier idea novedosa. Ante la autoridad, pueden rebelarse o, por el contrario, llegan a ser sumisas. Bajo estrés, paradójicamente, pueden ser agresivas, atacar verbalmente y perder el control, o bien ser evasivas y huir atemorizadas. No creen en ellas mismas y se vuelven indecisas.

Si trabajas con una persona tipo seis. Gánate su confianza. Sé coherente y cumple tu palabra. No asumas que puedes ganártela a la primera; siempre te estará observando. No exageres; no sobrevalores ni menosprecies tu proyecto o el de la competencia. Sólo dale datos reales. Escucha con atención y deja que exprese sus preocupaciones, no las minimices. Ofrécele posibles soluciones. No le des órdenes, dale razones. Para sacar lo mejor de ella, estimúlala y refuérzala constantemente para que no surjan sus miedos y dudas. Pídele su apoyo e invítala a la acción.

Tipo siete: optimistas. Las motiva la necesidad de ser felices. Son las curiosas a las que les gusta explorar y experimentar todas las posibilidades. Son relajadas y simpáticas. Son multifocales: planean y realizan más ideas y actividades de las que otros pueden manejar.

Como Don Quijote, prototipo de la personalidad siete, son idealistas, soñadoras, con grandes planes, carismáticas e ingeniosas. Le entran a todo. Sienten gran entusiasmo por la excelencia y por el buen servicio. Les gusta proponer ideas novedosas y establecer sinergia con personas u organizaciones igualmente entusiastas. Son expertas en sacar lo mejor de una mala situación. Son motivadoras, tienen la capacidad de inspirar y enrolar a las personas en su juego. Saben venderse muy bien, articulan sus movimientos y son grandes promotoras. Les gusta trabajar por rachas y prefieren proyectos cortos. Se resisten a ser atrapadas en trabajos monótonos.

En su peor momento. Son narcisistas, prepotentes y egoístas. Se sienten "producto terminado". No creen en la autoridad y no tienen límites. Suelen ser despilfarradoras e impulsivas. Su constante búsqueda de actividades refleja su resistencia a interiorizar; temen encontrar la soledad, el dolor o el vacío. Son superficiales, pican en todo pero no terminan ni se comprometen a nada. Aplazan o ignoran las tareas desagradables. Impacientes, para ahorrar tiempo son capaces de sacrificar la calidad de su trabajo.

Si trabajas con una persona tipo siete. Tiene una mente rápida, así que prepárate para dar y recibir información a la misma velocidad. Recuerda que lo que dice sólo puede considerarse una posibilidad, nunca un compromiso. Si es lo que buscas, pídele que lo ponga por escrito. No esperes que se involucre para hacer la talacha; si es posible, proporciónale a alguien más, para que la haga por ella. Odia las quejas y a las personas negativas. No la limites ni le digas qué debe hacer. Apóyala y goza con ella de su imaginación y creatividad.

Tipo ocho: jefes. Las motiva su necesidad de mantener el control de las cosas, y ser autosuficientes. Para ellas, el mundo es un juego de poder donde sobreviven los más fuertes. "Comes o te comen." Lo que importa es quién tiene el poder y, si ellas no lo tienen, lo persiguen. Son líderes naturales, están hechas para dar órdenes, pelear por alguna causa, organizar y usar el poder de manera eficiente.

Son directas, realistas y tienen una gran energía; su sola presencia cambia el ambiente del lugar en que se encuentren. Cuando están en acción, no queda la menor duda de quién es la que manda. Aquellos que trabajan con ellas, por lo general, no se atreven a interponerse en su camino.

Son las heroínas épicas del eneagrama. Curiosamente, son una mezcla de carácter fuerte y corazón tierno. De las cosas que más les enoja es ver que alguien abuse o maltrate al débil. Disfrutan el conflicto: María Félix, Margaret Tatcher y "la Tigresa" son un buen ejemplo de personalidad tipo ocho.

En su peor momento. Pueden ser tiranas y dictadoras. Dominantes, intimidantes y arrogantes, creen que la verdad surge en el combate y no les interesa la pelea en sí misma, sino ganar y pulverizar a su oponente. Su mecanismo de defensa es el enojo y lo utilizan para asustar y esconder su vulnerabilidad ante los ojos de los demás. Pueden ser vengativas sin sentir el menor remordimiento. Creen firmemente en la ley del Talión y en la justa recompensa de cada acto.

Si trabajas con una persona tipo ocho. Ella busca resultados, no pretextos ni excusas. Si le vas a dar información, sé breve, directa y clara. Explícale los problemas en términos de blanco o negro. Tiene poca tolerancia a las ideas vagas o filosóficas. Da la cara ante cualquier problema; ella respeta a quien defiende su postura y minimiza a quien no lo hace. Nunca le digas que está incapacitada para hacer algo, ya que lo hará con más ganas.

Tipo nueve: conciliadoras. Las motiva la necesidad de mantener la armonía. Quieren llevarse y quedar bien con todos, y evitar a toda costa los conflictos.

Por lo general, son personas muy queridas y encantadoras. Como mediadoras, tienen la habilidad de ver los diferentes puntos de vista. Les gusta hacer trabajos de rutina que incluyan procedimientos definidos. Como no les agrada enfrentar los problemas, suelen negar su existencia o mantenerlos a distancia; prefieren esperar a que otros los solucionen o que con el tiempo se arreglen solos.

Son capaces de ver los puntos de coincidencia y hábiles para reunir a las personas a pesar de sus diferencias. Absorben los sentimientos negativos y pocas cosas las perturban. Como resultado, son muy ecuánimes en tiempos de crisis y apoyan a todo aquel que se preocupa.

En su peor momento. Evitan tomar decisiones. Se hacen bolas, tienen pereza mental. Como quieren quedar bien con todos, al final no saben qué es lo que ellas quieren. Suelen pegarse a los proyectos de los demás. Pierden el tiempo y se dispersan con cualquier cosa, alejándose del objetivo inicial. No saben cómo dar prioridad a las cosas y, entre más agobiadas se encuentren, menos hacen. Se autojustifican. Pueden ser la personalidad más necia del eneagrama.

Si trabajas con una persona tipo nueve. No interpretes su silencio. Es frecuente que ella misma no sepa qué quiere decir, así que asegúrate de lo que en realidad espera de ti. Establece sus metas y pon fechas muy claras. Si es posible, realiza reuniones de trabajo con frecuencia, ya que se desarrolla muy bien cuando recibe atención total. No le gusta sentirse controlada; trabaja mediante la colaboración y la cooperación.

Decía John Rockefeller que la habilidad de llevarnos bien con los demás es más importante que todas las otras habilidades juntas. Es cierto. ¿Para qué nos sirve tener un doctorado en el tema que se te ocurra, si no sabemos aplicar el sutil arte de las buenas relaciones?

Para llevarnos bien se necesita de algo más que la buena intención; es importante conocer las diferentes personalidades para interactuar con cada una y, así, manejar las diferencias. El conocimiento del eneagrama nos ayuda a conseguirlo fácilmente.

Si quieres profundizar en el tema, te recomiendo el libro de Andrea Vargas —mi hermana— titulado *Eneagrama ¿Quién soy?* de editorial Alamah. Ella me introdujo en el conocimiento de esta maravillosa herramienta de crecimiento personal y comprensión de los demás.

¿ME EMBARAZO O NO ME EMBARAZO?

"Lo peor que puedes hacer ahorita es embarazarte. Tener un hijo acaba con tu carrera profesional, sobre todo en esta empresa. Yo que tú, me esperaba." Esto le decía una joven a su amiga, en una mesa donde me tocó sentarme con otras mujeres después de dar una conferencia en la ciudad de León, Guanajuato. Percibí en ella cierto tono reprimido de rencor, como si también hubiera tomado esa decisión y no la aceptara del todo.

Es increíble que todavía haya empresas machistas que piden una prueba de no embarazo antes de contratar; no apoyan a las mujeres durante su embarazo y sólo les dan un mes y medio de incapacidad antes y después de haber nacido el bebé.

SOBRE EMBARAZO Y VIOLENCIA LABORAL

En México, del total de mujeres de 15 años y más que trabajan, 29.9 por ciento sufrió algún incidente de violencia laboral,[1] de octubre de 2005 a octubre de 2006. A 35.9 por ciento de ellas les pidieron prueba de embarazo al ingreso y a 3.2 por ciento las despidieron, no les renovaron el contrato o les bajaron el salario por embarazarse.

---

[1] Se refiere a las mujeres que reciben un sueldo u otro tipo de pago y sufrieron alguna agresión o acoso por parte de sus patrones o compañeros de trabajo.
Fuente: INEGI-Cámara de Diputados-INMUJERES-UNIFEM-FEVIM. *Encuesta Nacional sobre la Dinámica de las Relaciones en los Hogares* (ENDIREH), 2006. Disco compacto.

¿Y LAS EMPRESAS?

Algunas empresas apoyan mucho, y de diferentes maneras, a las mujeres, en su doble papel de madres y proveedoras. Lo cual es de reconocer. Deben ser modelos a seguir. No obstante, hay otras en las que el porcentaje de personal femenino es muy bajo; y si contratan mujeres, lo hacen bajo el mismo esquema y las mismas condiciones que a los hombres.

Algunas empresas, como saben que no pueden despedir a una mujer por embarazo, y para ahorrarse la liquidación que les corresponde por ley, alegan otras causas y comienzan a relegarla. Inventan "recortes de personal" o la someten a acoso laboral para que ella se canse y termine por abandonar el trabajo.

Situaciones como estas no sólo suceden en México, sino en todo el mundo. En España, por ejemplo, según el Centro Internacional de Trabajo y Familia, una de cada cuatro mujeres pierde el empleo al quedar embarazada. Según sus encuestas, jóvenes con mayor nivel de estudios tienen más miedo a embarazarse por las repercusiones que eso puede tener en su profesión.

Muchas veces, un jefe puede tomar el embarazo como traición a la empresa. Fue el caso de Ana Laura:

Cuando me fui debido a mi embarazo, mi jefe no me lo perdonó. Me empezó a hacer la vida imposible. Sin embargo, resintió mucho mi ausencia, porque yo le "leía el pensamiento" y siempre fui muy eficiente. Estuve año y medio fuera de la empresa. Cuando regresé, él estaba en un mejor puesto y de inmediato me contrató. Me ofreció un sueldo mucho mayor y ya llevo con él 10 años.

Si te embarazas, considera la posibilidad de que rescindan tu contrato, alegando baja productividad, impuntualidad, ausentismo y otras causas más.

¿QUÉ HACER PARA EVITARLO?

- Antes de comunicarles a tus compañeros o superiores tu embarazo, aunque estés muy emocionada y les tengas mucha confianza, es mejor que primero lo hagas por escrito, en una carta dirigida al departamento de personal. Si no lo hubiera, envía la carta al director de administración. Y que te sellen una copia de recibido.

- Si tu jefe te llegara a amenazar o a hostigar de algún modo, anota todo lo que te diga. Incluye la fecha y el lugar en que suceda.

- Si la presión de la empresa o de tu jefe continúa, háblalo con un superior. Levanta un acta, para que haya constancia de los hechos y así puedas obtener tu indemnización o la reincorporación al trabajo.

- Es posible que te ofrezcan una indemnización para que abandones tu puesto. Aunque parezca muy alta, asegúrate de que compense los derechos que tienes como madre trabajadora. Infórmate.

- No permitas que te hagan sentir culpable de ningún modo por los gastos que vas a ocasionarle a la empresa. El seguro social asume tus gastos y también los que le genera a la empresa el trabajador que te sustituirá.

LA FERTILIDAD NO ES ETERNA

Otro punto a tratar es el alto riesgo que corre una mujer al posponer la maternidad: simplemente, la fertilidad no es eterna. Los médicos nos dicen que en la mujer comienza a declinar a los 27 años. Pero lo preocupante es que hoy muchas mujeres jóvenes piensan lo mismo que Adriana y Lydia. Adriana tiene 30 años, es casada, dentista, trabaja tiempo completo.

> Yo, por el momento, no quiero tener un hijo. ¿Para qué? ¿Para que esté en la guardería todo el día? Prefiero ser independiente, viajar, comprarme un coche. El bebé vendrá después.
>
> Adriana

> Sí, una de las consecuencias más dolorosas de trabajar en un formato diseñado para hombres es que, como mujer, debes posponer el matrimonio y los hijos hasta sentirte segura respecto a tu carrera. Yo, por ejemplo, tuve mi primer hijo a los 38 años, a pesar del alto riesgo que significaba. Tuve mucha suerte porque a algunas de mis amigas les ha costado trabajo concebir. Otras de plano no tuvieron hijos y decidieron adoptar.
>
> Creo que el sistema de ascenso en las empresas no ha tomado en cuenta nuestro reloj biológico. Y la competencia es muy dura. No puedes darte el lujo de faltar por mucho tiempo, porque te comen el mandado. Cuando mi hijo se enferma y duermo cuatro horas, o tengo que salir del despacho por alguna cuestión de su colegio, no es fácil. Te juro que corro todo el día. Me acuesto tarde, revisando asuntos del despacho. Me esfuerzo para que no se note, pero a veces no doy más de mí, porque estoy agotada. Eso es una realidad.
>
> Lydia,
> abogada y socia de un despacho de consultoría.

Muchas mujeres saben que el embarazo repercute negativamente en su trabajo, simplemente que si se embarazan lo pierden. Ojalá que pronto todas las empresas nos protejan durante el embarazo y faciliten el servicio de guardería; que las leyes al respecto nos apoyen y se incrementen los días de incapacidad por lo menos tres meses, como sucede en los países avanzados.

SOY MAMÁ, TRABAJO Y ME SIENTO CULPABLE

Las mamás que trabajan y se sienten culpables no están solas. Entrevisté a muchas de ellas, con distintas actividades, condiciones sociales y edades, y pude captar que la mayoría experimenta culpabilidad, angustia, tensión y remordimiento; en especial quienes por cuestiones de horarios de trabajo y desplazamiento, sienten que abandonan demasiado tiempo a su familia.

El hecho es que las mujeres que tratamos de cumplir con todo estamos indigestas del alma. Dentro de nosotras, escuchamos muchas voces que nos hablan al mismo tiempo y no sabemos cuál oír, ni a cuál hacerle caso.

DISTINTAS VOCES: INDIGESTIÓN DEL ALMA

- La voz de la mamá: "El lugar de una mujer está en su casa con sus hijos." La educación que recibimos fue la que ellas, a su vez, aprendieron: "Tu felicidad está en ser esposa y madre." No nos prepararon de otra manera. Todavía no hay modelos o referencias que nos guíen en el nuevo camino que hemos elegido.

- La voz de la pareja: "¿Y tus hijos a qué hora los atiendes?" "Con mi sueldo nos alcanzaría para vivir"; o bien, "este año toca cambiar el coche, así que lo del bebé tendrá que esperar." El hombre, con sus excepciones, tampoco está preparado para apoyar a esta nueva mujer; no la entiende. Él busca, de manera inconsciente, que su mujer sea una continuación de su mamá; espera que ella también lleve a cabo todas las labores domésticas y de crianza.

- La voz de los hijos: "¿Otra vez te vas? Quédate conmigo." Esa vocecita de reclamo es la que más nos duele y la que más nos genera culpa. A veces el reclamo es callado. Basta una mirada, un ignorarnos por completo para recibir el mensaje.

- La voz de las feministas: "Claro que puedes." "Vales por lo que haces." "Tú eres un buen ejemplo de la mujer de hoy." "La mujer puede con todo." "Somos más fuertes e inteligentes que los hombres." "Lucha por tus derechos." Y demás...

- La voz de los educadores y médicos: "La mamá es la principal responsable de la educación y el bienestar emocional de sus hijos; no hay nadie que la supla."

- La voz de la suegra: "Como nuuuunca estás y los niños se la pasan sooooolos..." "Mira que ver a tu hijo en la guardería por internet, ¡a lo que hemos llegado!"

- La voz de la publicidad: "Debes ser guapa y atractiva. Vestir a la moda, estar delgada, verte joven, hacer ejercicio, tener un cuerpo atlético…" Y demás requisitos para gustarle a los hombres. Porque ahora, hasta esa presión tenemos.

- La voz de las amigas: "No eches en saco roto tu carrera y tus estudios." "¿Para eso estudiaste?" O bien: "Mejor que tu hija se venga jugar con la mía, no me gusta que estén solas en tu casa." "Nunca puedes venir con nosotras, siempre estás trabajando."

- La voz de la profesionista: "Si te descuidas, te ganan el puesto; la competencia está muy dura." "Mejor omite toda palabra que suene a mamá, a supermercado o a pañal; te debilita." "La siguiente directora general tengo que ser yo."

- La voz personal: "Estoy agotada, rebasada; necesito tiempo para mí, para descansar. Me gustaría estar más con mis hijos, hacer lo que me gusta…" "Sólo así puedo pagar la hipoteca, no hay de otra."

Datos duros: El INEGI señala que de 22.8 millones de mujeres mexicanas que son madres, casi 40 por ciento (unos 10 millones) trabajan, y de éstas, 22 por ciento son madres solas: solteras, separadas, divorciadas, viudas o literalmente abandonadas. Ellas, además del convencional cuidado de los hijos, se encargan de otros miembros de la familia y de las labores domésticas. Según el INEGI, son las madres solteras quienes más participan en el mercado laboral, con 70.8 por ciento.

TESTIMONIO DE VERÓNICA

"Mala mamá", es lo que una y otra vez repite mi conciencia, y me recorre. Te miro y ni yo misma sé lo que siento cuando tu carita redonda me sonríe. Te dejo en buenas manos: los papás de tu papá, tus abuelos.

El sentimiento de culpa me invade y se apodera de mí poco a poco: voy a dejarte con ellos todo el día. Un movimiento suave dibuja la bendición que cotidianamente te doy con un beso tierno; sólo uno, porque si no me engolosino y me quedo contigo. Me voy con el corazón chiquito, diminuto, y salgo a toda prisa como queriendo alejarme rápidamente de ti, mi pequeña, porque si no, aparecen otra vez las ganas de quedarme.

Trabajo bien, tengo logros, pero no dejo de pensar en ti. En cuanto puedo te llamo por teléfono y, a veces, si tengo suerte y pongo mucha atención hasta escucho tus balbuceos. Una parte de mí quiere seguir adelante, y la otra quisiera salir corriendo a abrazarte y hacerte una alfombra de besos, como la que me hizo mi mamá cuando pequeña.

"¡Al diablo con el feminismo!", exclamo, mientras contemplo tu foto en mi celular; pero luego vienen a mi mente imágenes de simple ama de casa encerrada entre cuatro paredes. A mi alrededor contemplo a mamás profesionistas que combinan sus dos roles y me digo: "Sí se puede."

Entre debates se pasa el día. Alcanzo metas, consigo citas, muevo gente. Esto me alimenta y me nutre, pero mi vista no se aparta del reloj. A las seis en punto, si es que mi jefe no me detiene, la máquina se apaga, la profesionista se torna mamá y sale corriendo en busca de su pequeña princesa.

El corazón empieza a latir de nuevo. Si tengo suerte estarás despierta, pero la mayoría de las veces duermes como un ángel que dibuja mi vida.

Él, tu papi, cuando nota mi infelicidad diaria me pregunta qué podemos hacer; yo misma no sé explicarme ni me entiendo. Normalmente lloro. Por un lado mi desarrollo, los objetivos de mi vida; por otro, un desconocido sentimiento de amor infinito. Yo soy dos piezas que no encajan, que me quebrantan.

Ser madre es algo que confronta mi parte sentimental con mi parte racional. ¿A cuál escuchar?

Vivo de lunes a viernes en automático. Por la noche te bañamos mientras nos miras; sé que te hago falta. No estás nada mal, pero tu sonrisita enseñando la encía me dice: "No hay mejor lugar que los brazos de mamá." ¿Y yo? También sé que me haces falta cuando me descubro volviendo a mirar tus fotos cada cinco minutos. Y entonces quisiera ser abuela para cuidar a mi hija.

¿Medio tiempo? ¿Negocio propio? Empiezo a creer que me equivoqué de camino al someterme a un jefe y a un horario. Si tan sólo lo hubiera pensado o hubiera tenido otra alternativa...

No sé qué hacer, mi nena linda. Y no sé si podré seguir o si podré detenerme. Ni siquiera sé si me doy a entender con mi ambivalente situación... te extraño.

El testimonio de Verónica Torres, quien trabaja en MicroStrategy México, como asistente administrativo, refleja lo que viven la mayoría de las mamás hoy en día.

SUS EFECTOS

Esta indigestión del alma trae como consecuencia numerosos problemas gastrointestinales y, a nivel emocional, sentimiento de culpa. De acuerdo con el doctor José María Zubirán, mi médico de cabecera y uno de los mejores gastroenterólogos de México, desde que la mujer empezó a trabajar fuera del hogar, el número de pacientes del sexo femenino que lo visitan se ha multiplicado: gastritis, colitis nerviosa, vientre inflamado; el diagnóstico de la mayoría: estrés.

SENTIMIENTOS ENCONTRADOS

La razón de este sentimiento de ambivalencia obedece a que no podemos ignorar el sistema de valores que traemos integrado como disco duro. En cuanto mamás, esposas y compañeras, sabemos que hay situaciones y momentos en las vidas de nuestros hijos y de nuestra pareja en los que somos insustituibles. Cuando tu hijo se enferma y te necesita; cuando llega a la adolescencia y siente que nadie lo comprende; cuando tu pareja pasa por una mala racha, y demás.

La verdad es que en el trabajo no somos indispensables, aunque nos guste soñar que lo somos. Siempre habrá alguien más que pueda acudir a esa cita, realizar el proyecto, hacer la presentación, el cierre de presupuesto. Que no nos guste, es otra cosa; sin embargo, en el papel de mamá y compañera sí somos indispensables.

En cierta ocasión, una mamá me platicó que sintió horrible cuando escuchó a su niño de un año y medio decirle "mamá" a la cuidadora de la guardería. De igual manera, tampoco queremos que nuestra pareja busque otra mujer que le haga compañía cuando la necesita, ¿no es cierto? Ahí sí somos, o queremos ser, insustituibles.

NO ESTÁS SOLA

Al publicar el testimonio de Verónica, en los 16 periódicos en que semanalmente escribo, llegaron a mi correo cientos de cartas de mamás que se sintieron identificadas con ella. Aquí van algunos extractos:

> Soy mamá de una nena de un año tres meses y la frustración que siento al tener que dejarla diario en casa con mis papás no se puede explicar, aunque sé que trabajo para ella, para que tenga un nivel de vida mejor que el que mis padres me dieron a mí.
>
> Yo supe lo que era tener mamá de tiempo completo y gocé de los beneficios; me acompañaba, me llevaba a todos lados, siempre estaba ahí cuando la necesitaba. Pero también pude ver que ser ama de casa es una profesión muy mal pagada y, hasta cierto grado, poco satisfactoria... Claro, formar personas, casi nada... Y es un trabajo de tiempo completo que no puedo hacer para mi hija.
>
> No estoy segura de estar haciendo lo correcto y creo que nunca lo estaré.
>
> Ingeniero Marisol Campohermoso,
> analista de sistemas de Grupo Financiero BBVA Bancomer.

> Soy mamá de dos niñas; una de cinco años y medio, y otra de dos años. A ambas las he dejado en manos de su abuela paterna, para asistir a mi trabajo en CONACULTA.
>
> Amo mi trabajo. Las amo a ellas. Necesito mi trabajo. Las necesito a ellas. Agradezco a Dios tener trabajo. Agradezco a Dios tener a mis hijas y a un marido que las adora, que trabaja más cerca de la casa que yo, y que varios días a la semana come con ellas. Sin embargo, esto es doloroso, es un reto constante.
>
> Lo de menos sería renunciar, pero no podríamos avanzar en nuestros proyectos con un solo sueldo.

Siento una gran alegría cada vez que tengo la oportunidad de pasar el tiempo con mis hijas. Procuro tomarme alguna tarde cada mes, y algún fin de semana largo cada trimestre, más o menos (tengo una jefa accesible, que sólo me demanda eficiencia, concreción de proyectos y propuestas).

Así que, cuando se trata de ser mamá, hago como la Mujer Maravilla, que giraba y giraba hasta transformarse, para realizar sus aventuras como superheroína. Así procuro sacudirme las preocupaciones, los pendientes, y estar con ellas plenamente.

Yo vivo mi realidad con oleadas de dolor y oleadas de alegría. Y no pierdo la esperanza de lograr un esquema ideal, en algún momento, en que el tiempo laboral y el tiempo familiar no estén tan contrapunteados y nadie sufra.

Nancy Sanciprián

Creo que es injusto; las mamás deberíamos tener una jornada laboral más corta, para dedicarnos a los bebés. Sé que lo profesional es importante. ¿Para que estudié tantos años? Pienso que debo aprovechar la educación que me dieron mis padres con tanto esfuerzo.

Trabajo en AIG México, como subgerente de reclutamiento y desarrollo organizacional, y llegan a mí "n" cantidad de currículos de gente que busca trabajo, egresados de escuelas privadas, con idiomas y demás... y pienso: la exigencia es tal que necesito darle a mi hija las herramientas necesarias para que en el futuro no se le complique tanto la vida. Es lo único que me hace seguir adelante y no flaquear.

Adriana Bizarro Arteaga, licenciada en psicología.

TRABAJAR EN CASA

¿Te imaginas evitar las horas de tránsito y el estrés que producen? ¿No contribuir a la contaminación ambiental, y dedicar ese valioso tiempo perdido a estar con tu bebé, hijos o a estudiar algo que te guste?

Trabajar en casa o dedicarte a la venta directa de productos es una de nuestras posibles soluciones para el equilibrio en nuestras vidas. Con toda la tecnología con que contamos hoy, es algo muy viable. Debemos convencer a las empresas de que trabajar por proyecto es, con frecuencia, mejor y más efectivo que calentar la silla de una oficina y perder el tiempo en el pasillo del café.

Alma López trabaja en una compañía transnacional. Es una gran ejecutiva de cuenta, con amplia experiencia. Sus retos son específicos y sus logros se miden por resultados. Alma, como cada día hacen más personas, trabaja tres días a la semana desde su casa y se comunica con sus directores, clientes y colegas mediante las autopistas de información. Sólo dos días asiste a las oficinas. En esa empresa, gracias a la tecnología, ejecutivos que cumplen diferentes horarios comparten el mismo escritorio.

¿CUÁLES SON LAS VENTAJAS?

Para la empresa:

- Reduce costos, al necesitar menos espacios.

- Ahorros en transporte, agua, luz, teléfono, vigilancia, mobiliario y accesorios.

- Reducciones de costo para aquellas empresas que cuentan con más de un centro de operación. Por ejemplo, la contabilidad y otras operaciones se pueden centralizar a través de las telecomunicaciones.

Para la empleada:

- Libertad, privacidad e independencia para manejar horarios y organizar prioridades. Puedes trabajar a la hora que desees y aprovechar tu tiempo para hacer ejercicio, estudiar idiomas, cómputo, pintura, o la actividad que tanto deseas; ir a las clases de futbol de tus hijos o disfrutar de una larga sobremesa después de comer con tus amigas.

- Menos estrés, menos exposición al tránsito y, por lo tanto, menos horas perdidas.

¿LAS DESVENTAJAS?

Para la empresa:

- Ninguna, si es que se trata de una tarea que se pueda cuantificar fácilmente con plazos, fechas o metas.

Para la empleada:

- La imposibilidad de comentar cara a cara las ideas con los compañeros y compartir la vida social de la empresa de la que, inevitablemente, nos aislamos y separamos.

- Las interrupciones por teléfono, los niños, el servicio o las visitas inesperadas que jamás se presentarían en la oficina.

- La falta del respaldo, en un momento dado, de alguien que nos cubra.

- Imprevistos, como cuando se va la luz y no contamos con una planta eléctrica, o la falta de asistencia técnica y equipo profesional como copiadora e impresora.

PARA QUE EL TELETRABAJO SEA EXITOSO, HAY QUE HACER LO SIGUIENTE:

1. Organízate, planea tu tiempo, sigue un horario.

2. Sé disciplinada. Por ejemplo, hay que arreglarnos, aunque nadie nos vea. La actitud, el ánimo y la disposición para trabajar mejoran; hasta la voz suena más segura y más alerta. Si trabajas

en *pants* o en pijama, la energía se evapora; esto se refleja en el trabajo y los otros lo perciben.

3. Disponte al aislamiento. Porque no ves a nadie. Si eres de carácter extrovertido, te puede costar trabajo.

4. Ten capacidad para separar la vida familiar y el trabajo.

5. Dispón de un espacio privado, con buena iluminación y tranquilo.

6. Pídele a tu familia apoyo para trabajar sin interrupciones.

7. Si tienes hijos adolescentes, es evidente que una sola línea telefónica será insuficiente para comunicarse. De ser posible, instala otra, especial para asuntos de trabajo. Conviene, también, adquirir una grabadora para recados.

8. ¿Te duele la espalda? Regálate una silla ergonómica de la mejor calidad.¡Hace toda la diferencia! De momento parecen caras pero, a la larga, salen más baratas que el quiropráctico.

9. Si quieres tener una junta productiva en casa, procura que sea en horas en que la familia no se encuentre.

Por último, recordemos que el único lugar en donde la palabra éxito viene antes que el trabajo, es en el diccionario. Aprovechemos las ventajas de la tecnología y consigamos un teletrabajo a la medida de nuestras habilidades.

¿TE DAS PERMISO PARA GANAR?

Una caricatura de Charlie Brown me da un mazazo en la cabeza: Snoopy trata de mantener el equilibrio mientras carga su casa sobre la espalda. Al pie, dice: "No hay nada más pesado que la carga del potencial." Con frecuencia, guardamos en el cajón de "sueños por realizar" varios proyectos que hemos saboteado por inseguridad y miedo. "¿Miedo yooo?" Sí, absoluto y profundo miedo, porque son proyectos por los que daríamos la vida pero que, de alguna manera, les metemos una zancadilla. ¡Es como querer andar con el freno y el acelerador al mismo tiempo!

¿Conoces a alguien que, sabiendo todas las teorías sobre lo que se necesita para ganar, a punto de llegar a la meta se sabotea, se detiene o echa para atrás? ¿Te has encontrado con personas que son muy buenas para iniciar proyectos pero, en el camino, los complican hasta el punto de volverlos irrealizables?

¿Por qué lo hacemos? De seguro no es porque no queramos tener éxito, porque no deseemos superarnos. Tampoco es porque no nos esforcemos lo suficiente o nos falte motivación. En estas ocasiones, lo peor que podemos escuchar es: "¡Échale ganas!", porque no es cuestión de ganas. A veces no logramos el éxito por una sola y simple razón: no nos damos permiso para ganar. ¡Aunque no lo creas! El origen de nuestra impotencia es el miedo, que no es más que la anticipación del dolor.

LA VOZ DEL MIEDO

El miedo tiene muchos disfraces. Por ejemplo: honesta e inconscientemente creemos que no podemos, no lo merecemos, no debemos tener éxito. O bien, nos da lo que en psicología se llama "Síndrome del impostor" y pensamos que lo logrado se debe más a un golpe de suerte que a nuestros talentos. A veces, las mujeres llegamos a pensar que desear algo bueno para nosotras es egoísta, malo o inmoral. Sólo recordemos que la vida pasa y no tiene un botón de regreso.

Este fenómeno es más común de lo que nos imaginamos. Suele darse en personas perfeccionistas, sobresalientes en los estudios, hipersensibles a la crítica o con temor a ser reprobadas, especialmente por miembros de su familia. Son personas con un crítico interior muy fuerte, que se parece al grandulón de la escuela que siempre nos hace sentir inferiores.

Bueno, pues resulta que ese crítico vive dentro de nuestro cerebro permanentemente y sabe cuáles son nuestras partes más vulnerables y débiles. Te susurra cosas como: "No la vas a hacer", "todos te van a criticar", "te van a rechazar", "no estás a la altura de los otros", "no le entres porque es peligroso", y bla, bla, bla. Lo peor es que, con frecuencia, se sale con la suya. ¿De dónde viene ese bravucón? Algunos dicen que naces con él; otros, que es resultado de una educación muy estricta, de papás que siempre compararon a los hermanos, de haber sufrido en la niñez o de todo lo anterior junto.

Aquí te doy un mensaje que este crítico no quiere que sepas: ¡no tienes por qué tenerle miedo al miedo!

El miedo es una maravillosa paradoja: por un lado nos protege como una

¡NO TE LA VAN A DAR!
¡NO TE LA MERECES!
EL JEFE ESTÁ OCUPADO.
¡NO ES PARA TI!

¿SERÁ EL MOMENTO DE PEDIR MI PROMOCIÓN?

DIRECTOR

madre y por otro nos limita y estanca. El miedo sólo puede apoderarse de nosotras si tratamos de huir de él, si lo negamos o intentamos evadirlo. En otras palabras, el miedo sólo nos puede controlar cuando pretendemos que no existe. Entonces, ¿qué hacer?

1. Dale la bienvenida. Cuando sientas que tienes miedo de hacer algo, admítelo de inmediato. Reconoce cuándo está presente y, a pesar de él, actúa. Por ejemplo, la próxima vez que sientas miedo de levantar el teléfono para hacer una llamada, admite que ahí está y acéptalo. ¡Es normal sentir miedo! Si no, ¡seríamos piedras! La diferencia está en ese preciso momento en que das el paso o el miedo te amarra.

2. Dale cara, nombre y forma. ¿Cómo se ve? ¿Cómo es? ¿Qué figura tiene? Por ejemplo, me encanta cómo Patricia Reyes Espíndola lo reconoce como personaje y lo nombra "la inse" en el libro *Gritos y Susurros* de Denise Dresser, refiriéndose a esa inseguridad que siempre está al acecho.

   Cuando aprendemos a reconocerlo, su presencia se debilita, disminuye y permite escuchar nuestro verdadero *yo*.

3. Dale las gracias. Invítalo a platicar y dale las gracias. "¿Las gracias? ¿De qué?", estarás pensando. El miedo, como vimos, nos detiene cuando cree protegernos. Sin embargo, explícale que hay ocasiones en que necesitas enfrentar las cosas por ti misma y que no puedes andar por la vida con el acelerador y el freno puesto. Enfrenta tu miedo al éxito.

   Te sorprenderá ver cómo, al aceptar a ese crítico, al reconocerlo y escucharlo, se convierte en un pequeño gatito.

En la página siguiente encontrarás algunas preguntas que te ayudarán a descubrir la forma en que te sitúas frente al éxito, si lo buscas y aceptas, o si lo rechazas y te sientes incómoda con él.

TEST

¿QUÉ TAN CÓMODA TE SIENTES CON EL ÉXITO?

Indica qué tan ciertas son las siguientes frases respecto a ti. Califica honestamente de la siguiente manera:

NO ES CIERTO **1   2   3   4   5   6   7** ES MUY CIERTO

1. En general, la gente cree que soy más competente de lo que soy.

2. Estoy segura de que mis logros son resultado de mis capacidades.

3. A veces temo que descubran quién soy en realidad.

4. Encuentro fácil aceptar elogios sobre mi inteligencia.

5. Siento que merezco cualquier honor, reconocimiento o premio que reciba.

6. A veces siento que estoy en mi posición actual por algún error.

7. Me siento segura de mi éxito en el futuro.

8. Tiendo a sentirme como una impostora.

9. Mi personalidad o encanto impresiona con frecuencia a la gente en puestos de autoridad.

10. Considero adecuados mis logros para esta etapa de la vida.

11. En una discusión, expreso que no estoy de acuerdo con mi jefe o maestro.

12. Con frecuencia logro el éxito en un proyecto o una prueba en la cual supuse que fallaría.

13. Con frecuencia siento que guardo secretos de mí a los demás.

14. Mi yo público y privado son iguales.

Suma los puntos de las frases: 1, 3, 6, 8, 12 y 13. Para las frases 2, 4, 5, 7, 9,10, 11 y 14, sigue esta pauta: si escribiste 1, suma 7 puntos; si escribiste 2, suma 6 puntos, etcétera: 1=7, 2=6, 3=5, 4=4, 5=3, 6=, y 7=1. Suma ambos resultados.

Si sumaste 50 puntos o más, tienes dificultad para aceptar y disfrutar tu éxito y quizá te pones límites innecesarios. La buena noticia es que este fenómeno desaparece con el tiempo; la mala es que puede llevarte 20 años. No obstante, podemos acelerar el proceso si tomamos conciencia de la trampa y la superamos.

Fuente: Doctora Pauline Rose Clance. "La escala del Fenómeno del Impostor" en *Psicoterapia: teoría, investigación y práctica*.

Cuando te encuentres con el éxito, recuerda que es debido a tu esfuerzo, talento y trabajo. Quizá tu buena suerte o tus encantos contribuyeron; sin embargo, la gente que se basa en eso pronto es descubierta. Y algo muy importante que con frecuencia olvidamos: siempre date tiempo para disfrutar del éxito, de tu éxito, sin importar que no sea tan grande como para salir en los periódicos. Invita a tu familia a cenar y a celebrar. Es muy frecuente que las mujeres que no se dan permiso para ganar vean sus propios éxitos como poca cosa. No te hagas eso, porque entonces, nunca nada será suficiente.

Y si a lo largo del camino tienes una adversidad, no te detengas, así es la vida. Lo importante es cómo reaccionas ante esa caída; bajo ninguna circunstancia la veas como una señal del cielo para sacarte de tu camino. Ésa es la voz del miedo. Una cosa te garantizo: si nunca te tropiezas es porque no estás estirando tus habilidades hasta sus límites. "No hay nada más pesado que la carga del potencial."

ATRÉVETE A PEDIR

La realidad es que las mujeres no pedimos. No negociamos promociones en el trabajo. No solicitamos reconocimiento por lo que hacemos. ¿Te has dado cuenta? Aunque estemos al borde del desmayo, tampoco exigimos que los hijos o el esposo nos ayuden con las labores de la casa; y por lo general, nos conformamos con lo que buenamente se nos ofrece.

¿Por qué pasa esto? ¿Nos incomoda negociar? ¿No sabemos hacerlo? ¡No creo! A veces, la verdad es que ni se nos ocurre, porque cuando se trata de pedir para otros —hijos, amigos, una causa, clientes o empleados— podemos ser unas fieras. Pero si se trata de pedir para nosotras, nos bloqueamos. ¿Por qué? Tal vez nosotras mismas nos infravaloramos. Quizá durante años nos dedicamos a las labores domésticas, y no estamos acostumbradas a pensar en el trabajo en términos económicos. Quizá nos han enseñado que negociar es "poco femenino", de mal gusto. Acaso tememos a que nos tachen de "difíciles", "problemáticas" o "duras". Tal vez arrastramos una educación en la que el trabajo del hombre se valora y el de la "mujer de casa" no vale nada.

Y no es que estemos insatisfechas con lo que tenemos, sólo que no estamos seguras de merecer más. Lo traemos metido en el inconsciente desde siglos atrás. Así que la lucha no es sólo de nosotras contra las leyes, también es contra la mentalidad machista del hombre y contra nuestra propia mentalidad, que nos lleva a pensar que ser femenina y tener fuerza y poder se contraponen.

Debemos considerar que, según las investigaciones, para las mujeres son una prioridad las relaciones; nos preocupa el impacto que una negociación pueda tener en ellas, por lo que hacemos todo para protegerlas. Y, a la hora de pedir, todos esos sentimientos reprimidos nos crean grandes barreras psicológicas que debemos vencer.

Debemos atrevernos a pedir lo que merecemos.

Lo irónico es que al solicitar trabajo nos conformamos con un sueldo que no siempre corresponde a nuestras habilidades. ¿Por qué? Simplemente porque no estamos convencidas de merecer más.

A las mujeres nos falta valor y entender que la única manera de conseguir algo es pidiendo y pidiendo, directamente y con seguridad.

Está en nosotras decir "basta", "esto se acabó", "ahora será diferente". Porque, como todo en la vida, esto también se puede aprender. Las mujeres podemos aprender a pedir como mujeres. Convéncete: nadie va a reconocer nuestro esfuerzo sólo porque creemos merecerlo. Necesitamos pedir, convencidas de que somos dignas de ello. Que nuestro secreto y nuestro poder no sólo se limite al área familiar, que se expanda a todos los lugares donde estemos. Podemos y lo merecemos.

¿Sabías que es cuatro veces más probable que un hombre pida un aumento de sueldo a que lo pida una mujer con las mismas cualidades? ¿Que el estándar de vida de una mujer divorciada baja 73 por ciento, mientras que el de un hombre en la misma situación, ¡aumenta 42 por ciento!? ¿Y que 85 por ciento de las mujeres divorciadas no reciben pensión? (Fuente: Lenore J. Weitzman, *The Divorce Revolution.*)

DIEZ CONSEJOS PARA PEDIR

1. Pide sin pena. Házlo con seguridad y confianza en ti misma. Si no pides las cosas, nunca las vas a obtener. Si no lanzas la flecha, ¿cómo pretendes dar en el objetivo? Sobre lo que no preguntamos, nunca obtendremos respuesta.

2. Sé directa. No te andes por las ramas. Sólo pide con seguridad.

3. Pide más de lo que necesitas; así podrás negociar y terminar con lo que en verdad quieres.

4. Si se trata de una petición extraordinaria, dilo tal cual. Las grandes peticiones son por lo general las mejores.

5. Evita asumir cuál será la respuesta que obtendrás. A lo mejor dicen "no". Y claro, a lo mejor dicen "sí".

6. Sé cien por ciento honesta con la persona a quien le pides algo.

7. Reconoce que la persona puede decir "no". Acéptalo y, si no hay remedio, a lo que sigue... Si lo hay, dale la vuelta y vuelve a proponer.

8. Solicita una sola cosa a la vez. Pedir está bien; sin embargo, no satures a la persona.

9. Habla claro. Si consideras que se necesita hacer algo de una manera determinada, dilo.

10. Confía en que la persona a la que pides hará las cosas de manera correcta.

LAS PARADOJAS DEL DINERO

No cabe duda: el dinero es un imán hechicero, atractivo y muy poderoso. Peligroso como pocas cosas y, al mismo tiempo, tranquilizador.

Cuando nos referimos a él, se produce una incómoda dualidad: lo condenamos como si su presencia impidiera identificarnos con los valores fundamentales —morales, espirituales, sociales y éticos— y, paradójicamente, tememos no tenerlo.

Hablar de él o darle mucha importancia nos incomoda, se considera de mal gusto, nos parece burdo materialismo; sin embargo, el dinero nos permite subsistir y elevar nuestro bienestar. Su fuente original es el trabajo, por eso, hombres y mujeres trabajamos como locos para obtener el éxito y los bienes que conllevan, para nosotros mismos y nuestros hijos. Pero con ese éxito llegan conflictos y nos damos cuenta de que dejamos a un lado el placer y la felicidad que creíamos alcanzar. Esta dicotomía nos mantiene atadas a cadenas imaginarias, con frecuencia ligadas a trabajos o relaciones que nos disgustan.

ALGUNAS PARADOJAS:

1. Las investigaciones muestran que consideramos importante disponer de un capital para alcanzar una sensación de bienestar. Al mismo tiempo —haya o no lo suficiente— es la fuente principal de tensiones y resentimientos en la pareja. El origen del conflicto, con frecuencia, no se debe a una carencia económica, sino a una lucha por el poder.

2. Se ha comprobado que las mujeres somos más responsables en el manejo del dinero que los hombres. Estamos más preocupadas por el pago puntual de las cuentas, por saldar las deudas y por la seguridad financiera en el futuro. Si bien gastamos con más facilidad, también nos genera culpa dedicarlo a nuestra persona porque, en el esquema tradicional, el gasto debe estar relacionado con el bienestar de nuestra familia.

3. Lo importante del dinero es lo que podemos conseguir con él. Lo que con frecuencia no vemos es que ganar dinero tiene un precio: nuestro tiempo. Se establece así una eterna dicotomía entre el tiempo y la familia; dejamos de ocuparnos de lo que supuestamente ubicamos en primer lugar en nuestra lista de prioridades.

4. Hay mujeres educadas, preparadas, que dejan por completo el control del dinero a sus esposos; no se enteran de cuánto ni dónde lo tienen, no saben realizar operaciones bancarias, ni se ocupan de un plan de ahorro personal. No se les ocurre pensar que el día de mañana puede pasar cualquier cosa y su seguridad financiera puede quedar desprotegida, por simple ignorancia o falta de precaución.

5. Muchas personas viven y trabajan no sólo para solventar las necesidades básicas de la supervivencia, sino para satisfacer un

estilo de vida determinado: celular, coche de lujo, vestir de tal manera, etcétera. Así, las deudas adquiridas vía tarjetas de crédito crecen y crecen. Por otro lado, el sentimiento de insatisfacción permanece y las necesidades se vuelven cada vez más sofisticadas, convirtiéndose así en "carenciados" permanentes.

Si permitimos que el dinero sea la principal medida del éxito, siempre nos encontraremos con que es insuficiente. Me parece que atar nuestra valoración y nuestra felicidad a lo que el dinero puede comprar es un juego peligroso que nos encadena a las cuentas bancarias y, sobre todo, despoja de valor a nuestra vida.

RECOMENDACIONES PARA MANEJAR TU DINERO

Como este tema es uno de tantos que no domino, consulto al experto Miguel Tijerina, coordinador de comunicación y gobierno del buró de crédito, para que nos dé algunas recomendaciones sobre cómo manejar el dinero de la mejor manera.

Todos, mujeres y hombres, debemos seguir ciertas consideraciones básicas para el adecuado manejo de nuestras finanzas:

SOBRE EL AHORRO:

- Considera la importancia de prever contingencias futuras. El ahorro te permite vivir tranquila, facilita el cumplimiento de tus metas y permite llegar a una vejez sin sobresaltos.

- No hay mejor herencia que los buenos principios y uno de ellos es el ahorro, que nos permite vivir en paz.

- ¿Cuánto es adecuado ahorrar? Varía y depende de si cuentas con algún seguro de retiro y sistema de seguridad social; sin embargo, es sano ahorrar alrededor de cinco por ciento de nuestros ingresos. La clave es ahorrar antes de gastar.

SOBRE LAS DEUDAS:

- Esto no quiere decir que endeudarse sea un inconveniente; hay que saber hacerlo de tal forma que la deuda te acerque a los satisfactores que requieras, siempre que los precios sean razonables (incluido el costo de los intereses).

- Si tienes pareja, considera seriamente la conveniencia de contratar financiamientos conjuntos o mancomunados.

SOBRE TARJETAS DE CRÉDITO:

- Es importante tener claro que una tarjeta de crédito es para gastos de emergencia o para diferir un gasto hasta que recibas un ingreso. No lo consideres como dinero a devolverse a largo plazo, pues los intereses normalmente son muy altos.

- Debes estar consciente de que tus deudas se reflejarán en tu historia crediticia, la cual le dice a una institución de crédito si somos clientes confiables o no.

- Mantener una historia sana te facilitará obtener más y mejores financiamientos.

Para que no tengas problemas cuando contraigas una deuda, considera lo siguiente:

1. Lee completos los contratos. Asegúrate de poder cumplir con las condiciones.

2. Haz un presupuesto del egreso; no te dejes llevar por la sensación de que "está barato".

3. Compara. Hay muchas opciones con diferentes costos y plazos. Busca lo que sea mejor para ti.

Si eres una mujer que depende de su pareja, es importante que no descuides tu historial crediticio. Conserva tus cuentas de ahorro y crédito para mantener tu personalidad financiera.

¿CÓMO TE VES EN CINCO O 10 AÑOS?

¿Te has detenido a pensar cómo será tu vida en 10 años? ¿Dónde estarás? ¿Qué estarás haciendo? Por lo general, sólo pensamos en el futuro inmediato, sin planear a distancia nuestros sueños. Te lo pregunto porque quienes logran el éxito, sea en el ámbito personal, cultural, económico, político o deportivo, son quienes un día planearon su futuro. Si tenemos claro el qué, podremos decidir el cómo.

Estas preguntas me las hizo Pablo, mi esposo, en un restaurante, mientras tomábamos una copa de vino. Busco en mi interior y me cuesta trabajo poner en palabras la nube de deseos que encuentro. Por el contrario, escucho con admiración su claridad de pensamiento y lo concreto de sus metas. Me quedo con la pregunta en la mente.

Por azares del destino, me topo con un libro que se titula *Escríbelo y hazlo realidad*, de Henriette Anne Klauser, que compré en algún momento y ahora parece ponerse a propósito en mi camino. Me atrapa la frase con que comienza: "Sólo si sabes lo que quieres, lo puedes lograr." Comencé a leerlo con cierta reserva pero al ver la base científica de su teoría fui bajando la guardia poco a poco; y me dispuse a hacer la tarea, porque me convenció. Considero importante compartir contigo algunas ideas.

Para clarificar nuestras metas podemos usar dos técnicas muy eficaces: escribirlas y visualizarlas.

1. Escríbelo. Lo primero es escribir en un papel todo lo que queremos lograr. No importa si nos parece ridículo, inalcanzable o grandioso. Démonos permiso de soñar, de ser totalmente irreales. Algunas de las frases más tristes que oímos son: "Por favor; ¡sé realista!", "es imposible, no vas a poder", "las cosas están muy difíciles" y otras similares. Atrévete a desear mil cosas antes de pasar a mejor vida. ¿Cuáles son tus sueños? ¿Dar la vuelta al mundo? ¿Escribir un libro? ¿Comprar una casa de ensueño? ¿Escalar los Himalayas? ¿Cantar en Bellas Artes? ¿Encontrar la cura para una enfermedad hasta ahora sin remedio? ¿Llegar a disfrutar de tus bisnietos? ¿Ser presidenta de la República? ¿Por qué no? En fin... escribe la lista con el corazón, sin importar qué tan larga resulte.

Lo que en ese momento declaré, fue escribir para un periódico, colaborar en la radio, dar conferencias, publicar un libro y hacer un programa de televisión, sueños que después de mucho esfuerzo y gracias a Dios, al apoyo de mi familia y al de muchas personas como tú, que me haces favor de leer este libro, se hicieron realidad. Tuvieron que pasar muchos años. No importa. Se cumplieron.

Escribir nuestras metas y aspiraciones es como colgar en la puerta de una tienda un letrero que dice: "Abierto". Es declarar que estamos dispuestas a jugar. Ponerlas en papel es invitar al cerebro a enrolarse en nuestra causa.

¿Cómo funciona? Me parece maravilloso, en la base del cerebro, en el tallo, se encuentra un grupo de células del tamaño de un dedo meñique, cuyo trabajo es escoger y evaluar la información que entra. Este centro de control se llama sistema activador reticular (SAR). El SAR envía las cosas urgentes a la parte activa de nuestro cerebro y las no urgentes al subconsciente.

Por ejemplo, el SAR evalúa los ruidos, sin importar que se trate del tránsito o la llave que gotea, y filtra los no urgentes, para despertarnos sólo en casos de emergencia. Llora el bebé y en un segundo estamos totalmente despiertas y listas para solucionar la situación, ¿no es cierto?

Si nunca hemos tenido un Chevy y compramos uno azul, de repente veremos Chevys azules por todos lados. Y uno se pregunta, "¿de dónde salieron tantos?" Siempre estuvieron ahí, sólo que no poníamos atención. O cuando te embarazas y de un día para otro empiezas a notar la cantidad de mujeres embarazadas que antes eran como fantasmas. ¡No las veías!

Bueno, pues escribir dispara el SAR, que a su vez envía señales a la corteza cerebral y nos dice: "¡Despierta! ¡Pon atención! ¡No te pierdas este detalle!" Una vez que escribimos una meta, nuestro cerebro trabajará horas extras para lograr que la alcancemos y nos alertará para descubrir las señales que, como el Chevy azul y las embarazadas, han estado siempre ahí.

A veces es un tanto difícil definir una meta o encontrar lo que queremos. ¿Por qué? ¿Acaso pensamos que no somos dignas de ello? ¿Tememos ser demasiado ambiciosas? ¿Nos da miedo el éxito?

Con frecuencia es un poco de todo, y muchas de nosotras, en mayor o menor grado, minimizamos nuestros sueños y nuestras capacidades. Parecemos "artistas de la sombra"; hay una luz en el escenario que nos atrae, pero conforme nos acercamos a ella le tememos y nos escondemos. En lugar de ser "artistas de la sombra", salgamos a encontrarnos con la luz.

Si no tienes muy claro qué escribir, Klauser sugiere un ejercicio: los primeros minutos del día, al despertar, son el momento perfecto para cristalizar nuestros deseos. Pon el despertador unos 15 minutos antes de lo usual y empieza a escribir tan pronto despiertes. Lleva papel y lápiz a la cama y escribe los pensamientos somnolientos que te vienen a la mente, aun si se trata de la flojera que sientes o de lo irritados que tienes los ojos. Son ejercicios de calentamiento antes del verdadero ejercicio, ya que cuando las quejas se nos acaben, la pluma seguirá escribiendo para darnos alguna dirección útil. Hay que hacer este ejercicio por dos semanas sin leer lo escrito. Al final de este periodo, leamos lo que tenemos y anotemos el patrón.

Mediante la escritura, nuestro subconsciente nos hace saber qué queremos. Es increíble descubrir cómo la escritura nos habla, nos da claves, pistas, algunas veces en forma indirecta y con rodeos. Sin embargo, escuchemos atentamente qué nos dice. Usemos nuestros escritos para interpretar los símbolos. Pensemos en grande. No tengamos miedo a anhelar lo mejor y salir a la luz.

"Jugar a ser pequeños no sirve de nada al mundo", dijo Nelson Mandela en un famoso discurso que nos confronta con la pregunta: "¿Quién eres tú para no ser grande?" Que nuestro límite no sea el temor; finalmente, el triunfo depende de nosotras mismas y empezar a escribir lo que anhelamos puede ser un buen comienzo. Inténtalo y verás.

2. Visualiza. Decía Shakespeare: "Hay más cosas en el cielo y en la tierra de lo que ha sido soñado por simples mortales." Una de esas cosas podría ser el poder de nuestra mente, que a pesar de los grandes avances es algo que todavía no logramos comprender del todo. Lo que sabemos es que la mente es como un jardín que se puede cultivar o abandonar y nosotras somos sus jardineras; con el tiempo, cosechamos el resultado del trabajo o del abandono.

Visualizar es imaginar, vernos en una situación que todavía no ha llegado, en la que nos imaginamos logrando lo que deseamos. Por ejemplo, si deseas sentirte más segura de ti misma en una determinada situación, pues imagínate pasando el examen, dando una plática, publicando el libro o llegando a tu meta de ventas; todo esto, sintiéndote muy tranquila y confiada.

Es importante imaginarlo, no como un suceso que *quizá* ocurra, sino como un hecho real que ya vives en *este* momento.

El éxito en cualquier ámbito depende principalmente de tener una idea muy clara, una foto mental de lo que queremos lograr.

Los atletas son un gran ejemplo de lo que se puede lograr con el poder de la mente. Gran parte de su entrenamiento diario consiste en tener una idea muy clara, una foto mental de lo que desean lograr. Visualizan las pistas, los tiros, los saques, las distancias; en fin, repasan mentalmente cada obstáculo y movimiento de su rutina.

UN DVD MENTAL

Los pensamientos son como una lupa por la cual pasan los rayos del sol. Si la movemos de un lado a otro, la luz se dispersa; si la mantenemos quieta a la altura correcta, esos mismos rayos se convierten en una fuerza capaz de prender fuego. ¿No es cierto?

Bueno, pues todas tenemos esta capacidad. Nuestros pensamientos son más poderosos de lo que sospechamos y cualquier imagen sembrada en la mente es una fuerza que eventualmente producirá su efecto.

Visualiza también, con lujo de detalles, todo lo que sucedería como consecuencia de este logro. Por ejemplo: vamos a suponer que debes hacer una presentación muy importante ante tus supervisores y jefes. Si te va bien, es muy probable que te promuevan. Así que, en lugar de preocuparte, o desear que te vaya bien, imagínate haciendo la presentación como toda una profesional y que resulta un éxito. ¡Todos quedan impresionados! ¡Todos te felicitan! ¿Qué se siente haber hecho un gran papel? ¿Cómo estarías? ¿Emocionada, satisfecha, liberada, relajada? Cualquiera que sea tu reacción personal, vívela, siéntela en el estómago y haz tuya esa emoción. Vive con la certeza y la sensación de que ya lo lograste: tu jefe te llama para promoverte, te late el corazón, sales a festejar con tu pareja en la noche. Ya pasó todo... ¡Felicítate! Tu pequeño DVD mental servirá como guía para tu mente.

En las metas a largo plazo funciona igual. Para lograr tu objetivo necesitas ciertas características, como talento, coraje, determinación o persistencia; pues inclúyelas también en tu DVD mental. Reemplaza frases como: "Todo va a salir muy bien", por "¡Todo salió muy bien!"

LA PRÁCTICA LO ES TODO

La palabra clave es *práctica*. Por falta de costumbre, al principio la visualización se puede dificultar. La mente divaga, dudas o no logras crear la foto perfecta. No importa. Si te comprometes a visualizar algo por lo menos cinco minutos una vez al día, diario y sin fallar, poco a poco los pensamientos y las escenas se irán definiendo.

Vale la pena mencionar que un simple pensamiento ocasional no tiene mucho poder. Sólo al imaginarlo muchas veces cobra fuerza para hacerse realidad. Es mejor la repetición constante de cinco minutos diarios, que repetir algo una vez a la semana por una hora.

No se trata de magia, fantasía o ciencia ficción: todas poseemos la habilidad y está a nuestra disposición para ser usada cuando lo deseemos. Así que: ¿cómo te ves en cinco o 10 años?

CONECTA LOS PUNTOS DE TU VIDA

Generalmente, en el momento en que ocurren las cosas, no entendemos por qué suceden.

Veo en YouTube el discurso que da Steve Jobs a la generación 2005 de la Universidad de Stanford. Su sencillez y profundidad me hacen pensar.

El presidente actual de Apple Computer y Pixar Animation Studios, Jobs, creó en el garaje de su casa, a los 21 años de edad y sin haber cursado una carrera, la primera computadora personal, con su amigo Wozniak.

"No puedes conectar los puntos de tu vida si ves hacia adelante; sólo si volteas hacia atrás —dice Jobs—, así que tienes que confiar en que, en el futuro, estos puntos de alguna manera se conectarán. Confía en tu instinto, tu destino, tu vida, tu karma o lo que sea. Creer que los puntos de alguna manera se unirán, te dará la confianza para seguir tu corazón, aunque esto te lleve a salirte del camino. Esta forma de actuar nunca me ha defraudado y ha marcado toda la diferencia en mi vida."

Cuando vivimos la pérdida de un empleo, el fin de una relación, la postergación de un proyecto, la cancelación de un viaje o cualquier otra contrariedad, de momento, enojados, pensamos que se debe a algún tipo de maleficio. Pocas veces pronunciamos, resignados, las sabias palabras: "Por algo será."

SUS PALABRAS COBRAN SENTIDO

Es interesante hacer el ejercicio de conectar los puntos de nuestra vida. Te invito a hacerlo a la vez que comparto contigo, querida lectora, el que yo realicé:

1982. Janet Arceo conduce el programa matutino de moda en televisión. Mis tres hijos son chiquitos. Sin embargo, necesito canalizar un fuego interno. Quiero hacer algo. Entonces comienzo a maquillar a mis amigas. La casualidad hace que me inviten por primera vez al programa de Janet. No lo puedo creer. Siento una mezcla de gusto y susto. El corazón me late a mil por hora. Por fuera, no pasa nada. Siento miedo a lo desconocido y al ridículo, pero el ego está de fiesta.

En cuatro minutos se siembra la semilla de un sueño. A los pocos días, otra invitación. Al término del programa me ofrecen una participación semanal y, emocionada, regreso a compartirlo con mi esposo. La edad de mis hijos y la creación de una clínica me hacen declinar la propuesta. El ego, incrédulo, me lo reclama. El cuerpo siente que es lo mejor.

Pasa el tiempo. Los hijos y la clínica crecen. Comienzan las colaboraciones en la radio y la prensa. Intento dividir mi tiempo para atender todo. El sueño de hacer televisión duerme. Una radioescucha pregunta si tengo publicado algún libro. La casualidad me inicia en algo que jamás pensé hacer: escribir.

Mis hijos se casan y, entonces sí, dispongo de más tiempo. Los planes para el programa por fin comienzan. Pablo, mi esposo, me apoya y motiva. Juntas, planes, ideas. Una llamada telefónica inesperada me invita a presidir la Fundación APAC. El ego, enojado, me reclama y forcejea con mi conciencia. ¿Por qué en este momento? Es un proyecto que requerirá de toda mi energía. Significa postergar mi sueño dos años y medio más. Gana mi conciencia. El cuerpo nuevamente se siente bien.

Pasa el tiempo y la semana en que se inaugura el centro de rehabilitación APAC, para el cual recaudamos los fondos, coincide con la salida al aire mi primer programa de tele. Cursi, pero ¡al fin! Gracias a un gran equipo de trabajo, el sueño se hace realidad.

Ahora, más de 25 años después, con la conciencia tranquila, puedo conectar los puntos que, en su momento, no comprendí o que me costó mucho trabajo aceptar; pero ahora puedo compartir contigo este logro.

Tiene razón Steve Jobs: "Sigue tu corazón aunque ello implique salirte del camino..."

CAPÍTULO 3

YO CON MI FAMILIA

YO CON MI FAMILIA

"ASÍ ES MI VIDA"

Un día le mencioné esta frase a una tía cuando, en la fiesta de sus nietos, sentadas en pequeñas sillas, las dos veíamos como un malabarista corría de un lado al otro haciendo lo posible para realizar su acto. Consistía en girar un plato blanco sobre la punta de un palo de madera; después, sacaba otro palo y hacia girar otro plato sobre él; así, otro palo y otro plato, mientras vigilaba que no se cayeran los demás, hasta llegar al sexto. Se la pasó corriendo, ante el reto de echar a andar los platos y la amenaza de que se le cayeran.

Al verlo, no pude más que reconocerme en su ir y venir de prisa; del alma me salió decirle a mi tía: "Te juro que así es mi vida… igualito. Corro como este malabarista. Un plato es mi casa; otro, mi marido; el otro, mi trabajo; el otro, tiempo para mí misma, mi ejercicio y demás. Y también siento la amenaza de que un día alguno se me puede caer."

Estoy segura de que tú, querida lectora, te sentirás igualmente identificada con este malabarista. Es el día a día de cualquier mujer; no importa si es mesera, ejecutiva, estilista, dentista, enfermera, abogada, secretaria o afanadora. Basta ser mujer para sentir ese ir y venir en nuestra vida.

Al escuchar mi queja, mi tía me contestó algo que nunca he olvidado: "Sólo recuerda que todos los platos que manejas son de plástico; si se te caen, no importa. Sólo hay uno que es de cristal, y si se te cae, ya no se puede pegar, y ése es el de tu familia." Me dejó pensando.

EL BALANCE, ¿SE PUEDE?

Soltera, casada, separada, joven, mayor, empleada o jefa, las demandas de la vida son interminables. Las horas nunca son suficientes para pasarlas con quienes nos importan o para hacer lo que en realidad nos gusta. Siempre estamos buscando estirar el tiempo, lidiar con la culpa y procurar un equilibrio.

Nuestro problema es que queremos todo sin renunciar a nada. Queremos ser madres, esposas, tener trabajo y tiempo para nosotras. Ser valoradas como personas y tener los mismos derechos que los hombres.

Quizás por eso ahora, más que nunca, las mujeres sentimos las consecuencias de la falta de balance en esa lucha interminable entre familia y trabajo.

Tal vez se nos olvida que el trabajo más importante que tú y yo realizaremos como mujeres tiene lugar entre las paredes de nuestra propia casa. Estamos tan ocupadas preparándonos para responder a las urgencias de la vida, que olvidamos detenernos y apreciar cada día.

AMOR Y TRABAJO

Decía Freud que para ser feliz, el ser humano necesita tener dos cosas en la vida: amor y trabajo.

Suena fácil. Para muchas personas quizá lo es, en especial para los hombres. Para la mujer significa un arduo trabajo diario.

Trabajo y amor, amor y trabajo. Satisfacciones profundas que podrían ir por caminos paralelos y en la práctica se convierten en un dilema complejo, y muchas veces doloroso, ante la aparente necesidad de tener que elegir entre uno y otro.

Recuerdo haber leído cómo un hombre puede muy claramente dividir sus áreas de vida, como si fueran estantes en un librero: "En éste superior tengo a la familia, en otro compartimiento el trabajo, en otro mis amigos y el futbol, en otro mi tiempo libre...", en fin. En la mujer todo, todo se mezcla como en un vaso de agua. No podemos separar.

He trabajado arduamente, como millones de mujeres, desde hace más de 25 años. Sigo felizmente casada con el hombre que adoro y hemos formado una familia que me llena de orgullo. ¿Fácil? Para nada. ¿Trabajamos más horas y no menos? Sí. ¿Todo tiene un precio? También. Sin embargo, es cuestión de utilizar ese sexto sentido, y todas las demás cualidades femeninas, para enfrentar los riesgos que se nos presentan cotidianamente.

¿EL PODER FEMENINO?

Por casualidad llega a mis manos un número de la revista *Time* dedicado al tema del poder de las mujeres. Un artículo narraba cómo cada día más mujeres ocupan puestos importantes a nivel dirección, en muchas áreas antes destinadas sólo a hombres. En las gráficas interiores mostraba cómo el número de divorcios y madres solteras había aumentado paralelamente.

El periódico *El País* publicó en una nota que en España, hace 25 años, sólo había, en promedio, 3 mil divorcios al año. Ahora, el promedio es 300 mil.

El periódico *USA Today* nos informa que 47 por ciento de las mujeres en Estados Unidos están solas.

En nuestro país, un estudio comparativo de 1995 a 2007 nos dice que los matrimonios se han reducido y los divorcios aumentado (DIF) y, de acuerdo con el INEGI, una de cada tres parejas se divorcia.

Estos datos nos llevan a pensar: ¿Ése es el poder femenino? ¿Eso es lo que en realidad queremos? ¿Por lo que luchamos tan afanosamente? Estoy segura de que no.

UN PASEO EN BICICLETA

Sin duda, la vida de una mujer que trabaja, que es esposa y madre, no es fácil. La podríamos comparar con un paseo en bicicleta. La rueda delantera es la familia; la de atrás, el trabajo. El manubrio representa a dónde quieres ir y por dónde vas a llegar. Cada decisión que enfrentas en el viaje es muy importante y el rumbo que tomes modifica las cosas por completo. ¿La razón de las caídas? A veces le pones mucho peso a la llanta delantera, a veces a la de atrás, a veces te distraes o te deslumbras y pierdes el equilibrio.

¿Que si yo me he caído? ¡Claro que me he caído! Y varias veces. ¿Qué hago? Pues me levanto, me limpio las rodillas. Trato de reparar los daños y aprender la lección; le doy un beso a mi marido y sigo adelante. Comparto contigo, querida lectora, la peor de mis caídas:

Al terminar mi tercer libro, Pablo y yo estábamos sentados frente al mar de Cancún, viendo el atardecer. Mientras disfrutaba de un momento de quietud, Pablo me dijo, con toda tranquilidad y amor: "¿Sabes qué, Gaby? Te veo muy contenta con lo que haces, te veo tan realizada que me da mucho gusto y mucho orgullo, pero fíjate que me siento el último en tu lista de prioridades, veo que no me necesitas y he tomado la decisión de irme de la casa." ¡Puummm! Sentí en el estómago un golpe que me dobló. Dentro de mí se abrió un gran vacío, como un precipicio oscuro y sin fondo. Me quise morir. Me di cuenta de que nada, pero nada, valía la pena si no estaba junto a Pablo. ¿Para qué servían los libros? ¿Para qué tanto trabajo? El mar de Cancún perdió su razón de estar en el mundo. No me importaba. Nada me importaba. El cerebro se me saturó. Todo se me vino abajo.

Lo que me golpeó con más violencia fue el gran amor con el que Pablo me dijo estas palabras. Traté de hablar y él me dijo: "Por favor, ahorita no me digas nada." En ese momento llegaron mis hijos, unos amigos, mis papás. La conversación más importante de mi vida se interrumpió. Con el mundo en los suelos, tuve que sonreír.

Aprendí mi lección. Juré en ese momento no volver a fallar. Desde entonces valoro más la fortuna que es tener un compañero del que estoy enamorada porque estoy convencida de que nada sustituye un abrazo.

Cuando abrazas y eres abrazada te sientes en el paraíso, te sientes llena, plena y lo demás no importa. El abrazo es insustituible y vale más que cualquier cosa. Esa estabilidad de sentirte querida, esa felicidad de la vida en pareja y de formar una familia es real. También es cierto que las circunstancias a veces no permiten, por más que lo intentamos, que esto se logre; sin embargo, queda la tranquilidad de haber hecho todo lo posible.

LA NEBLINA EN EL CAMINO

¿Has manejado alguna vez con neblina en una carretera? ¡No ves nada! Pierdes toda perspectiva del camino. Bajas la velocidad, pegas el cuerpo al volante y entrecierras los ojos para ver qué hay frente a la defensa del coche, ¿no es cierto?

Lo mismo pasa en nuestra vida diaria. Si eres de las mujeres que intentan guardar un equilibrio entre su vida familiar y el trabajo, te habrás dado cuenta de que no es asunto fácil. Como la neblina, hay mil cosas que sólo permiten ver lo inmediato y ocultan lo que está más adelante en el camino.

Ejemplos abundan: tu familia te hace sentir que nunca estás con ellos; y si estás, te ocupas de tus cosas, prendida al celular o conectada a la computadora. Tu hijo te pide que vayas a su partido de fut, justo el día que comienza el torneo de golf que la empresa organiza para atender a los clientes. Y claro, tienes tres proyectos urgentes

que entregar, y se atraviesa la fecha de tu aniversario, cuando le habías prometido a tu esposo unos días con él para salir.

Lo irónico es que si nos preguntan: "¿Qué es lo más importante para ti en la vida?", todas lo sabemos. Lo tenemos escrito en el alma y en el corazón. Lo que necesitamos es acordarnos de *vivir* esas prioridades.

"Hoy voy a darle tiempo de calidad a mi pareja." Tu instinto y tu conciencia están de acuerdo en que es una prioridad. Peeeero... ¡llega la neblina! El celular empieza a sonar. El jefe te quiere en su oficina en 20 minutos. Te buscan en la puerta. Tu hija te llama para que le expliques la tarea... Al mismo tiempo, recibes mil correos con signos de urgentes. No importa en qué tarea estemos: si escuchamos el sonidito que nos avisa que entró un *mail*, la mayoría no tenemos la disciplina para seguir en lo que estábamos. Tenemos que ver de quién es y satisfacer la curiosidad: "Qué tal si es algo importante", nos justificamos. El caso es que una distracción en el camino te lleva a otras distracciones, que te van alejando de tu meta original.

Y las distracciones, por lo general, ¡son buenas! Todas queremos estudiar, trabajar, progresar. Queremos ser las mejores mamás. Queremos ayudar a la sociedad, entrenar para el maratón, pertenecer al grupo de "x" o "y". Queremos estar al día con nuestra lectura.

Sí, esto muestra por qué tratar de mantener un balance es una historia sin fin. Siempre hay cosas buenas que se meten en el camino de otras mejores.

Si no hacemos una lista mental de cuáles son en realidad nuestras prioridades, los distractores nublan la vista. Tenemos que enfocarnos.

Todos, o al menos la mayoría, decimos: "Mi familia es lo más importante, quiero darles lo mejor." Pero, ¿qué es lo mejor si no tenemos tiempo para estar con ellos?

La mayoría luchamos constantemente por establecer y sostener nuestras prioridades. Para recordarlas, te invito a preguntarte lo siguiente:

1. ¿Con frecuencia te pierdes de reuniones familiares y personales por cuestiones de trabajo?

2. ¿Te sientes cada vez menos conectada con personas importantes para ti?

3. ¿Te sientas en silencio con regularidad a revisar tu vida?

A diferencia de la neblina, que no podemos controlar, sí podemos evitar los distractores de nuestras metas a largo plazo. Para intentar un balance entre vida y trabajo, pregúntate lo siguiente: "¿En qué invierto mi tiempo?" y "¿cuáles son mis prioridades?" Vivamos siguiendo la filosofía de Alcohólicos Anónimos: "Sólo por hoy."

ADIÓS A LA MUJER PERFECTA

—¿Por qué tengo que ir a la escuela? —le preguntó Sofía a su mamá cuando iban en el coche, tras inscribirla en el plantel donde cursaría primero de primaria.

—Para que estudies, aprendas cosas y puedas llegar muuuy lejos cuando seas grande —le contesta Lourdes, mi amiga, mientras esquiva el tráfico.

—¿Cuántos años tengo que estudiar?

—Por lo pronto, seis años de primaria.

—¿Y ya?

—No, después siguen tres años de secundaria, tres de preparatoria y unos cinco de universidad.

—¿Y tú hiciste tooodo eso, mamá?

Lourdes, atenta al volante, contesta muy orgullosa:

—¡Claro que sí, hijita!

Sofía se queda pensando unos segundos, para luego decir:

—Entonces, ¿por qué nada más manejas?

Sobra decir que del enfrenón que dio Lourdes casi se pegan en el parabrisas. Me cuenta que nunca se había enfrentado con su realidad de esa manera tan brutal.

Lourdes tiene tres hijos. Atiende a su bebé, va a todas las juntas del colegio, es de las organizadoras del equipo de futbol de su hijo mayor y lo acompaña al entrenamiento dos veces por semana. Por las mañanas sale a correr al bosque, toma clases de mil cosas, está involucrada en dos organizaciones de caridad, es tesorera de la junta vecinal, cocina cual *gourmet*, recibe en su casa como reina y además... ¡siempre está arreglada! Sin embargo, Lourdes, como muchas otras jóvenes mamás, no deja de sentir una ligera o gran frustración porque no trabaja, según ella, en algo "productivo".

Creo que a las mujeres nos tocaría reflexionar acerca de por qué queremos ser todo para todos, pues corremos el riesgo de terminar no siendo nada para nosotras mismas. Hace poco me topé con un número de la revista *Fortune*. Allí aparecía una encuesta que evaluaba la tendencia hacia la insatisfacción que se presenta en mujeres profesionales de Estados Unidos, que han obtenido grandes logros en sus carreras y que en esto de trabajar fuera de casa, nos llevan la delantera. "La generación de mujeres que abrió nuevos caminos en las grandes empresas, evidentemente está cerrando los suyos propios", concluía *Fortune*. La encuesta, realizada por Yankelovich Partners, fue aplicada a mujeres ejecutivas de entre 35 y 49 años. Los resultados son los siguientes: 87 por ciento de las mujeres encuestadas deseaban un cambio importante en su vida; 40 por ciento se sentían atrapadas en el trabajo; 60 por ciento estaban en una terapia psicológica y 78 por ciento esperaban un cambio significativo en un futuro cercano. Para resumir: el trabajo ya no es una prioridad para mujeres de éxito. Según el artículo que acompañaba a la encuesta, las mismas condiciones de valentía y capacidad que habían llevado a estas mujeres a ascender eran las que ahora les permitían detenerse, volver a evaluar y, si era necesario, dar una nueva dirección a su vida.

Así que, ¿quién nos entiende? ¿Qué es lo que deseamos? ¿Podemos tenerlo todo? Aunque esta encuesta se realizó en otro país, estoy segura de que los resultados serían muy similares en México. El título de este libro, que tienes en tus manos, refleja lo que todas las mujeres sentimos y vivimos al querer hacerlo todo.

Como mujeres, podemos celebrar que hemos llevado nuestras habilidades a escenarios antes inexplorados por el sexo femenino y esto nos enorgullece. Hemos conquistado cierta igualdad con el hombre, nos hemos ganado el respeto de otros y de nosotras mismas. ¡Y lo merecemos! Tenemos más independencia, opciones y beneficios que en cualquier otra época de la historia, así como la capacidad de vivir nuestra vida de manera más plena. Sin embargo, no podemos negar que estamos exhaustas por intentar ser perfectas y hacerlo todo de manera perfecta.

La solución: depende de cada una de nosotras escuchar esa brújula interior que nos señala qué debemos hacer, cómo deseamos lograrlo, y si estamos dispuestas a pagar un precio y cuál.

Una vez tomada la decisión, nos toca establecer prioridades y vivir plenamente el momento pero, sobre todo, ser realistas, reconocer nuestros límites y, por lo pronto, decirle adiós a la mujer perfecta.

¿EN QUÉ INVIERTES TU TIEMPO?

LA MAGIA DEL TIEMPO

"Me encantaría que el día tuviera más horas. Si tuviera 42, podría seguir en mi papel de *Superwoman*, pero renuncié a mi trabajo de maestra porque, entre preparar las clases y corregir tareas, dejaba de prestarles atención a mis hijos y a mi esposo", me dice Mina, de 33 años, mamá de tres hijos pequeños. "En esta etapa de vida de mis hijos quiero darles, no quitarles. Disfruté mucho dando clases y lo volveré a hacer, pero en unos añitos."

¿Sufres con frecuencia la angustiosa sensación de que no te alcanza el tiempo para hacer todo lo que quieres? ¿O la disculpa, "no tengo tiempo", se ha convertido en hábito?

Todas hemos oído que el tiempo es oro. Sabemos que el proverbio apenas expresa su valor, aunque una persona posea todas las riquezas materiales del mundo, no podrá comprar un minuto más de vida que la que tiene.

Los científicos han podido explorar el espacio y los misterios del mar. Sin embargo, no han podido explicar el misterio del tiempo. La inexplicable materia prima de todo. Con él todo es posible; sin él, nada lo es. Decía Baltasar Gracián: "Todo lo que en realidad nos pertenece es el tiempo; aun aquellos que no poseen otra cosa, tienen tiempo."

Así como el barro puede ser lodo en los zapatos o arcilla para moldear una escultura genial, podemos llenar las horas de nuestra vida con acciones inútiles, improductivas, tediosas, deshonestas y despreciables, o bien con acciones útiles, productivas, interesantes, hermosas y nobles.

Estoy convencida de que a las mujeres no nos falta energía, capacidad, inteligencia o ganas; lo que nos falta es tiempo. El tiempo es nuestro recurso más limitado. A todas se nos conceden los mismos mil 440 minutos diarios; cómo, en qué y con quién los utilizamos es un reflejo de nuestros intereses, gustos, prioridades y valores. Es decir: en lo que invierto mi tiempo está mi atención y, donde está mi atención, estoy yo. ¿En qué lo inviertes?

MI TIEMPO

Si decido ir al festival escolar de mi hijo en lugar de acudir a una importante cita de trabajo, estoy marcando qué es más importante para mí. Si como jefa acostumbras encerrarte en tu oficina para hacer informes en lugar de escuchar a tus empleados, el mensaje es muy claro.

Esto me recuerda lo que dice Stephen Covey en su libro *Primero lo primero*: "Tenemos dos relojes, el de la pared y el interior. El de la pared representa los compromisos, las citas, los horarios, las metas, las actividades, lo que hacemos con el tiempo; el interior representa nuestros valores, nuestra misión, nuestra conciencia moral, la manera en que dirigimos nuestra vida." Estos dos relojes regulan todo lo que consideramos fundamental. Cuando la distancia entre ellos aumenta es cuando comenzamos a sentir ese pellizco en el estómago, el cual nos avisa que no estamos haciéndolo bien.

Así que valdría la pena detenernos y analizar en qué usamos nuestro tiempo.

CON QUIÉN

En cuanto a nuestras relaciones con los demás, el tiempo juega un papel muy importante. Todas hemos comprobado que entre más tiempo pasamos con las personas es más probable que nuestra relación se fortalezca. Por otro lado, el hecho de alejarnos de alguien, no hacerle caso porque estamos en el celular o en la computadora, puede ocasionar que la relación se enfríe y la persona lo resienta.

Es importante considerar también que a veces los problemas surgen cuando existe una mala interpretación de las cosas; por ejemplo, cuando un niño tiene un nuevo hermanito y siente que antes su mamá le dedicaba más tiempo. Lo mismo puede suceder si tenemos un nuevo proyecto, ya que significa pasar menos horas con el resto del equipo, de la familia o los amigos, quienes de inmediato sentirán que nos importan menos que el proyecto en el que estamos trabajando. Es probable que nosotras tengamos una explicación lógica para estos cambios de conducta: sabemos que estamos involucradas en algo importante y temporal; sin embargo, quienes nos rodean miden inconscientemente cuánto de nuestro tiempo les asignamos a ellos y cuánto a otras actividades.

El valor de nuestro tiempo varía de un momento a otro; depende de qué tantas cosas debemos hacer y cuánto tiempo tengamos para ello. Einstein, al explicar la teoría de la relatividad, decía que a un hombre, dos horas de plática con una mujer bonita se le hacen un minuto; pero pasar un minuto sobre una estufa caliente, parecerán dos horas.

Cuando carecemos de tiempo, nuestras relaciones sufren las consecuencias. Si sólo tengo 15 minutos para entregar un reporte y mi amiga llega para platicar, lo más probable es que la rechace o le conteste en forma cortante. Ella lo va a percibir como: "No le caigo bien y no quiere desperdiciar su tiempo conmigo", por ello debemos estar conscientes de esta posibilidad, si nos interesa cuidar la relación. Enfocar toda la atención a la persona con la que estamos, aunque sea por 10 minutos, puede cambiar 180 grados el rumbo de la relación.

También debemos considerar que los pequeños detalles, como acompañar a una persona hasta la puerta o ir a comer con ella, son una forma de decirle: "Me importas y por eso voy a pasar un rato contigo."

Seamos consideradas con el uso del tiempo y analicemos cómo, en qué y con quién invertimos nuestro recurso más limitado. No olvidemos que es un mero trámite decir: "A ver qué día nos vemos"; como dice el proverbio inglés: "Uno de estos días, es ninguno de estos días." Cuando en verdad nos interese estar con alguien, busquemos una fecha cercana y no dudemos en pasar un buen momento en compañía de esa persona especial.

Decidámonos a vivir en control de nuestras vidas, de nuestro tiempo, y no permitamos que nos convierta en sus esclavas. Encontremos el tiempo para hacer lo que al fin y al cabo es la vida: trabajar con equilibrio, convivir con nuestros hijos, platicar con nuestra pareja, divertirnos, encontrar la satisfacción de dar, leer, escuchar la música que tanto disfrutamos... Eso es saber aprovechar la magia del tiempo. Y eso es el verdadero lujo de hoy.

¿CUÁLES SON TUS PRIORIDADES?

Es una realidad que las mamás, por una razón u otra, cada día estamos menos en la casa. Soñamos con tenerlo todo y poder con todo; pero ¿se puede?

También es una realidad que los peligros que nuestros hijos enfrentan, especialmente los adolescentes, son mayores que hace algunos años. Y esta combinación es tan letal como la del cerillo y la pólvora.

Supuestamente, los hijos son lo más importante, lo que más queremos en la vida. Sin embargo, a la hora de tomar las decisiones cotidianas, las prioridades se confunden y fácilmente lo olvidamos.

Basta escuchar el testimonio de esta mamá quien, por años, se ha dedicado a trabajar tiempo completo sin saber que su hijo padecía adicciones:

Siento que tuve dos perros en mi vida: uno amoroso, dulce y paciente, y otro salvaje, violento y fiero. Durante años alimenté al perro malo para mantenerlo tranquilo, para que no me atacara. Sin embargo, después de un tiempo me di cuenta de que el perro bueno se estaba debilitando cada vez más. Estaba desnutrido, aislado y casi moribundo. Alimenté al perro equivocado y no me lo perdono.

Si tienes hijos todavía pequeños, estás en el momento perfecto para reflexionar y preguntarte: "¿Vale la pena estar lejos de ellos?, ¿qué tanto sé sobre lo que sucede en la vida de mis hijos?"

Cuando algo anda mal, las mujeres lo sabemos instintivamente, pero no queremos renunciar a nada o nuestra circunstancia no nos lo permite. Sin embargo, si no prestamos atención, el precio puede ser demasiado alto, porque nuestros hijos están solos. Resulta muy cómodo y peligroso recurrir al pensamiento mágico de: "Mis hijos están de maravilla... Mi adolescente es distinto a los demás." Pero, ¿en verdad es así?

Es terrible que el precio del éxito o de la realización personal con frecuencia sea renunciar al tiempo familiar, cuando la familia es la razón por la cual las mamás y los papás trabajamos tanto. ¿No es cierto?

Las actividades fuera de la casa y el trabajo nos proporcionan satisfacciones de tipo económico, intelectual y de autoestima que difícilmente podemos hacer a un lado. Es más, dudo que una vez tomado ese camino haya marcha atrás. Y no debería haberla, como tampoco deberían existir la negación y la ignorancia respecto a qué les sucede a los adolescentes en la actualidad. Preocupa que, por ejemplo —de acuerdo con un estudio realizado por la Secretaría de Educación Pública—, uno de cada cinco jóvenes se emborracha por lo menos una vez al mes. De ellos, 20 por ciento aún no cumple 14 años. Y podría llenar varias hojas con datos alarmantes sobre los jóvenes.

¿QUÉ PASA CON NUESTROS HIJOS?

Es un hecho que la pubertad y la adolescencia se han adelantado aproximadamente dos años y, por lo general, a los papás nos toma desprevenidos. Antes de lo esperado, los jóvenes empiezan a desafiar a sus papás, fumar, tomar alcohol o a imitar conductas de sus ídolos, sin una consciencia plena de su trascendencia y consecuencias.

Asimismo, la televisión e internet se han convertido en las nanas de nuestros hijos. Antes, la realidad cambiaba poco a poco; ahora no. El aumento en el consumo de drogas, la presión de grupo, el sexo presente por doquier, el acceso a las páginas porno en internet y los videojuegos cargados de violencia, son lo cotidiano.

Aunque los hijos a veces no lo aceptan, somos las mamás o los papás quienes más influimos en ellos. Por lo mismo, debemos estar cerca y saber en qué realidad viven. La educación ya no es de un solo lado; nos corresponde aprender y evolucionar con ellos, para establecer nuevas formas de relación.

A pesar de que a los adolescentes no les gusta que sus madres o sus padres se metan en sus vidas, en el fondo buscan límites, orientación y cercanía; no vigilantes, sino figuras solidarias.

NO NOS CONFUNDAMOS

Todos los niños presentan algún tipo de dificultad o problema durante su crecimiento. Muchos de ellos nada tienen que ver con la ausencia de la madre, pues de igual manera los presentan niños de mamás que no trabajan.

Por otra parte, el hecho de que trabajemos puede aportar múltiples beneficios al desarrollo de los hijos, como:

- Independencia. El niño aprende a despegarse de ti con más facilidad y a valerse por sí mismo. Esto funciona siempre y cuando no exageremos y el niño se sienta abandonado.

- Aprende a entretenerse solo y a crear un mundo interior de imaginación y fantasía.

- Aprende a socializar. Al estar en la guardería o bajo el cuidado de un familiar, el niño aprende a relacionarse con otras personas, esto fortalece su carácter.

- Eres un ejemplo. Cuando el niño comprende que mamá va a trabajar porque le gusta, porque así pueden vivir mejor y porque aporta algo a la sociedad, se crea un modelo a seguir en su futuro.

Te invito a compartir tiempo de calidad con cada uno de tus hijos: si tiene dos años, juega con él en el piso; si tiene 10, quizá lo lleves a un museo, un centro comercial, a ver una película o a un concierto; si es mayor, vayan a comer tú y él o ella solos. Procura platicar, comunicarte desde el corazón y hacerle el rato divertido.

MAMÁ: "CERRADO POR INVENTARIO"

—Abuela, me duele la panza.

—Mira, cierra los ojos; trae las estrellas del cielo a tus manos y con ellas frótate muy bien el estómago; cuando abras los ojos, verás que el dolor se habrá ido.

Esto que Angélica Luna Parra vive con su nieta de 11 años es lo que podríamos llamar un "momento mágico". Es uno de esos que atrapamos en instantes y que forman la vida.

Es cierto, las mujeres somos grandes alquimistas. Podemos convertir lo ordinario en milagroso; es nuestro poder.

Desde el inicio de los tiempos, las mujeres estamos genética y psicológicamente programadas para crear, dar y nutrir. Sabemos cuándo llegará nuestro bebé; sabemos detectar lo que una persona necesita antes de que ella misma lo sepa; sabemos cuándo necesitan relajarse nuestros esposos. Si alguien estornuda, ofrecemos un remedio; si está enojado, ofrecemos una sonrisa. Somos capaces de hacer lo que sea para hacer feliz a quien amamos. Nos gusta complacer, en especial si somos madres.

El problema surge cuando nos convertimos en benefactoras profesionales y nos olvidamos de nosotras mismas; cuando no nos damos el tiempo y la oportunidad de consentirnos, de apapacharnos.

Para las mujeres, vivir estos momentos mágicos es un asunto de sobrevivencia psicológica y espiritual. De otra manera, todas las tareas y quienes nos necesitan terminan por absorbernos y secarnos.

Necesitamos momentos de descanso, soledad, diversión, reflexión; regalarnos a nosotras mismas, aunque sea cinco minutos al día. Necesitamos recargar el espíritu para seguir dando sin resentimiento y sin llegar al borde del desmayo. Necesitamos silencio. Necesitamos escuchar nuestro propio corazón por un rato, y ningún otro. Sí, ser un poco egoístas. Sin culpa.

¡Qué difícil! ¿Por qué nos incomoda tanto darnos gusto? Sentimos que, al hacerlo, abandonamos a todo el mundo: a la pareja, a los hijos, al perro o a la amiga en crisis. Nos sentimos lo peor de este mundo al cerrar, durante una hora o por cinco minutos, la puerta del cuarto para leer; ir a una clase o escaparnos y dejar encargados a los niños. De hacerlo, pedimos disculpas y damos justificaciones: "M'hijo, no me tardo, sólo me voy un rato, cuando regrese te prometo que jugamos todo el tiempo, o te compro un helado, o..." Prometemos y hacemos lo que sea con tal de reivindicarnos y quitarnos la culpa de encima.

¿Por qué? ¿Por qué sentimos que debemos regresar el doble a cambio de un rato para nosotras mismas?

Si siempre has vivido para ser nana, psicóloga, chofer, cocinera, enfermera, maestra, geisha, limpiadora, costurera y cualquier otra cosa que se te ocurra, es muy probable que, al principio, a los tuyos no les guste mucho que empieces a darte tiempo. Quizá te lo reclamen abiertamente o te lo hagan sentir de manera indirecta. Ignóralos. Poco a poco se van a acostumbrar a respetar ese tiempo especial para ti. Incluso, una vez que vean en tus ojos el brillo recobrado y sientan cómo tu humor, paciencia y presencia mejoran, te van a apoyar.

Por ti y por tu familia, cuelga en tu puerta un letrero que diga: "Cerrado por inventario". ¿Y los clientes? No te preocupes. Cuando vuelvas a abrir, ahí estarán.

¿YO?, SÓLO SOY AMA DE CASA

"¿Profesión?", pregunta un juez muy serio a una señora. Ella, un poco cohibida, responde: "Limpiadora, cocinera, doncella, costurera, planchadora, niñera, maestra, telefonista, recepcionista, chofer, psiquiatra, enfermera, puericultora, economista, matemática, intendente, geisha sensual y amante." Con ceño fruncido, el juez le dice: "Oiga, oiga, todo eso no cabe." Resignada, la señora contesta: "Pues entonces sólo ponga 'ama de casa', es lo mismo." Esto que el caricaturista español Forges nos plantea graciosamente es el sentir de muchas mujeres.

A todos nos ha tocado ver en alguna reunión que alguien saca la pregunta "¿A qué te dedicas?" y escuchamos las orgullosas respuestas de muchas mujeres: "Tengo mi propio negocio", "soy productora de televisión", "estoy estudiando un diplomado", "soy ejecutiva de cuentas de banco." Cuando alguien nota a esa mujer que se quedó callada y le insiste: "¿Y tú?", escuchamos, en un tono más bajo de voz y con cierto dejo de disculpa: "Yo sólo me dedico al hogar." ¿Sólo? Mi querida amiga la psicóloga Julia Borbolla, en su libro *Profesión: Mamá*, dice: "Todos nos deberíamos de asombrar al escuchar ese 'sólo' si por un momento recordáramos que el ama de casa es quien dirige una empresa muy importante que se llama 'familia'. Su producción abarca nada más y nada menos a los hombres y mujeres que construirán el futuro. ¿Tú crees que habrá otra empresa más relevante que ésta? Imagínate qué sería de la sociedad sin ella y sin su directora general."

ES NIÑA...

No hay que olvidar que hasta hace pocos años, tener una niña se consideraba casi una carga. Sí, era motivo de gozo, pero había diferencias. Cuando se visitaba a la mamá de la recién nacida, no faltaba el comentario de los parientes bienintencionados: "Pronto vendrá el hombrecito, vas a ver", "ahora hay que trabajar por el niño, ¿eh?", "el apellido hay que continuarlo", y demás imprudencias. En cambio, cuando nacía un varón, ¡era motivo de fiesta nacional! ¡Sí, señor!

Incluso, en muchas culturas, como la esquimal, la china y la hindú, todavía se considera a las niñas una carga para la familia. En el momento en que nacen, las matan de forma clandestina, lo cual ha provocado la creación de fundaciones y movimientos sociales que se dedican a defenderlas.

Aunque en nuestro país no vivimos ese extremo, es poco común, sobre todo en el medio rural, que el papá se interese, juegue, converse o tenga un acercamiento de tipo emocional con su hija. Se le hace saber de manera indirecta que ella está para servir, para ayudar a su mamá en las labores de la casa y para atender, en especial, al jefe de la casa.

Esta conducta la lleva a aprender, de manera inconsciente, que por ser mujer es poca cosa o es menos importante que sus hermanos varones. Aquí es cuando cobra sentido un viejo dicho que decía la abuelita de una amiga: "El trabajo de la casa envilece, embrutece y nadie te lo agradece."

EL QUEHACER ES TRABAJO...

Todavía se vive, en muchas familias, la idea de que el proveedor, el que trae el dinero y la comida, es el que vale. Y la mujer, que se queda "sólo" a atender la casa y la familia de 12 a 14 horas diarias sin recibir paga alguna... ¡no vale! Y aquí nace ese tremendo menosprecio hacia sí mismas que continúa vigente en la mente de muchas mujeres.

A esto podemos agregar que los medios de comunicación ensalzan a las mujeres en la política, las ciencias y las artes, pero nunca hablan de las que trabajan sin horario, sin remuneración económica, sin pensión de jubilación, sin fondo para el retiro y, con frecuencia, sin reconocimiento. Simplemente, su trabajo es tan ingrato como limpiar un vidrio: si está limpio, nadie nota que se limpió; si está sucio, aunque sea sólo por la huella de un dedo, de inmediato se ve y es motivo de queja o reclamo.

Las primeras que deberíamos reconocer no sólo el "quehacer" como trabajo, somos nosotras mismas. Así contribuiremos a que los demás miembros de la familia, y el resto de la sociedad, lo hagan también.

¿TANTO HACES, TANTO VALES?

El entorno social tampoco ayuda mucho. Es un hecho que para nosotras, las mujeres, tener una actividad fuera de casa se ha convertido en una forma de medir nuestra valía personal, nuestra identidad. Qué haces, qué puesto tienes, cuánto ganas es igual a cuánto vales. Entonces, el ama de casa se siente inútil en la sociedad cuando "sólo" saca adelante un hogar.

En una ocasión, después de publicar en el periódico una columna sobre este tema, recibí un *mail* de un lector que, me parece, refleja fielmente la realidad. Ojalá más esposos valoraran así el trabajo de su mujer:

Tengo el gusto y honor de trabajar con muchas mujeres, y me consta que su desempeño en el trabajo es tan bueno o mejor que el de la mayoría de sus colegas hombres. Espero que las empresas encontremos formas de equilibrar el trabajo profesional y el familiar de esas brillantes mujeres, para seguir contando con su apoyo.

Por otro lado, quiero hacer una reflexión sobre la frase "simple ama de casa", que me parece inexacta.

Mi esposa, Elda Werner, es ama de casa. Quito el adjetivo "simple" por razones que a continuación explico:

Su trabajo comienza a las 6:00 am, hora en que manda a trabajar a tu servidor y a estudiar a nuestros tres hijos. Luego tiene que ejecutar ella misma diversas labores domésticas y coordinar una serie de servicios (ayuda doméstica, tintorería, alimentación, etcétera) para toda la familia.

Lleva a cabo los roles de maestra (ayuda a las tareas de los hijos) y tutora (monitorea el desarrollo de los niños y el mío, detecta fallas, busca apoyo en libros o en especialistas, que luego nos convence de consultar, como médicos, psicólogos, etcétera).

En el desarrollo de la familia, desempeña los roles de guardián de los valores familiares (desarrolla su propia vida espiritual y nos motiva a todos a seguir alguna porque, además, respeta las creencias de todos); es proveedora de entusiasmo en fiestas como Navidad, Año Nuevo, etcétera; funge como hija (apoya a su padre y a sus hermanos), como *coach* de su marido (porque a veces podría "aventar la toalla" sin ella) y como mediadora en conflictos.

Además administra los recursos de la familia; se asegura de obtener la mejor relación precio/calidad de lo que se consume, programa los gastos y controla el flujo de efectivo del hogar.

Aunque hay más labores, creo que con las mencionadas queda clara la complejidad de lo que hace.

Ahora, desde el punto de vista de lo que aportan a la sociedad, sólo mencionaré dos cosas: ellas son las guardianas de la calidad humana de la siguiente generación de mexicanos, y son las personas en quienes, los que tenemos la fortuna de trabajar y ganar lo suficiente como para que ellas se queden en casa, delegamos la administración de nuestra familia y en quienes buscamos la tranquilidad, para desarrollar nuestra actividad profesional. (¿Cuántos hombres, al perder total o parcialmente a su pareja, quedan por debajo de su potencial en el ejercicio de su trabajo?)

Entonces, por su contribución, quedan lejos de ser "simples amas de casa". Por ello, te pido que dediques unas líneas de reconocimiento a las amas de casa y dejemos el "simple" mejor para los "simples trabajadores" que, por desgracia, cada vez somos más prescindibles en las empresas en que laboramos.

Te mando un abrazo.

Jesús Alfonso Zúñiga San Martín,
actuario corporativo de Grupo Nacional Provincial.

Si le pusiéramos precio al trabajo de un ama de casa, sería de los más caros. Su capacitación es del más alto nivel. Lo importante es que ella misma se dé cuenta, que a sus hijos les transmita que el suyo no es un oficio de segunda, sino que es digno y de gran influencia en la sociedad. Si tú eres madre de familia y no trabajas fuera de tu hogar, en la próxima reunión que te pregunten: "¿A qué te dedicas?", con el mismo tono de orgullo que se expresan las demás di: "Soy ama de casa, ¿y tú?"

EDUCA Y DISFRUTA

LA LEY DE DEL TRUEQUE

Decía Marco Aurelio: "A tus hijos, edúcalos o padécelos". Es cierto. Si deseamos desarrollar la autoestima de nuestros hijos, debemos basarnos en una ley muy sencilla: la del trueque. Si los padres comprendiéramos esta ley a tiempo, formaríamos y no deformaríamos a nuestros hijos con nuestro gran amor.

La ley del trueque consiste en que el dar y el recibir siempre estén relacionados: si tomo más de lo que doy, mi autoestima baja. Si tomo menos de lo que doy, mi autoestima baja. Cuando recibo menos de lo que doy, también mi autoestima baja. Pero cuando recibo algo que me he ganado, mi autoestima sube. Así de fácil.

EJERCE TU AUTORIDAD SIN TEMOR

Las mamás y los papás somos las primeros maestros de nuestros hijos, pero en ocasiones tememos ejercer la autoridad. ¿Cuántas veces claudicamos frente a la insistencia de una hija y le damos un permiso que debíamos negarle? O bien, festejamos la rebeldía del pequeño de dos años ante un "no toques", cuando el niño se sale con la suya.

Muchas veces justificamos nuestro temor a educarlos: "¡Lo quiero tanto, que lo que menos deseo es que sufra!", "¡es que lo veo tan poco!", "si le digo que sí a todo, quizá me quiera más y me convierta en su mejor amiga", "no quiero que se frustre", "es que no quiero que se rompa la 'cordialidad familiar'", o "quiero que tenga todo lo que yo no tuve", etcétera. Hay una línea muy tenue que separa el papel de amiga y el de mamá; cuando por estas razones o por comodidad cometemos el error de borrarla, los confundimos y los desorientamos.

No busquemos compensar con dádivas y reblandecimiento en la disciplina el tiempo que, por necesidad, no pasamos con ellos. Eso no ayuda en nada a nadie.

Todos hemos visto cuán desagradable es un niño mal educado. ¡Claro! Siempre con ejemplos ajenos a nuestra familia. Ejerzamos la autoridad sin miedo. Aunque no lo creamos, ¡lo piden a gritos! Al decir autoridad no me refiero a obligar, presionar, mandar o imponer de manera arbitraria, sino a esa verdadera autoridad cuya etimología significa "ayudar a crecer".

Cuando marcas pautas, horarios y hábitos, haces fuertes a tus hijos y los ayudas a crecer y a convivir con responsabilidad. Nuestra obligación, antes que nada, es ayudarlos a preparar esa maleta que los acompañará en su propio viaje. Para que el equipaje vaya bien preparado, y sea útil para enfrentar los muchos y variados retos a lo largo de su vida, necesita incluir: amor, conocimientos, disciplina, valores, seguridad, fortaleza, madurez y flexibilidad. No consentimiento.

SÉ CONGRUENTE

Los valores que queremos inculcarles a los hijos sólo dejarán huella si los ponemos en práctica. El verdadero maestro enseña con su congruencia de vida: "Las palabras convencen, pero el ejemplo arrastra", dice el dicho. Nuestra cercanía, congruencia y disciplina harán que el ejemplo vaya habituándolos poco a poco. Asimismo, cualquier comentario sobre valores, soltado de forma casual, logra penetrar como gota de agua.

La buena educación es la fuente de la que emanan todos los bienes de este mundo, así que no temamos ser primero mamás y después amigas. Enseñemos a nuestros hijos la ley del trueque, para que el día de mañana lleven una maleta tan bien empacada que los haga sentirse siempre muy seguros.

Estoy convencida de que no hay niños malos, hay papás flojos o saturados de problemas o de trabajo. Los niños tienen el potencial de portarse como se les enseña y educa. ¡Y son vivísimos! Pero no depende de ellos, sino de nosotros. No tengamos miedo a educar.

Comparto contigo 10 reglas que a todos, mamás, papás e hijos, nos hacen más agradable la convivencia:

1. Premios y reconocimiento. Los mejores premios son: atención, tiempo y amor. Usa un cartón para pegar estrellas de reconocimiento, o llévalos a un lugar de su agrado.

2. Consistencia. Una vez que pones una regla, no la cambies. Asegúrate de que todos, incluyendo tu pareja, la sigan. Una regla es una regla.

3. Rutina. Pon horarios para dormir, comer, bañarse y jugar. Son la base de la estructura familiar. Una vez que se crea la rutina, puedes ser flexible de vez en cuando, y lo valoran más.

4. Límites. Los niños requieren límites. Necesitan saber muy bien qué sí y qué no pueden hacer y qué se espera de ellos. Aun cuando protestan, en el fondo lo agradecen.

5. Disciplina. Ésta es básica para que los límites funcionen. Basta con escuchar una orden y una advertencia para que los niños entiendan, sin necesidad de llegar a gritos y castigos.

6. Advertencias. El típico: "Te doy tres; uuuna, dooos yyyyyy…" para que el niño sepa que la hora de acostarse ya llegó. O bien: "Te doy permiso que vayas con tus cuates si pasas todos los exámenes."

7. Explicaciones. Para que un niño entienda las cosas hay que explicárselas en términos muy sencillos. Después, comprueba que haya entendido lo que quisiste transmitirle.

8. Control. Aunque el niño haga un berrinche de pena, tú eres la adulta. No pierdas el control.

9. Déjalos crecer. Que por sí solos obtengan pequeños logros. Esto refuerza su autoestima.

10. Juega. Es la forma en que ellos se comunican. Cuéntales un cuento en las noches. Convive más con ellos.

Querer y educar a nuestros hijos es lo más importante que podemos hacer como mamás. Dedícales el mismo tiempo y la misma energía que le pondrías a cualquier otra tarea vital para tu bienestar.

MI ESPOSO NO AYUDA

Por mucho tiempo, las mujeres hemos sido las encargadas de los hijos, y muchos hombres continúan lavándose las manos ante esta responsabilidad. Quizá también tú misma, con tu actitud, has contribuido a esta situación. Si tu esposo no comparte la responsabilidad, trata de ver cuál es la razón. ¿Qué le gusta hacer? ¿Está dispuesto a aprender? ¿Le puedes dar un libro para que aprenda? ¿Pueden tomar una clase juntos? ¿Estás dispuesta a no interferir?

Procura educar a tu esposo para que se incorpore en esta tarea, de manera que tanto el estrés como el gozo que los niños provocan, sea siempre un asunto de dos. Porque de no ser así, puedes terminar siendo una víctima y créeme, nadie te lo va a agradecer.

Confía en tu instinto natural para educar. Confía en usar el poder que tienes y recuerda que la disciplina funciona siempre y cuando haya una buena relación entre mamá e hijos.

Evita la violencia y recuerda atenderte, para que puedas atender bien a tu familia. Educa y disfruta.

¿HIJOS "PRIVILEGIADOS"?

Estoy en Ciudad Obregón. Al término de mi conferencia se acerca una señora muy amable a saludarme, Margarita Obregón de Pérez, nieta del general Álvaro Obregón. Tengo la fortuna de ser invitada al museo familiar en honor de su abuelo. La pasión con que Margarita platica su vida es contagiosa. Entre todos los recuerdos, el que más llama mi atención, no sólo por su calidad narrativa sino por su gran sabiduría, es una maravillosa carta que el general Obregón escribió a su hijo Humberto, al cumplir éste 21 años, días antes de ser asesinado en La Bombilla, el 17 de julio de 1928.

Pienso que leer esta carta debería ser obligatorio para todas las mamás y los papás que nos esmeramos en pavimentarles el camino a nuestros hijos, pensando que de esta manera serán más felices. ¡Oh error! Y como las ideas se olvidan rápidamente, la deberíamos leer a diario. Comparto aquí algunos párrafos:

Muy querido hijo:

Lo primero que necesitan los hombres para orientar sus actividades en la vida, para protegerse y defenderse de las circunstancias que les son adversas y que por causas ajenas a su voluntad convergen sobre su personalidad, es clasificarse. Clasificarse ha sido uno de los problemas cuyo alcance son muy pocos los que saben comprender; tú debes por lo tanto empezar por hacerlo y voy a auxiliarte con mi experiencia.

Tú perteneces a esa familia de ineptos, integrada, con muy raras excepciones, por los hijos de las personas que han alcanzado posiciones más o menos elevadas, que se acostumbran desde su niñez a recibir toda clase de agasajos, teniendo muchas cosas que los demás niños no tienen, y van por esto perdiendo, asimismo, la noción de las grandes verdades de la vida y penetrando en un mundo que lo ofrece todo sin exigir nada; creándoles, además, una impresión de superioridad tal que llegan a creer que sus propias condiciones son las que los hacen acreedores de esa posición privilegiada.

Los que nacen y crecen bajo el amparo de posiciones elevadas están condenados por una ley fatal a mirar siempre para abajo, porque sienten que todo lo que los rodea está más abajo del sitio en que a ellos los han colocado los azares del destino, y cualquier objetivo que elijan como una idealidad de sus actividades tiene que ser inferior al plano en que ellos se encuentran; en cambio, los que descienden de las clases humildes y se desarrollan en el ambiente de modestia máxima, están destinados felizmente a mirar siempre para arriba, porque todo el panorama que les rodea es superior al medio en que ellos actúan, lo mismo en el panorama de sus ojos que en el panorama de su espíritu, y todos los objetivos de su idealidad tienen que buscarlos sobre planos siempre ascendentes; y en ese constante esfuerzo por liberarse de la posición desventajosa en que las contingencias de la vida los han colocado fortalecen su carácter y apuran su ingenio, logrando en muchos casos adquirir una preparación que les permite seguir una trayectoria siempre ascendente.

El ingenio que no es una ciencia, y que no se puede aprender por lo tanto en un centro de educación, significa el mejor aliado en las luchas por la vida y sólo pueden adquirirlo los que han sido forzados por su propio destino a encontrarlo en el constante esfuerzo de sus propias facultades.

El ingenio no es patrimonio de los niños o jóvenes que no han realizado ningún esfuerzo por adquirir lo que se necesita. El valor de las cosas lo determina el esfuerzo que se realiza para adquirirlas y cuando todo puede obtenerse sin realizar ninguno, se pierde la noción de lo que el esfuerzo vale, se ignora el importante papel que éste desempeña en la resolución de los problemas de la vida, y el tiempo que nos sobra nos aleja de la virtud y nos acerca al vicio; y éste es el otro factor negativo para los que nacen al amparo de posiciones ventajosas.

Si tienes uno o varios hijos, estoy segura de que esta carta te ha hecho reflexionar y darte cuenta, como a mí, del grave error en el que los padres podemos caer al creer que educamos a nuestros hijos al facilitarles todo; por supuesto, movidos y cegados por ese gran amor que les tenemos.

Qué ignorantes podemos ser sobre el hecho de que al solucionarles la vida desde pequeños lo único que logramos es convertirlos en unos lindos parásitos. Que al darles todo "peladito y en la boca", llenarlos de juguetes, procurar que no sufran para conseguir algo y recibir más de lo que dan, lo único que logramos es dañar su autoestima.

¡MI VIDA, YO TE PREPARO TU ROPA, TE BAÑO Y TE AYUDO A RESOLVER EL ROMPECABEZAS QUE DEJASTE EN LA SALA!

¡YO PUEDO HACERLO!

En lo personal, leo y releo la carta del general Álvaro Obregón con la convicción de que nunca es tarde para aprender. Margarita, mil gracias por darme esta oportunidad.

LAS PALABRAS CAMBIAN VIDAS

"¿Eres tan estúpido que no puedes hacer nada bien?"

Son las 6:30 de la mañana y esperamos la salida del avión en el aeropuerto de la Ciudad de México. No he despertado del todo cuando escucho a una mamá casi gritar esas palabras a su hijo de unos siete años. Sí, estoy de acuerdo, la hora es criminal y, sin desayunar, cualquiera se pone de mal humor. Sin embargo, estoy segura de que si esta señora estuviera consciente del impacto que sus palabras causan en su hijo, pensaría dos veces antes de soltarlas con tanta facilidad.

¿Que lo dice a la ligera y sin darse cuenta? Sí, es sólo un momento y son unas cuantas palabras, pero su eco puede durar muchos años grabado en esa pequeña memoria que absorbe y guarda todo, y el día de mañana brotará en los momentos menos afortunados: "¿Eres tan estúpido que no puedes hacer nada bien?"

Las palabras son la herramienta más poderosa que tenemos como seres humanos, en especial las mamás. Nos conectan o desconectan con las personas, forman la historia —nuestra historia—, provocan guerras o inspiran a países enteros. Pueden motivar, crear, formar; y también pueden envenenar, criticar, ofender, herir o destruir. A todos nos dijeron: "Ten cuidado con el fuego"; sin embargo, sería 10 veces más útil si alguien nos advirtiera desde chicos: "Cuidado con las palabras."

¿Te imaginas que esa misma mamá, bajo las mismas circunstancias, le hubiera dicho a su hijo algo como: "Pero, ¿cómo, mi vida? Si tú siempre haces todo muy bien, ¿qué te pasó? No te preocupes, no pasa nada." ¡Qué diferente experiencia para todos!, ¿no crees?

LAS PALABRAS SON ÓRDENES PARA EL CEREBRO

Las palabras entran en nuestra mente, forman imágenes y cambian por entero, para bien o para mal, nuestras creencias y la percepción que tenemos sobre nosotros mismos y sobre los demás. Actúan como un instrumento de magia. Si a una niña le dicen que es fea, bonita, tonta o inteligente, ella va a crecer con la creencia absoluta de que así es. Sin duda alguna.

¿Cuántas de nosotras escuchamos a nuestros papás y hermanos decir que no éramos buenas para nada, para cantar o para las matemáticas? ¿Y qué pasó? Pues exactamente eso, nos lo creímos y la profecía se cumplió. Si, por fortuna, nos encontramos a alguien en el camino que nos diga y nos haga sentir lo contrario, el hechizo adverso se puede romper.

Hagamos un ejercicio: A continuación verás una palabra entre comillas. Cuando la leas procura no formarte una imagen de ella en la mente. Esfuérzate al máximo y resiste la tentación: no te formes una imagen. ¿Lista? La palabra es: "camión". ¿Qué pasó? ¿Te das cuenta de cómo hablamos con palabras, pero pensamos en imágenes? Si escuchas la palabra "torre", formarás una en tu mente. Si escuchas "Torre Eiffel", formas una imagen aun más precisa.

Ahora, ¿qué sientes cuando escuchas una de estas palabras?: destruir, enfermedad, cárcel, sufro, ruina, trampa, droga, mal, odio, tensión, corrupto, estrés, asalto, estúpido, amenaza, queja, cancelado, feo, crítica.

¿Y qué sientes cuando escuchas una de éstas?: amor, cariño, amistad, vacaciones, sí, cura, descubrimiento, amable, gracias, bien, fresco, risa, premio, belleza, logro, niño, fe, calma, juego, campeón. ¿Notas cómo el ánimo, la energía y el efecto psicológico cambian por completo?

Ahora pregúntate, ¿con qué frecuencia escuchas o dices estas palabras?

Cuando hablamos con otra persona, establecemos un intercambio de imágenes. Por eso, si escuchamos a alguien que nos refuerza positivamente con sus palabras, que habla bien de los demás o se expresa con riqueza de vocabulario, es como si le agregara colores más vivos y detallados a las imágenes de nuestra mente y, por ende, a nuestra vida.

¿Recuerdas cómo te sentiste cuando tu maestra de primaria te regresó el trabajo con un "excelente", "muy bien" o "¡felicidades!"? Esa misma magia, buena o mala, sucede con las palabras que nos decimos. Si pensamos cosas como: "Estoy gordísima", "soy una tonta", "no sirvo para nada", "me hago vieja", "duermo muy poco", "todo se me olvida" y demás, se producirá en nosotras un impacto físico y emocional que nos llevará a actuar y sentirnos de esa manera.

MASARU EMOTO

Recurro a los experimentos del doctor japonés Masaru Emoto. Gracias a sus fotografías, publicadas en su libro *Los mensajes ocultos del agua*, de editorial Alamah, el doctor Emoto demuestra el impacto que las palabras causan sobre las moléculas de cristales que se forman en el agua congelada. En una botella de agua adhirió etiquetas con palabras como "amor" y "gratitud", en distintos idiomas, y los cristales de hielo formaron unas estrellas bellísimas y perfectas. Sin embargo, la misma agua expuesta a palabras negativas, tipo: "¡Tonto!", "Me enfermas", "¡Te mataré!", formó cristales asimétricos y defectuosos.

El doctor Emoto nos invita a reflexionar sobre lo siguiente: si las palabras pueden hacer esto con el agua, imagina lo que pueden hacer con nosotros, considerando que nuestro cuerpo, como el mundo, está formado por ¡70 por ciento de agua!

Todos hemos escuchado historias maravillosas sobre las transformaciones que alguna persona ha tenido en su vida cuando alguien le dijo: "Confío en ti", "qué buena eres para esto", "naciste con estrella", o "estoy segura de que tú serás alguien importante."

Ojalá que nosotras, como amigas, compañeras, esposas o mamás, seamos esa fuente de magia en la vida de quienes nos rodean, especialmente si se trata de nuestros hijos. Recordemos lo que dice la madre Teresa: "Las palabras amables son cortas y fáciles de decir, pero su eco es verdaderamente infinito."

EDUCAR SOLA

Y tomé la determinación. No valía la pena sacrificar mi vida y la de mis hijas. Mi dignidad como ser humano, como mujer, estaba sometida sólo por una casa y la seguridad económica.

La desesperación ante la indiferencia, el no darme por vencida, el querer aferrarme a una esperanza, a una promesa de cambio... luego, de nuevo, la frustración. Cuánto tiempo perdido en discusiones, pleitos, mentiras, rechazos, agresiones verbales, ausencias.

Mil noches de insomnio me permitieron reflexionar y meditar sobre la vida que llevaba. Mi familia no existía; hacía tiempo que yo luchaba sola. Él no estaba dispuesto a ser fiel, a dejar de beber, a llevar una vida de hogar.

Consulté con un abogado y, con el permiso de un juez, un día de enero de 1981 salí de mi casa con mis hijas, dos cunas, sus juguetes y nuestras pertenencias, con unos pesos en la cartera y sin trabajo... Pero también con una enorme fe en Dios y con la sensación de haberme librado de una escafandra que me ahogaba.

EL DESAFÍO

Me ofrecieron un trabajo temporal en el área administrativa de la escuela de mi hija Adriana. Aprendí contabilidad y me quedé por cuatro años. El horario de trabajo me permitió estar cerca de mis hijas y, en las tardes, dedicarme a sus tareas y a su cuidado.

El salario no era suficiente para cubrir los gastos de mantenimiento: colegiaturas, uniformes, material, libros, pañales, comida, etcétera. Entonces, busqué actividades que me proporcionaran un ingreso y no me alejaran de las niñas. Vendí cosméticos, ropa, bolsas, café, quesos, muñecas. Mis hijas me ayudaban y acompañaban. Algunas tardes horneábamos galletas y ellas salían a vender las bolsitas a los vecinos de los edificios donde vivíamos.

Algunas amigas me regalaban ropa usada, y otra amiga generosa me prestaba el estacionamiento de su casa para hacer bazares y vender prendas de uno, cinco y 10 pesos. Recolecté periódicos y los vendí; por lo menos sacaba para la leche.

Por las tardes, después de hacer las tareas, salíamos a entregar los productos, cocinaba para el día siguiente, lavaba y planchaba la ropa, además de tender camas, sacudir, barrer y trapear. Terminaba extenuada. En el momento no te das cuenta de "ni dónde ni cómo", pero pones toda tu alma y tus fuerzas, y desarrollas algo especial que te motiva.

Siempre tuve un propósito que se convirtió en realidad: dar a mis hijas la oportunidad de asistir a una escuela con buen nivel académico, principios y valores. Era lo más valioso que podía darles y que, en un futuro, les serviría para salir adelante por ellas mismas. Y así fue: las tres tienen carrera y son profesionistas: te puedo decir que todo esto fue gracias a Dios y a que las alenté y las apoyé a ser y hacer lo mejor.

Por supuesto, tuve momentos de debilidad y dificultades que me agobiaron, y me sentaba en un sillón a llorar, literalmente, en un rincón. Una vez desahogada, me volvía a levantar. Nunca entré en ninguna depresión, no tuve tiempo.

MILLONES DE MUJERES...

La historia de Tere, querida amiga a quien siempre he admirado mucho, es como la de millones de mamás solas que se truenan los dedos en muchos momentos de la vida, especialmente en fechas clave como cumpleaños, día de las madres, Navidad, vacaciones, inicio de clases; no sólo por todos los gastos extra que traen consigo, sino porque la carga emocional y psicológica se recrudece.

¿Educar sola? Sí se puede. No es la capacidad de una mujer para sacar adelante una familia lo que admiro, sino la elección de Tere: renunciar a un horario cómodo de tiempo completo, quizá con un sueldo fijo y mayor, y optar por lo no tangible: dar la seguridad a sus hijas de sentir a una mamá cerca.

¿Fácil? No, para nada. Y la situación de cada mujer es diferente; sin embargo, valdría la pena tomar el testimonio de Tere y darnos cuenta de que la vida recompensó todo su esfuerzo y sacrificio.

PAPÁ DE FIN DE SEMANA...

Sólo es papá de fin de semana y cada 15 días recoge a los niños para convivir 48 horas con ellos. Y, claro, llega el lunes, y la mala del cuento, la que tiene que poner la disciplina y las reglas de la casa soy yo.

Muchas mujeres, como Yohana, se quejan de lo poco que su ex marido se involucra en la parte difícil de la educación. Sin embargo, puede llegar a ser un problema menor si consideramos que muchos otros ex esposos, tanto hombres como mujeres, a manera de venganza tonta se dedican a hacerle la vida de cuadritos al otro, vía los hijos, quienes son finalmente, los más perjudicados.

También hay papás maravillosos que, a pesar de la ruptura, siguen muy pendientes de sus hijos en todos los aspectos y llevan una relación cordial con la mamá. A continuación te presento las recomendaciones que me han compartido varias mamás solas.

ALGUNOS CONSEJOS PARA UNA MAMÁ SOLA

- Es muy común que, si eres madre soltera, viuda o divorciada, te sientas sola. Esto te impide liberarte de vez en cuando de la carga de responsabilidades que significa educar, poner disciplina, tomar decisiones, dar permisos, aconsejar, poner límites y demás. Por ello es muy conveniente que sigas frecuentando a tu propia familia y a la política —si es que las circunstancias lo permiten— para tejer una red de apoyo que te ayude en los distintos momentos. Después de todo, nadie va a ver a tus hijos con mayor interés que sus abuelos.

- La figura masculina es importante para el desarrollo de los hijos. En la ausencia del papá, busca que estén cerca de algún abuelo, tío, padrino o un primo mayor que sea de tu confianza.

- Evita caer en la sobreprotección de tus hijos al querer hacerle de papá y mamá al mismo tiempo. Puede ser una oportunidad para crear hijos más independientes.

- Procura explicarles a tus hijos, con toda calma, cuál es la nueva situación: si se trata de una separación o un divorcio, es mejor que, en lo posible, ambos papás estén presentes en el momento de darles la noticia. Déjales claro que ellos no tienen nada que ver en la toma de esa decisión.

- Explícales que seguirán viendo a su papá en los días acordados.

- Explícales que a lo mejor la situación económica cambiará y que entre todos necesitan cuidar los gastos y compartir las tareas de la casa.

- Evita hablar mal a tus hijos de tu ex esposo o de su nueva novia. Tampoco los uses como medio para comunicarte con él. Esto es un gran peso para ellos y, si son adolescentes, pueden manipular la información a su conveniencia.

- Si tienes hijos adolescentes, comprende el gran enojo que sentirán hacia ti y hacia su papá. Es probable que sientan celos exagerados en caso de que empieces a salir con alguien más. Es normal su desconcierto al descubrir a su mamá o papá como seres sexuados y disponibles, lo cual antes ni siquiera se les ocurría.

- Diviértete. Procúrate momentos para salir con tus amigas y amigos. Tienes el derecho a relajarte, a pasar algún tiempo con adultos, a dejar a tus hijos al cuidado de alguien y, por qué no, a iniciar una nueva relación sentimental.

- Recuerda que el bienestar de tus hijos debe estar por encima de cualquier problema entre tú y tu ex esposo. Ponte de acuerdo siempre con él para que no contradiga tus órdenes o dé instrucciones que a ti no te agradan.

TE CASAS TAMBIÉN CON LA FAMILIA

"La vida es un misterioso laberinto de causas y efectos", escribe Jorge Luis Borges. Y es cierto. Todo lo que le arrojamos a la vida se nos regresa con asombrosa precisión. Si eres generosa, recibirás generosidad. Si criticas, serás criticada; si tratas bien al otro, te tratarán bien, en fin... No quiero sonar como maestra de escuela, pero podríamos aplicar este mismo principio a las relaciones familiares, especialmente con la familia política. Los suegros bien podrían decirles a sus hijos, nueras o yernos este viejo dicho: "Como te ves, me vi y como me ves, te verás."

Laura se considera la mejor suegra del mundo. Siempre está dispuesta a cuidar a su nieto, es prudente con sus hijos, es detallista con su nuera y, cuando juega con el niño, no le importa revolcarse en el pasto y ensuciarse los pantalones. Pero su nuera simplemente no la quiere.

> Yo creo que le dan celos de que mi hijo me busque o me llame, o quizá de que cada vez que el niño me ve, corre feliz a abrazarme. No sé, pero casi no me trae a mi nieto y yo me muero, porque ese niño es mi adoración. Fíjate que le puse una palomita a todo lo que escribiste en tu artículo de "Cómo ser una buena suegra"... Sin embargo, honestamente, creo que aquí el problema es la nuera. ¿Qué hago?

No puedo dejar de pensar que, a veces, las nueras o los yernos contribuyen a mal alimentar esta delicada y compleja relación.

Gracias al comentario de Laura, me puse a investigar entre las suegras cuáles son las cualidades de las buenas nueras, así como los principales motivos de desavenencias que, de evitarse, harían que la convivencia fuera mejor. Porque sí, cuando te casas con tu pareja, te casas también con su familia. Y por el bien de todos, lo mejor es aspirar a tener una maravillosa relación de familia y no sólo conformarnos con llevar la fiesta en paz.

CONSEJOS PARA LAS NUERAS:

Sé pareja. Procura ser equitativa en todo: por ejemplo, que el tiempo que permites que tu hijo conviva con tu suegra sea equivalente al que permites que pase con tu mamá. Procura alternar las comidas de los domingos, las navidades, las vacaciones: una vez con mis papás, una vez con los tuyos. Sé pareja con los regalos que haces a ambas madres. Nada de que el caro y bonito para mi mamá y el feo para mi suegra. Equilibra la atención que tus hijos dan a sus abuelos. Iguala la cantidad de fotos que pegas en los álbumes. "Gaby, a la hora de ver las fotos del bautizo de mi nieta, nos dimos cuenta de que... ¡ni siquiera pusieron una nuestra!", me contaba una suegra. Piensa que el beneficio va directo a tu hijo. Entre más cariño lo envuelva, crecerá más seguro de sí mismo. Los niños aprenden lo que ven, así que como ellos vean que tratas a los demás te tratarán a ti cuando sean grandes.

Evita encelarte. Comprende que el amor que tu esposo le tiene a su mamá es completamente diferente al que siente por ti. ¡No son comparables! Al contrario, si él está pendiente de su mamá y la llama o la visita, agradécelo porque significa que te casaste con un hombre sensible y cariñoso. En el corazón caben todos los afectos.

Sé prudente. Está bien que, de vez en cuando, le pidas a tu suegra que cuide a los niños; sin embargo, no hay que abusar. Sería un buen detalle que, cuando te haga el favor, le des las gracias con algo que sabes que le gusta. "¡Cómo me gustaría que mi nuera me hablara para pedirme un favor, para cuidar al bebé o para darme las gracias! Todo es a través de mi hijo", se queja otra acongojada suegra. Y, para variar, recuerda que también sería agradable que invitaras a tus suegros a salir.

Muérdete la lengua. Si sólo siguiéramos esta recomendación, nos ahorraríamos miles de problemas. Procura no decirle a tu marido cosas desagradables de su familia; si acaso surge una dificultad, no triangules, es mejor hablar las cosas directamente y con mucho respeto. Asimismo, si te enojas con tu pareja, no se lo platiques a tus papás, porque el enojo se te va a pasar con el primer cuchi cuchi, pero es posible que tus papás se queden enganchados en el disgusto con tu esposo por mucho tiempo.

No te hagas de la vista gorda. Cuando lleves a los niños a casa de los abuelos, ponles límites. Evita que rayen las paredes, pinten los sillones o den vueltas a la mesa del comedor haciendo ruido con un silbato. Hay papás que parecen no darse cuenta, o ser indiferentes a las molestias que ocasionan sus hijos.

Sé solidaria. Como nuera, vas a acompañar a tus papás y a tus suegros en varias etapas de su vida, hasta su vejez. Es probable que cada vez tengan menos actividades y que necesiten más de tu atención, de tu tiempo y tu paciencia para visitarlos, acompañarlos al médico y demás. Recuerda que su vida gira alrededor de sus hijos y nietos. Dales gusto y hazlo con generosidad.

Aprovecha. Si te toca vivir con tu suegra, tienes la oportunidad de ganarte el cielo en la tierra; no la desperdicies. Lo mejor es establecer reglas muy claras de convivencia, para beneficio de todos.

¡Gánate a tus suegros! El amor es el motivo más sólido de unión. Las relaciones siempre son un juego de dos. Nobleza llama a nobleza. Recuerda que la vida es un misterioso laberinto de causas y efectos, y todo lo que arrojamos a la vida regresa con asombrosa precisión.

QUINCE REGLAS PARA SER UNA BUENA SUEGRA

—Manolo, ¿de dónde vienes?

—Del cementerio, de enterrar a mi suegra.

—Y, ¿por qué vienes tan triste?

—Es que me ha dicho el cura que en la otra vida nos volveremos a encontrar...

Epitafios para la suegra: *"Aquí yaces, yaces bien, tú descansas, yo también"*, *"Señor, recíbela con la misma alegría con la que yo te la mando."*

En casi todas las historias, la suegra sale muy mal parada; y sí, con sus honrosas excepciones, sólo escuchar la palabra "suegra" nos da terror.

No obstante, como cada día más mujeres trabajan, están más ocupadas y tienen menos tiempo de meterse en la vida de los demás, me atrevería a decir que el problema de las malas suegras tiende a ir a la baja.

El otro día, en una despedida de soltera, escuché que le decían a la novia: "Si un día tu mamá te da un consejo como: 'M'hijita no laves los sartenes con fibra porque se les cae el teflón', o 'antes de desvenar los chiles sumérgelos en agua caliente', dirás: 'Qué linda mi mamá'. Pero si te lo dice tu suegra, seguro pensarás: '¡Qué vieja tan metiche!'"

La buena relación entre suegra y nuera, o yerno, depende de ambas partes; y esto es, sin duda, un factor importante en la felicidad del matrimonio.

En esta delicada relación hay presiones naturales. La sensación de pérdida para los papás es inevitable y muchos no saben cómo manejarla. Hay que aceptar que después de la boda las cosas cambian, que aparecen nuevas reglas del juego y que los papás ya no tienen los mismos derechos que antes.

A CONTINUACIÓN VEREMOS LAS 15 REGLAS DE CÓMO SER UNA BUENA SUEGRA:

1. La primera y más importante recomendación: tú debes estar ahí para disfrutar, florear, ayudar, y nunca para contar cuánto gastan, cuánto tiempo dejaron a los niños solos, dónde van o por qué se van de viaje otra vez. En pocas palabras, no te metas.

2. Siempre haz sentir que las puertas de tu casa están abiertas para tus hijos, nueras, yernos y nietos, a cualquier hora del día y en cualquier momento. Y si ves que los niños se suben al sillón con las manitas llenas de chocolate, hazte de la vista gorda. Ya lo limpiarás después. Lo importante es que se sientan a gusto en tu casa y siempre quieran volver.

3. Evita llamarles por teléfono. Cuando te hablen, no les reclames que hace una semana no sabes de ellos. Siempre manda saludar a su cónyuge.

4. Jamás se te ocurra presionar para que tengan un bebé. Si ya tienen uno, no insinúes que es hora de tener el segundo o el tercero.

5. No tomes decisiones por ellos, del tipo: "Este fin de semana les caigo a su casa", o "ya escogí el moisés del bebé".

6. Sé prudente. Por más ganas que tengas de opinar, de corregir, de decir lo que no te parece sobre cualquier tema que tenga que ver con ellos o sus hijos, aguántate y quédate callada. Sobre todo, evita comentarios del tipo: "Te veo repuestita", o "con un vestido negro te verías más delgada".

7. Si durante el embarazo tu nuera tiene molestias, hazla sentir que es la primera mujer que va a dar a luz en el mundo. Evita minimizarla y decirle: "¿A eso le llamas pies hinchados? Eso no es nada en comparación con lo que yo pasé… ¡Ésas sí eran molestias!"

8. Procura ver siempre lo positivo en tu nuera o yerno. Jamás critiques lo que hace: cómo cocina, cómo educa a sus hijos y, sobre todo, haz que sienta tu apoyo en todo.

9. Si tienes más de un hijo casado, siempre sé pareja con todos, especialmente si ya tienes nietos.

10. No seas de las personas que se sienten por todo, porque sólo construyes tu propia cárcel. Olvida y perdona cualquier imprudencia. La vida es muy corta y te buscarán con más gusto.

11. Nunca contrapuntees a tu hijo o lo uses como intermediario, por ejemplo: "Te hablo a la oficina porque con eso de que tu esposa nunca está en su casa." Eso sólo acrecienta los problemas.

12. Cuando te inviten a comer a su casa y tu nuera te sirva el plato favorito de tu hijo, que a ti por supuesto te sale mejor, no le digas: "Está muy bueno, pero… te voy a dar la receta correcta."

13. Jamás des consejos, ni para bañar al bebé, ni para amamantarlo, ni sobre cómo poner una mesa o decorar la casa.

14. Si un día notas que están enojados y tu hija o hijo acude a ti para quejarse, procura ver el lado bueno del otro y apóyalo, de otra manera ten la seguridad que estarás contribuyendo a que las cosas empeoren.

15. Para concluir, haz el papel de bruta: ni ves, ni oyes, ni entiendes… Tú nada más sonríe.

Si te cuesta trabajo llevar a cabo alguna de las recomendaciones anteriores, sólo piensa que tu mayor deseo en la vida es la felicidad de tus hijos. Las suegras somos una parte importante en sus vidas y podemos enriquecerlas o hacerlas miserables. Equilibrar las propias necesidades con las de otros no es fácil, pero la armonía familiar que se crea y el gusto con que nos recibirán, siempre valdrá la pena.

ADOPTAR UN HIJO

—Mami, yo quería nacer de tu panza —le dijo Lorena, de 10 años, a su mamá adoptiva.

—Yo también quería, mi vida, pero naciste de mi corazón.

—¿Sabes, mami? Si Dios me diera la oportunidad de regresar al Cielo y escoger en dónde nacer, si en la panza de otra mamá o ser tu hija adoptiva, escogería ser tu hija adoptiva.

Carolina me platica este diálogo entre ella y la mayor de sus cuatro hijos adoptivos. Puedo constatar que han formado una familia tan normal y bonita como muchas otras.

Es un hecho que la infertilidad va en aumento en el mundo. Se calcula que entre nueve y 12 por ciento de las parejas no pueden concebir naturalmente. Las razones son muchas, pero mi intención es invitar a estas parejas a que piensen en la adopción como una maravillosa posibilidad de formar una familia.

Además de haber vivido de cerca la adopción, entrevisto a varias parejas que un día tomaron esta decisión. Escucho y me contagio del amor con que cada pareja me cuenta su historia:

Cuando te casas —me platica Carolina— piensas que vas a tener a tus hijos como cualquier pareja. Pasa el tiempo y no puedes encargar un bebé. Llena de esperanza, con tu esposo visitas médicos, yerberos, monjitas que dicen que con una bendición te embarazas; te sometes a tratamientos lentos, caros y dolorosos, ¡y bueno!, hasta vas a bailar a Chalma. Y, para colmo, no falta la clásica pregunta en la comida del domingo: "¿Y cómo van con el embarazo? ¿Ya mero?"

Hasta que un día, con enorme dolor y resignación, aceptas la cruda realidad: ese sueño que tienes no se realizará. La palabra "adoptar" está muy lejana; no te imaginas que ese verbo forme parte de tu vida. Y si lo piensas, de inmediato lo descartas, porque sólo te viene a la mente lo negativo y no lo positivo: "Con tanta droga, alcohol y enfermedades que hay ahora, ¿para qué nos arriesgamos?" Ya sabes, la imaginación siempre es la loca de la casa.

Sin embargo, la pregunta que con más frecuencia te haces es: ¿Lo querré? Así que te paralizas. Y eso es lo peor, ¡desperdicias tanto tiempo! ¡Es absurdo! Porque pueden pasar cinco y 10 años de una vida que no vuelven, antes de que tomes la decisión. Y piensa, ¿cuántas parejas se quedan sin formar una familia, acompañados de un perro o dos gatos, sin saber de la maravillosa oportunidad que se están perdiendo?

Un día, después de varios años —me platica Francisco— María y yo hicimos una lista de pros y contras, así como una ruta crítica de las diferentes etapas. Decidimos adoptar una niña. La premisa más importante fue: "Vengan de donde vengan, tus hijos son prestados." Los tienes por un rato, con la obligación de amarlos y hacerlos hombres y mujeres de bien. Además, nadie te garantiza que tu propio hijo nazca sano, guapo y sin genes raros de algún antepasado. No le dijimos a nadie nuestra decisión, para evitar la presión de: "¿Qué onda? ¿Ya mero?"

Pasó un largo año en que tuvimos que pasar por miles de trámites tortuosos y burocráticos. Se requiere mucho valor y estómago para llevarlos a cabo. Por fin, un día nos hablaron y nos dijeron: "Ya son papás, vengan en una hora a recoger a su bebé." No lo podíamos creer. ¡Fue la locura! ¡No te imaginas! Te invaden miles de sentimientos: felicidad, angustia, curiosidad, incertidumbre, alivio. Una sensación indescriptible...

En el momento que tuvimos a esa bebé en nuestros brazos, nos soltamos a llorar de felicidad y dimos gracias a Dios. A partir de ese momento, no era sólo una bebé, era nuestra hija. Nos invadió una enorme ternura, amor, felicidad y sentido de protección.

Desde entonces han transcurrido 12 años, durante los cuales adoptamos otra hija y somos una familia normal y feliz como tantas.

RECIBES MÁS DE LO QUE DAS

"¿Cuesta trabajo adoptar a un bebé?", pregunto a las parejas.

—Sí, emocionalmente, ¡claro que cuesta mucho trabajo! Sin embargo, recibes más felicidad de la que te imaginas.

—Primero descubres que dentro de ti hay un caudal de amor guardado, que ni siquiera sabías que tenías. Cuando llega ese bebé, segundo a segundo te asombras de cuánto amor puedes dar.

—Valoras más el ser mamá, por el trabajo que te costó. El día que por primera vez escuchas: "Má", te das cuenta de lo que esas dos letras significan. Es un sentimiento indescriptible.

—Aprendes mucho de tus hijos, en todos los sentidos. Son tus críticos más fuertes, te ponen en tu lugar, te hacen ver cuando exiges cosas que tú no das.

—Te dan la oportunidad de trascender, porque ese niño va a florecer dentro de una familia, en lugar de terminar, quizá, abandonado, como un niño de la calle o un delincuente.

"¿Qué les dirían a las parejas que no se han animado a adoptar?", agrego.

—Que es normal tener miedos. Pero una vez que te decides, tienes una gran paz. Que no se preocupen; quieres a tu hijo igual o más que a uno biológico.

—Que se den la oportunidad. Que no lo hagan por caridad, sino por ellos mismos. Recibes mucho más de lo que imaginaste.

—Que estarán orgullosos de haber tomado la mejor decisión de su vida.

—Que hay 35 mil niños en nuestro país que esperan una familia.

—Yo simplemente les diría: "¡De lo que se pierden!"

Si quieres datos de lugares serios, para adopción, aquí te proporciono algunos:

ASESORÍA PARA ADOPCIÓN

- Aurora González Celis
  aurora@mejoresfamilias.com.mx
  01 (55) 54 21 31 99 y 56 19 70 72

- Sistema Nacional para el Desarrollo Integral de la Familia (DIF)
  01 (55) 30 03 22 00, ext. 6703 Lic. Diana de Jesús Pacheco
  www.dif.gob.mx

- Vida y Familia
  01 (55) 55 62 43 13 , 55 62 46 91 y 55 72 36 22
  Sra. Susana Ballina
  044 55 27 28 36 02
  www.vifac.org.mx

- SEDAC "Quinta Carmelita"
  01 (55) 55 68 83 72

- Servicios, Educación y Desarrollo a la Comunidad IAP
  01 (55) 54 89 16 83, 54 89 17 08 y 56 76 16 84
  www.sedac.org.mx

- Instituto de Capacitación Familiar Nueva Vida A.C. (ICF)
  01 (55) 56 62 27 61, 044 55 26 83 57 42
  www.mejoresfamilias.com.mx

- Hogar y Futuro
  01 (55) 58 10 29 51 y 58 10 29 52

- Yoliguani
  01 (55) 52 51 85 86 y 52 51 48 29
  www.yoliguani.com

- Fundación Colosio
  01(55) 52 82 33 03 y 52 82 02 85

- Tiempo Nuevo
  Guadalajara, Jal.
  01(33) 36 16 42 83

- VIFAC
  01 800 36 22 07
  nacional@vifac.org.mx
  www.vifac.org.mx

- FILIOS
  Monterrey, N.L.
  01(81) 83 87 64 26
  www.filios.org

VIVIR EN EL LÍMITE Y EN LA FRAGILIDAD: HIJOS CON DISCAPACIDAD

El nacimiento de un hijo con alguna discapacidad es un reto mayor que a algunas mujeres, más de las que quisiéramos, les ha tocado vivir.

Es cierto. Todos huimos del dolor. Cerramos los ojos y nos tapamos los oídos, especialmente ante la discapacidad. Como si al voltear la cara, desapareciera la realidad o nuestra vulnerabilidad. Nos da miedo pensar en la posibilidad de a que alguno de nosotros o de nuestros seres queridos le suceda algo así.

Con frecuencia nos engañamos al creer que la felicidad viene de las posesiones, de las cosas materiales y de logros personales, sin darnos cuenta que un niño con discapacidad nos da un gran regalo: sacar lo mejor de nosotros mismos. Estoy convencida de que es su misión en el mundo. Son como pequeñas luciérnagas que nos dan una referencia de luz, que a su manera nos invitan a seguirlos para no perdernos en la oscuridad.

Este testimonio es de una querida amiga a la que el nacimiento de un niño especial, un niño con parálisis cerebral, cambió por completo. Enriqueció su vida, así como la de toda su familia.

Desde que Carlitos nació nos convertimos en buscadores incansables. Lo seguimos siendo desde hace 22 años. Carlitos fue prematuro, al nacer pesó 680 gr. Es increíble que sobreviviera; pasó los primeros tres meses de vida en incubadora.

La llegada a la casa sin bebé fue muy triste. La sensación de estar en recuperación del parto pero sola, y salir dos veces al día al hospital a verlo, acariciarlo y dejar la leche para que se la dieran mediante sonda, para que así creciera poco a poco, fue muy difícil.

A los 15 días de nacido, a Carlitos le dio un derrame cerebral; tuvo muchos problemas respiratorios, pero el doctor no mencionó que esto pudiera dejar alguna lesión cerebral. Para nosotros no pasó de un gran susto.

Cuando al fin nos lo entregaron, estábamos felices, con muchísimas ilusiones de volver a la vida normal. Con el tiempo nos dimos cuenta de que su desarrollo era muy lento, hasta que finalmente, después de ver muchos doctores y hacerle estudios, nos dieron el diagnóstico: tenía parálisis cerebral.

Al recibir la noticia no sabíamos qué hacer. Estábamos impactados, tristes, con miedo e incertidumbre, pues entrábamos a un mundo totalmente nuevo, en el que conocimos la impotencia, pues no teníamos ningún control.

Al principio todo se nubla; me acuerdo que veía todo como con un filtro. Parecía increíble que la vida siguiera como si nada, mientras mi mundo se desmoronaba. Empezamos a vivir como en un sube y baja: cuando pensábamos que estábamos arriba y estables, de pronto venía una fuerte bajada que nos regresaba a la incertidumbre y al miedo.

Mi estado de ánimo y el de toda la familia dependía de cómo estuviera Carlitos; si tenía calentura, bronquitis, neumonía, flemas, si quería comer, etcétera.

Nos la pasábamos en el hospital, hasta que fuimos comprando el equipo necesario para atenderlo en casa. Y para que tuviera mejor calidad de vida, nos fuimos a vivir a Cuernavaca.

LOS RETOS

Empezamos a vivir en el filo, en el límite, y a tocar la fragilidad. En el centro de rehabilitación conocimos a otros niños con alguna discapacidad; al estar con ellos y sus familias, todo se llenó de ternura. Los valores y todo lo cotidiano dieron una vuelta, hasta que se acomodaron de forma diferente. Las expectativas que teníamos acerca de tener un hijo cambiaron totalmente, pues eran inciertas.

Nos enfrentamos a nuevos retos: las enfermedades, los problemas físicos causados por la parálisis, también escoger a los doctores por su gran corazón, para tener un buen equipo que nos apoyara, se interesara por Carlitos, y pensara como nosotros.

Otro gran reto fue que al mudarnos, ahora a Querétaro, no encontramos el centro de rehabilitación adecuado para Carlitos, por lo que nos unimos a otros papás para poner una escuela en donde los niños con parálisis cerebral recibieran todas las terapias, hicieran amigos y tuvieran un espacio propio.

La escuela ha sido toda una aventura, desde aprender a recaudar fondos y hacer festivales, hasta lo más emocionante y conmovedor, que es convivir cada día con los niños, conocerlos, tocarlos, ver sus logros, por pequeños que sean, conocer a sus mamás, la historia que hay detrás de cada una de ellas, lo valientes que son y hasta dónde son capaces de llegar por sus hijos... Se vive diferente, con solidaridad; se habla el mismo idioma, las tristezas y alegrías de una se vuelven las de todas.

Se aprende a apreciar los regalos del dolor.

Carlitos es un luchador; ha luchado y ha roto expectativas desde el primer día de su vida. No se murió cuando nació. A los pocos meses de nacido nos reconoció, nos reconoció y sonrió, demostró que nada es tan serio y en la mayor adversidad de pronto se oye su risa; en hospitales ha demostrado un valor increíble en todas sus operaciones, aparatos y terapias; le saca la lengua a los doctores, le sonríe a las enfermeras y a las visitas que quiere.

Se volvió el centro de la familia; quiere muchísimo a sus hermanos, nos gana a todos; quien pasa por su vida experimenta un cambio por un momento o más; su vida se ve tocada por el más grande y puro amor, y se lleva el regalo de una gran sonrisa.

Ya manda besos a la gente con la que se quiere; a sus 22 años le gustan las niñas y salir con gente de su edad.

Le dio un nuevo sentido a nuestra vida: trascender y finalmente cambiar el "¿por qué?" en un "¿para qué?"

¿QUÉ PASA CUANDO NACE UN NIÑO CON NECESIDADES ESPECIALES?

Al principio todo se enfría, se siente un hoyo en el corazón. Las dudas son las que más angustian; el miedo, no saber qué hacer, la falta de información por parte de los doctores, terapeutas, etcétera.

La incertidumbre de no tener un diagnóstico claro, no saber qué pasará con el bebé, hasta dónde llegará en su desarrollo, cuáles son las opciones de tratamiento, en dónde se pueden encontrar y demás.

Se pueden llegar a hacer tratos con Dios: "Si mi hijo camina, yo dejo de fumar, rezo, hago caridad" y lo que se te ocurra.

Hacemos una búsqueda extenuante de soluciones mágicas, desde ir a ver sanadores, charlatanes, buscar milagros y todo lo que nos ofrezcan; búsqueda que daña, pues nos llena de ilusiones para caer después en el dolor y la frustración de por qué no funcionó.

Es por eso que es muy importante y saludable la aceptación, para estar en paz con nosotras mismas y empezar a buscar opciones realistas. Nosotras somos las que les podemos dar las mejores terapias, pero son ellos, de acuerdo con su condición, los únicos que las pondrán en práctica.

Nuestro hijo es primero un niño y después un niño con necesidades especiales; es "una persona"; su calidad o valor no están determinados por su anatomía ni condición física. Tiene necesidades y derechos propios. Nosotros, como papás o mamás, debemos apoyarlos y estar presentes cuando nos necesiten.

No existe una guía para saber qué hacer paso a paso; cada día es diferente y siempre contamos con la intuición y con la seguridad de que amamos y conocemos mejor que nadie a nuestros hijos.

Algo muy importante: hay que cuidar sus necesidades, pero también las nuestras como personas, como pareja, como padres, y las de los demás miembros de la familia.

Nuestra fuente de fortaleza es el tiempo que pasamos con nuestro hijo. Esa cercanía, de corazón a corazón, ese apapacho, esa cálida relación que se establece y nos da el amor para seguir juntos hacia delante.

Cuando hables de tu hijo, empieza a describirlo por lo que sí hace: te ve, sonríe, es cálido; ya después menciona sus limitaciones. De la aceptación y el amor que mostremos dependerá la actitud que tendrán los demás hacia él.

Lo más importante es saber que no estamos solas; hay muchos padres dispuestos a ayudar y a acompañar. Desde el momento en que como mamá recibes la noticia, te vas a sentir entendida y vas a encontrar personas que "hablan el mismo idioma".

Cuando contribuimos de alguna forma a que su vida sea un poco más llevadera, la vida nos compensa con esa felicidad que brota de lo más profundo del ser humano.

Si tuviéramos la valentía de sentir el pesar ajeno como propio, aunque fuera por unos minutos, recibiríamos una lección de vida que no tiene precio. Sentiríamos ese tipo de dolor que permanece ahí, callado, profundo, presente, y que, al mismo tiempo, misteriosamente, vivifica el alma.

UNA HIJA ADICTA: "NO CONTABA CON ESO..."

Cuando te enteras de que tu hija es adicta, te entra un gran enojo, una gran vergüenza; sientes que no te lo mereces.

Cuando lo enfrentas, suele haber dos reacciones: el problema parece muy grande o tiendes a minimizarlo, ya que tu hija, al igual que tú, están enfermas.

Esto me platicó Pata, querida amiga de toda la vida, mamá de Regina, a quien entrevisté en la investigación sobre adolescentes para los libros *Quiúbole con...* Regina en apariencia lo tiene todo: familia, hogar, un buen colegio, muchos amigos, popularidad y una cinta negra en karate, como muestra de su facilidad para los deportes. En fin... la vida perfecta.

Fue ahí que, como madre, me pude dar cuenta de lo lejos que podemos estar de la realidad de nuestros hijos. De lo ignorantes que somos de su mundo.

Regina ha publicado su testimonio en el libro *Girando en un tacón* y ha sabido convertir una experiencia amarga y dolorosa en un motivo para encontrarle sentido a la vida y ayudar a los demás.

Pensé que mis hijos cuates eran iguales —me dice Pata—. Cuando descubrí la adicción de mi hija, Regina, me enteré de que tiene casi 13 años consumiendo drogas. Siento que la vida se me acaba, me invaden la rabia y la impotencia; no sé qué hacer. Yo no contaba con eso en mi vida.

La noticia se convirtió en un gran dolor. Poco a poco, los veintes me fueron cayendo; sus dolores de cabeza, su intolerancia, esas llamadas por teléfono de no sé quién a toda hora; ese no tener una explicación clara para todo lo que hacía.

Hoy, estoy segura de que Dios no deja a sus hijos. Acudí a una clínica para adicciones, para saber de qué manera manejaríamos esto.

"Una hija mía no puede ser una adicta", me repetía; yo tenía una vaga expectativa de que me dijeran: "Lo que tiene su hija es parte de la adolescencia", aunque mi hija tenía 27 años y ya no era adolescente; era toda una mujer con pleno conocimiento de lo que estaba haciendo.

Así conocí la enfermedad de la adicción. Aprendí a no culpar, sino a hacerme responsable de la parte que me tocaba.

Cuando mi hija empezó el consumo, siempre se aislaba. Empezó a tener amistades que no frecuentaban la casa, que no conocíamos. Así se fue abriendo en la relación este hoyo que se convirtió en abismo.

Nosotros no queríamos ver y ella tapaba bien las cosas. Finalmente, se fue de la casa a vivir con unas amigas. Su vida tan alocada y llena de vaivenes emocionales la llevó a consumir, me duele decirlo, casi a diario.

Para entonces Rodrigo, su hermano gemelo, que vivía en Buenos Aires, regresó. Le pedimos que viera el comportamiento de Regina. Dolorosamente nos confirmó lo que tanto miedo teníamos de saber.

Hoy, le doy gracias a Dios y a Regina por esta gran oportunidad de crecimiento. El haberse internado y el tratamiento posterior de las dos, al cual todavía asisto, me ha dado una nueva forma de vida. Me ha permitido crecer y desarrollarme como mamá y como pareja.

Después de cinco semanas de estar internada y dos años de estar limpia, mi hija ha encontrado un sentido a su vida. Ahora tiene una fundación en la que ayuda a mucha gente que, como yo, tiene una gran necesidad de que le digan cómo es ese mundo desconocido para los papás y en el que sólo entran los hijos.

He aprendido que la vida la escribimos los seres humanos; el guión es nuestro y el futuro depende del presente que vivimos. Sí se puede replantear la vida; está en mí y en nadie más. Sólo yo puedo crear mi felicidad.

Gaby: ¿Qué le recomendarías a las mamás que sospechan la adicción de sus hijos?

Pata: Ya sea que sospechen o les haya quedado claro, les recomiendo que pidan ayuda a centros especializados para adicciones; que asistan a grupos para codependientes anónimos. No hay manera de salir solos. Siempre se necesita ayuda. Las adicciones hacen a las personas mentirosas y manipuladoras. La falta de conocimiento nos hace caer en un juego del que es muy difícil salir. Pienso que tenemos que ver qué pasa con nosotras y, después, qué pasa con los que viven alrededor nuestro.

CERCANÍA, ES LA CLAVE...

Te invito a que, como madre, te informes sobre lo que son las drogas, sus efectos y por qué los jóvenes pueden consumirlas. Evita recurrir al pensamiento mágico de: "A mí no me va a pasar", o bien: "Mi hijo es distinto a los demás." Eso mismo han pensado la mayoría de las mamás de jóvenes adictos.

El mejor escudo de protección que podemos darle a nuestros hijos contra el creciente consumo de drogas se compone de amor, cercanía, interés por sus cosas, escucharlos e interesarse en sus vidas.

Infórmate, para que puedas entablar conversaciones con tus hijos respecto al tema y para que respeten tu opinión, al darse cuenta de que sabes de lo que estás hablando. Puedes comenzar con los libros *Quiúbole con...* y *Quiúbole con... para hombres,* en los que expertos en el tema, así como jóvenes con adicciones, nos dieron su testimonio.

"MAMÁ, PAPÁ: SOY GAY"

Ser madre no siempre es fácil, o más bien, yo diría, nunca es fácil. Quienes lo somos lo sabemos. Desde el momento de la gestación, en nuestro vientre comienza ese camino lleno de sorpresas que nunca termina. Movidas por un enorme y apabullante amor, nos convertimos en mujeres invencibles, que hacen y enfrentan lo que sea en aras del bienestar de nuestros hijos. Y al decir "lo que sea", estoy segura de que cualquier mamá coincidirá conmigo en que es en verdad un "lo que sea", de corazón.

Sin embargo, hay situaciones en la vida más difíciles de torear que otras. Una de ellas es cuando te toca escuchar en voz de uno de tus hijos o hijas un: "Mamá, papá: soy gay."

Durante la investigación para los libros *Quiúbole con...* conocí a una maravillosa mujer a quien le tocó escuchar, de su única hija, esa frase inesperada e incomprendida en el momento. Después del golpazo, ¿qué decidió hacer?: levantarse, aceptar a su hija como es, comprender que su orientación sexual no le quita ni le agrega nada como persona, ni al profundo amor que como madre le tiene. Y fundar un grupo de padres en la misma situación para brindar asesoría, apoyo y comprensión.

Mi esposo y yo nos quedamos helados al escuchar la noticia —me cuenta Miriam—, las piernas no me respondieron y me desplomé en el sillón. El corazón me dejó de latir. No podía respirar.

El tiempo, literalmente, se detuvo. Nos encontramos cara a cara con una realidad que nos rebasó. Eso le pasa a los demás, ¿por qué a nosotros? Ni siquiera entiendo bien de qué se trata. "Quiero decirles que soy lesbiana." La frase dio vueltas en mi cabeza y se repitió interminablemente.

¿A qué hora? ¿En qué fallamos? ¡Qué dolor! ¿Qué va a decir la gente? ¿Cómo lo enfrento con mi familia? ¿Y con mis amigos? Ya no se va a casar. ¿Y los nietos? Mi esposo, furioso, lanzó todo lo que estaba a su alcance contra las paredes. Los sueños acerca del futuro de nuestra hija se esfumaban.

Yo presumía de conocer bien a mi hija. Le dije: "¿Estás segura? ¿Quién te convirtió?", al tiempo que reconocía su valor para decirlo. Durante ocho días no salí de mi recámara. No podía dejar de llorar.

Después de un doloroso camino, decidimos fundar un grupo de padres, con los que compartíamos la misma situación. La ayuda y la información que hemos recibido nos permitieron aceptar lo inevitable y reemplazar la imagen que teníamos de nuestra hija con una nueva. Sí, diferente, pero que nos hizo rescatar la comunicación con ella, debido al gran amor que le tenemos.

El testimonio de Miriam puede ser el de muchas madres del mundo. Sucede más de lo que nos imaginamos o queremos aceptar.

De acuerdo con el sexólogo Luis Perelman, la Asociación Mundial para la Salud Sexual calcula que alrededor de seis por ciento de la población mundial es gay. Sin embargo, otras estadísticas calculan que el porcentaje puede ser mayor, debido a la cantidad de personas que no se atreven a revelar sus verdaderas preferencias sexuales. Esto quiere decir que una de cada cinco familias tiene un miembro gay o bisexual entre sus integrantes.

"Hasta ahora —continúa Perelman— todavía no se sabe si la homosexualidad es de origen genético, hormonal o si tiene que ver con algo durante la gestación. Lo que sí se sabe es que no es algo que eliges, no es una enfermedad y no se contagia. Y está protegida por las leyes de no discriminación."

"Mis pacientes me dicen: '¿Cómo es que soy así? Si siempre he escuchado que ser homosexual es terrible, es como el demonio, que ser marica es lo peor de lo peor'. Mucha gente quisiera quitárselo y esconderlo."

Cuando la sociedad ridiculiza esta condición, lo hace mediante chistes, expresiones despectivas, caricaturas. Así, un joven o una joven que sabe que es homosexual sufre mucho y dice: "Yo no soy eso. Ahora, ¿cómo salgo?" El conflicto y la culpa que viven muchas veces los lleva a distanciarse de sus papás, a cultivar odio hacia ellos mismos, a la drogadicción, al alcoholismo o hasta el suicidio.

Todo lo que los papás sienten al recibir una noticia tan fuerte es natural. Viven una gran pérdida, un duelo. Incluso muchos papás piensan: "¿Por qué nos lo dijo?" Preferirían vivir en la negación o la ignorancia.

Aunque hay personas que pasan por un periodo de experimentación para determinar su sexualidad, la persona que llega al punto de decirles a sus papás: "Soy gay", generalmente ya no está en una fase de prueba.

Es frecuente que las personas gay se sientan diferentes desde temprana edad, pero les toma muchos años entenderse, aceptarse y lograr expresarles a sus seres queridos sus sentimientos y enfrentar el repudio social: la homofobia.

Ojalá que el testimonio de Miriam nos sensibilice y ayude a entender que tu hijo o hija sigue siendo el mismo o la misma y, que cómo sea, cómo se porte, cómo decida llevar su vida, son decisiones propias en las cuales ya no podemos influir. Su intimidad es sólo suya y lo único que podemos hacer es apoyarlos y respetarlos. La vida es muy corta y no vale la pena desperdiciar tiempo valiosísimo que no vuelve.

• Si buscas un grupo de apoyo para padres, puedes llamar al (55) 52 11 82 50

CAPÍTULO 4

YO Y MI SALUD

YO Y MI SALUD

¿ADICTA A LA ADRENALINA?

¿Te gusta estar con la energía al tope, al borde del infarto, porque de otra manera la vida no tiene chiste? Bueno, pues quizá seas una adicta a la adrenalina. De ser así, es probable que tu agenda esté llena de citas y apenas tengas tiempo para ti, para descansar o comer; tu lista de cosas por hacer está ya casi toda palomeada con tareas realizadas, y las manecillas del reloj te corretean todo el día.

Seguro habrás escuchado la frase: "Si quieres que algo se lleve a cabo, encárgaselo a la persona más ocupada." Pues es cierto, porque las personas ocupadas viven de una gasolina especial que les proporciona esa energía sobrehumana: la adrenalina. La sensación que ésta proporciona se equipara a la que da mucha cafeína o una droga estimulante. Y, como estas drogas, la adrenalina puede ser igual de adictiva y nada buena para la salud.

Como el cuerpo no puede soportar tanta presión ni tanto estrés, pues las glándulas suprarrenales están agotadas de tanto trabajar, nos pide, a su manera, que bajemos el ritmo de vida. Nos manda señales sutiles o enfáticas: fatiga, palpitaciones, infecciones recurrentes, dolores por todo el cuerpo y baja de azúcar en la sangre. ¿Le hacemos caso?

Se calcula que 85 por ciento de la población andamos por el mundo con las suprarrenales agotadas. Sin embargo, a las adictas a la adrenalina no nos es fácil hacer un cambio de vida por razones de salud. Pero no nos queda de otra: ¡o escuchamos al cuerpo o terminamos en el hospital!

Cuando las suprarrenales ya no pueden más, la energía se acaba pero sufres insomnio; por supuesto, la falta de descanso empeora la situación. Y al sentirte agotada, ¿qué es lo primero que haces? Pues tomar café, para despertar; un estimulante que crea una falsa sensación de energía. Entonces, cuando no descansas bien por semanas y meses, es fácil caer en depresión. Y, ¿qué haces? Vas al doctor y ¡taráaan! ¡Te recetan un antidepresivo!

¿Qué crees? Ahora sí tienes problemas. Los antidepresivos, según el doctor Michael Galitzer, de la Universidad de San Diego, te hacen sentir bien al principio, pero después de un tiempo te producen letargo, una falsa sensación de bienestar. Entonces empiezas a engordar. ¡Qué padre!, ¿no? Porque los antidepresivos desaceleran todo, incluyendo tu metabolismo.

Y ya estás enganchada. Una vez que tu cuerpo se acostumbra a los antidepresivos es difícil sentirte bien sin ellos. Así comienza la adicción porque, al inicio, los antidepresivos estimulan la liberación de serotonina en tu cerebro y te sientes feliz y tranquila. Peeero... lo irónico es que esos mismos químicos, que te proporcionan un bienestar inmediato, te impulsan a usar más serotonina. Y empiezas a buscar todo lo que te eleve la serotonina con tal de sentirte bien, aun si el bienestar es temporal. Esto incluye carbohidratos, azúcar refinada, chocolate, café, alcohol o drogas. Y lo peor es que el círculo vicioso hace que sin antidepresivos te deprimas más.

Como ves, es mejor hacer cambios radicales en nuestra vida. Comienza por no trabajar tanto, haz ejercicio, come sano y a tus horas, duerme bien, reacomoda tus valores y prioridades. Tu salud, tus suprarrenales y tu familia te lo van a agradecer. Y no te preocupes, el mundo seguirá girando sin que tú lo manejes.

Descansa, no podemos controlar el universo. Lo que sí podemos hacer desde hoy es cambiar nuestra propia vida.

Cuando publiqué el texto anterior en los periódicos, recibí este *mail* que ilustra lo que muchas mujeres vivimos.

Querida Gaby:

Vuelvo a aquello de que eres algo así como mi terapeuta ciber-nética. Soy de las adictas a la adrenalina y también, hace tres años, acabé en el Hospital Ángeles internada con síntomas tan extraños que, según yo, indicaban que estaba a punto de mo-rirme. El dolor de piernas, brazos y espalda a veces era tan siniestro que no podía ni peinarme. Recuerdo que en esa época yo estaba trabajando con Alejandra de Cima (nos reuníamos en mvs, por cierto) y ella me comentó (después me escribió un muy bonito correo, repitiéndomelo): "Yo era como tú, y después de mi enfermedad aprendí a relajarme, establecer mis prioridades y entender que primero soy yo." La conclusión es que una tarde (ya terminado el proyecto y, casualmente, de vacaciones) empecé a tener palpitaciones tan fuertes que aca-bé en el hospital. Los estudios revelaron exagerados niveles de adrenalina. Por suerte, siempre fui tan "fresa", que las drogas que me metía eran nada más café y cigarro a raudales; pero incluso el mismo médico me comentó: "Qué bueno que nunca te dio por el trago ni la droga, porque es lo más frecuente en estos casos." Ya estoy mucho mejor (nado, cuido mi descanso —porque también tenía problemas de insomnio—, y me obligo a tomar largas vacaciones, aunque sea una vez por año), pero no se me olvida que soy adicta a la adrenalina: a la menor provocación puedo sufrir una recaída y, como bien dices, el mundo seguirá girando sin mí. Gracias una vez más y te mando un beso muy grande.

Sandra

ESTRÉS, ¿NOSOTRAS?

Pocas mujeres se salvan. Los acontecimientos de la semana pasada, la prisa, las fechas que llegan, las deudas económicas, los niños, la inseguridad y las tensiones emocionales, son fuente del mal que la mayoría padecemos: estrés.

Cada vez que nos enfrentamos a un agresor —un asaltante, un perro que nos ladra o un coche que se nos cierra—, el cuerpo se sale de balance químicamente. Cuando está en equilibrio, en cuanto a temperatura, azúcar y hormonas, nos sentimos física y psicológicamente bien; a esto se le llama: "homeostasis". Lo interesante es que basta un pensamiento estresante para romper este equilibrio. Hay dos tipos de estrés: el eventual y el permanente.

¿QUÉ PASA EN NUESTRO CUERPO CON EL ESTRÉS EVENTUAL?

Primero, el cerebro segrega hormonas, de las cuales la más famosa es la adrenalina. Ésta envía el mensaje de atacar o huir de inmediato. Necesitamos energía, así que vamos a los depósitos de grasa, al hígado y, como si fuera un banco, sacamos todos los ahorros para convertirlos en dinero en efectivo: azúcar para el torrente sanguíneo.

Para que el azúcar llegue más rápido a los músculos largos de las piernas, aumentamos el ritmo cardiaco, la respiración y la presión sanguínea.

El cuerpo apaga todos los proyectos a largo plazo. ¡Es lógico! Cierra todo lo que no sea crítico para los siguientes tres minutos de supervivencia. Así que corta la digestión, que es un lujo, y de inmediato sentimos la boca seca. ¿Te ha pasado? ¡Es horrible! También detiene el sistema inmunológico, baja los glóbulos blancos y guarda las defensas para después, si es que hay un después.

La mente se alerta, la memoria se afina, las pupilas se dilatan y los sentidos del olfato, el tacto y el oído se aguzan. Recordamos con detalle todo lo que pasó en los tres minutos en que el coche se nos salió de control.

Este tipo de estrés no hace daño; es la respuesta del cuerpo para adaptarse y restaurar el equilibrio. Sin embargo, cuando vivimos en un estado constante de tensión real o imaginaria, la cosa cambia.

¿QUÉ PASA SI EL ESTRÉS ES CONTINUO?

Todas estas respuestas, si se repiten constantemente, son malas. ¿Por qué? Al no tener energía en los depósitos, por movilizarla constantemente, los músculos se cansan, el cuerpo se fatiga y nos sentimos apáticos. A nivel cardiovascular, la presión alta se vuelve lo normal. Nuestras venas y arterias empiezan a parecer la tubería de una casa vieja. Por dentro se rasgan microscópicamente, y es ahí donde al colesterol y a la grasa les encanta pegarse.

Las bacterias están a sus anchas. Nos enfermamos fácilmente. Noventa por ciento de las úlceras gástricas las causa una bacteria. El cuerpo no gasta energía en reparar la úlcera. Eso lo pospone para cuando pase el estrés.

Se cancela el crecimiento y la reproducción, ya que también representan un gasto de energía enorme. La testosterona en el hombre baja y las mujeres dejan de ovular.

El cerebro se alerta por las hormonas y éstas, con el tiempo, se convierten en neurotoxinas. Matan las células del cerebro que tienen que ver con la memoria y el aprendizaje. ¡No nos acordamos de nada!

Si lo vemos detenidamente, ¡es increíble que quienes vivimos este estrés continuo sigamos vivos!

¿POR QUÉ UNAS PERSONAS SE ENFERMAN Y OTRAS NO?

El profesor Hans Seyle, de la Universidad McGill, en Montreal, realizó un experimento con ratas, para medir los efectos del estrés.

A una rata le daba de vez en cuando un toque eléctrico; después de un tiempo, el animal desarrollo una úlcera.

A la segunda rata le aplicaba descargas iguales, a intervalos idénticos, pero ésta tenía un tronco de madera al cual corría de inmediato a rascar y morder. No desarrolló úlcera, ya que tenía un medio para canalizar su tensión y frustración. Del mismo modo, los pasatiempos, como las manualidades y el deporte, nos ofrecen a las personas una vía para aliviar la tensión.

A la tercera rata le prendía una luz roja 10 segundos antes de la descarga. La posibilidad de predecir cuándo venía, le daba una sensación de control, lo cual ayudó a que no desarrollara úlcera. A las personas, la planeación y la anticipación nos ayudan significativamente a reducir el estrés.

La cuarta rata estaba rodeada de amigos. A ella, los toques eléctricos tampoco le produjeron úlcera. Está demostrado que tener un hombro en el cual llorar, frecuentar a los amigos, juntarse a jugar, a comer, a reírse, son algunas de las grandes terapias contra el estrés.

Para que ese dolor de espalda y de cuello desaparezcan, apreciemos lo que verdaderamente vale en la vida; mantengamos los problemas en perspectiva, ya que no importa cuánto vivamos sino cómo lo hagamos.

TU ENERGÍA ES PRIMERO

Imagina que eres una máquina expendedora de energía y que, a lo largo del día, recibes muchos pedidos. Tu pareja, tus hijos, tu familia, tu jefe, tus amigos, tus compañeros de trabajo, todos te meten monedas y, de distintos modos, te dicen o exigen: ¡necesitamos energía!

Cuando sienten que la máquina no les proporciona lo que piden, es probable que le peguen de manotazos y exijan su dinero de regreso (sólo esperemos que no quieran voltearla a patadas). El hecho es que no podemos dar aquello que no tenemos, ¿estás de acuerdo?

¿Te has puesto a pensar de dónde obtienes toda esa energía que el mundo te demanda y en dónde la pierdes?

Aunque es difícil comprender el concepto de energía, ya que ésta es intangible, en la secundaria aprendimos que todo lo que nos rodea y está dentro de nosotros es energía, y que no es estática, no se crea ni se destruye, sólo se transforma.

La energía está en todos lados: seres humanos, árboles, agua, música, en un estadio y en todo el universo. Cuando comemos, alimentamos nuestro cuerpo de energía. La luz solar y el agua le dan energía a la planta para vivir. Los coches necesitan energía para moverse. Cuando entramos a un restaurante o una fiesta, de inmediato sentimos la energía del lugar: esto nos hace decidir si nos gusta o no. Cuando conocemos a alguien, decimos que tiene buena o mala vibra: también sentimos su energía. Asimismo, todos hemos conocido gente con tanta energía que nos la contagia. De igual manera, hay personas que son como vampiros; literalmente, al estar con ellos, parece que nos chuparan toda la energía. Nos desgastan. ¿Te ha tocado?

Sí. A diario intercambiamos energía. La damos, la recibimos, la transformamos y la potenciamos; dime si no lo sabremos nosotras. Lo importante es que podemos aprender a generarla y acumularla, para llevar a cabo nuestras metas.

COMO EL CELULAR, HAY QUE RECARGAR LA PILA

A veces olvidamos recargar ese depósito y, por si no fuera suficiente, a diario se presentan mil cosas que nos roban energía. Lo peor es que nos acostumbramos a tolerar esas pérdidas, incluso tratamos de ignorarlas, pero nos molestan, distraen y desgastan. ¿Te has fijado? Algunas se presentan como esa llamada no hecha, aquello para lo que me comprometí y que hasta ahora me doy cuenta de que no puedo realizar; el agradecimiento que no he dado, ese clóset que espera ser arreglado, la deuda que no he cubierto, la ropa que me aprieta en la cintura, ese ruidito del coche que a diario sigo notando, la pila de papeles acumulados sobre el escritorio, en fin. Todo lo que nos "hace ruido", nos agobia e impide disfrutar plenamente de la vida, nos roba energía.

Como ves, estamos hechas de diferentes tipos de energía: física, mental y espiritual. Cada área contribuye a nuestro bienestar total. Energizar sólo una de ellas es como cuidar exclusivamente un cuarto de nuestra casa.

Lo importante es identificar los factores que nos agobian para eliminarlos, reponernos y utilizar ese potencial en cosas más importantes. Comparto contigo algunas sugerencias prácticas:

PARA PROTEGER TU ENERGÍA:

- Haz una lista de las cosas que te irritan, molestan o ponen de mal humor. Observa tu espacio físico y mental, en el trabajo, en casa, en tu cuerpo, en tu familia o en tus propios hábitos, y anota qué te gustaría eliminar. Es increíble el impacto positivo que causa el simple hecho de identificar y decidirnos a afrontar las cosas que nos provocan ansiedad.

- Empieza poco a poco. Atiende, resuelve o delega esos asuntos que te causen molestia. No trates de organizar tu casa u oficina en un mismo día. Ponte pequeñas metas que, al realizarlas, te causen satisfacción.

- Organiza el día por bloques, de manera que en cada uno realices una sola cosa. Evita que te interrumpan; esto aumenta tu eficiencia y reduce la ansiedad causada por tratar de hacer 20 cosas a la vez. ¿Ya sabes?

- Atrévete a decir "no". Cuando estés segura de que no puedes comprometerte a hacer algo, di "no", amable pero firmemente. Cuando decimos "sí" a todo sentimos una gran ansiedad y esto nos roba mucha energía.

PARA RECARGAR TU ENERGÍA:

- Comienza el día con música. Asegúrate de que sea de alto impacto; se ha comprobado que cuando escuchamos música energizante nos ponemos de buen humor y nuestra productividad aumenta 200 por ciento.

- Evita enfocarte en lo que no has hecho. Es la razón principal del estrés. Toma el crédito que mereces por lo que sí has hecho. Aprende del pasado; sin embargo, no te estanques ahí. Ve el futuro con optimismo.

- Ríe más. Aprende a ver el humor incluso en las situaciones difíciles. Evita tomarte las cosas en serio y procúrate momentos de diversión. Una buena carcajada, además de que nos carga de energía, ayuda a aligerar el estrés.

- Reduce tu velocidad. Busca un tiempo para reflexionar y pensar. De vez en cuando es bueno parar y hacer un inventario de nuestra vida personal, de nuestro trabajo, de los logros y las metas. ¿Adónde voy? ¿Esto es lo que quiero?

- El descanso es vital. Busca un tiempo para relajarte y no te sientas culpable por ello. Si no lo haces, el trabajo te sobrepasará, pero no por haberte ausentado unos días, sino por agotamiento.

- Cuando te sientas abrumada, busca a tus amigas y sal a comer, para platicar; ya sabes que es la mejor terapia del mundo. Procura platicar de todo menos del trabajo.

- Es importante tener a alguien con quien tengas la confianza de ser tú misma y puedas discutir tus temores, metas, frustraciones o victorias. Te ayuda a conocerte mejor, a recobrar fuerzas y a mantenerte centrada.

- Busca el silencio. Si te sientes abrumada por las mil cosas que debes hacer, enciérrate en tu cuarto, duerme por un rato; o bien, sal a caminar, date una vuelta; disfruta de ese momento sin tener que platicar con nadie. El silencio nos repara mucho.

- Haz ejercicio. Si no tienes tiempo de ir a un gimnasio, sal, da una vuelta a la cuadra o realiza el ejercicio con un DVD en casa; hay de todo tipo. Además de que te liberarás del estrés, verás que duermes mejor y te sientes muy bien.

- Sé flexible. Comprende que las metas no se tienen que grabar en piedra. Algunas veces las circunstancias cambian y nos llevan por diferentes caminos. Si te das cuenta de que algo no funciona, está bien cambiar de rumbo sin sentirte culpable.

Esto no es fracasar. Es ser madura y saber tomar lo que es mejor para ti.

A continuación te presento algunas maneras de fortalecer y alimentar cada una de las tres energías:

ENERGÍA FÍSICA:

- Valora tu cuerpo, haz ejercicio y nútrelo.
- Disminuye el consumo de cafeína. Sustitúyela por té verde.
- Nunca te saltes las comidas.
- Toma mucha agua. En especial, pequeños sorbos de agua helada cada 30 minutos.
- A media mañana come un puño de nueces o almendras.
- Sustituye los dulces y postres por fruta natural.
- Camina un rato después de comer.
- Conéctate con la naturaleza.
- Duerme por lo menos ocho horas.

ENERGÍA MENTAL:

- Ábrete a experiencias e ideas nuevas, con ello te mantendrás joven.
- Perdona.
- Haz y crea cosas; no esperes que lleguen solas, sal a buscarlas.
- Reconoce tus bendiciones. Todos los días agradece cinco cosas a la vida y a Dios, antes de dormir. Hazlo una costumbre.
- Confía en tu instinto. Escucha a tu cuerpo, nunca se equivoca.
- Aprende y conserva la capacidad de asombro; nada avejenta más que perderla.
- Comunícate con el corazón.

- Sueña, visualiza y crea tu futuro.
- Ordena tus cajones, clóset, casa, oficina y coche; eso nos da gran paz mental.

ENERGÍA ESPIRITUAL:

- Conéctate con tu familia y tus amigos.
- Da mucho amor. Abraza.
- Ten fe; confía en los milagros.
- Fluye. No te apegues a las cosas materiales.
- Ama la vida. Encuentra su sentido.
- Reza. Medita. Pídele a Dios que te oriente.
- Sé generosa.
- Aprecia los instantes cotidianos de paraíso.
- Confía en ti misma.
- Identifica qué quiere tu corazón y sé congruente.

Ahora que nos damos cuenta del costo que tienen las fugas de energía y los beneficios de saber manejarlas, está en nuestras manos hacer un cambio.

La energía, positiva o negativa, es contagiosa. Pregúntate: ¿cuál de ellas contagio? Y recuerda: tu energía es primero.

LA LUCHA ENTRE CUERPO Y MENTE

Son las seis de la mañana y el despertador lo anuncia con su tétrico "pi, pi, pi". Suena puntualmente según lo programé la noche anterior, decidida a levantarme más temprano para ir al gimnasio y, después, a la junta de las ocho. No contaba con que dormiría inquieta, tendría pesadillas y no descansaría nada.

Envuelta entre las sábanas, en un estado de duermevela, mi cerebro comienza una lucha frontal entre dos voces. Una me anima: "Ándale, levántate, ya es hora. Ahorita te da flojera, pero al rato te vas a sentir muy bien." Y la otra me dice: "¿Que, qué? Pero para nada, estoy cansada, todavía está oscuro, las sábanas están deliciosas, no dormiste bien, no vas a tener fuerzas", y demás argumentos. ¿Cuál es más convincente? ¿A cuál hacerle caso?

En ese momento recuerdo el "escucha a tu cuerpo" de la clase de yoga, como también: "La mente y la voluntad es lo que somete a esa parte animal: el cuerpo."

Confieso que he atendido a las dos voces. A veces gana el cuerpo y me quedo una hora más en la cama, feliz en el momento, e infeliz conmigo misma el resto del día. Y también, como ordena mi mente, me he levantado a fuerzas y contra mi voluntad, para después sentir que floto a lo largo de la jornada.

Esta lucha entre dos voces no sólo se da al despertar; aparece todo el día. Y necesitamos negociar. Hay ocasiones en que debemos escuchar al cuerpo y otras, a la mente. Lo cierto es que cuando están comunicados y en sintonía, nos sentimos bien y en balance.

CUÁNDO ESCUCHAR AL CUERPO:

- Te sientes físicamente agotada y tu cuerpo te pide dormir, pero tu mente lo ignora porque te picaste con la película de las 11 de la noche.

- Te sientes con el estómago lleno, de tal manera que no te puedes ni agachar, pero tu mente insiste en probar ese pastel de chocolate, del *buffet* que te hace ojitos.

- Son las dos y media de la tarde, hora de comer, y tienes hambre, pero tu mente te convence de quedarte a trabajar para aprovechar el tiempo.

- Estás en el cine y tu vejiga te avisa que tienes que levantarte al baño, pero tu mente se rehúsa a abandonar el asiento a mitad de la película.

- Llevas sentada frente a la computadora unas tres horas y tu cuerpo te pide que lo estires tantito, pero tu mente te convence de quedarte a terminar la búsqueda en internet.

CUÁNDO ESCUCHAR A LA MENTE:

- Estás muy consciente del daño que te hace fumar, pero tu cuerpo te convence de encender el siguiente cigarrillo.

- Sientes que estás perdiendo la memoria y tu mente te pide que la ejercites, para fortalecer las neuronas, pero tu cuerpo te convence de que resolver crucigramas o sudokus es una pérdida de tiempo, además de ser "muy complicado".

- Tu mente te dice que sería mejor salir a caminar un rato, para hacer circular la sangre y platicar un rato con tu pareja, pero tu cuerpo se niega a abandonar el sillón que ya hasta tomó su forma.

- Tu mente está convencida de que debes bajar de peso, pero tu cuerpo se niega a reprimir ese antojo de acabarte la bolsa de papas fritas que tu compañera te regaló.

- Tus papás viven del otro lado de la ciudad y tu mente te dice que hay que frecuentarlos porque están solos. Pero tu cuerpo te impide abandonar la comodidad de tu casa.

En fin, podríamos continuar estas listas interminablemente. El caso es que, en el fondo, siempre sabemos claramente cuál de las dos voces tiene la razón. Cada vez que vivas el conflicto entre ellas, pregúntate una sola cosa: ¿cómo me voy a sentir después?

INHALA... EXHALA...

Qué alivio poder estar, aunque sea un rato, no haciendo cosas. Es una delicia: me acuesto unos minutos antes de comenzar la clase de yoga y sigo la instrucción de observar mi respiración. Inhalar... exhalar... De inmediato siento cómo mi cuerpo y mi mente comienzan a relajarse.

La salud es algo más que la ausencia de enfermedad: es sentirnos equilibradas internamente, con una fuerza y una alegría que nos permiten resistir las demandas de la vida sin sentirnos avasalladas.

Al conocer lo que significa respirar bien, los beneficios que puedo obtener y lo mal que he respirado toda mi vida, me propuse hacer una investigación para después invitarte, querida lectora, a que cambiemos juntas los patrones de algo que realizamos unas 20 mil veces al día de manera automática y a que mejoremos nuestra calidad de vida.

LA RESPIRACIÓN Y LA SALUD

Tomemos esto en cuenta: la clave para tener un cuerpo sano radica en la oxigenación de las células; sin embargo, este proceso no sucede a menos que respiremos de forma completa, utilizando todo el sistema respiratorio de manera relajada.

Lo irónico es que la mayoría no aprovechamos todo el potencial de nuestra respiración: respiramos sólo con la parte alta del cuerpo, lo cual significa que no bajamos ni extendemos el diafragma totalmente. Usamos alrededor de 30 por ciento de lo que se necesita para tener una salud óptima; entonces, no es de extrañar que "arrastremos la cobija" y nos enfermemos.

Estudiando los efectos del oxígeno en las células, el fisiólogo Otto Warburg, premio Nobel de medicina, hizo un experimento con el cual logró convertir células sanas en malignas mediante el sencillo procedimiento de reducirles el oxígeno.

De lo anterior concluyó que la cantidad de oxígeno que reciben las células afecta de manera directa e importante la calidad de vida. Por esa razón, los doctores recomiendan hacer ejercicio aeróbico, ya que mejora la respiración y, por tanto, la distribución de oxígeno a nivel celular.

Asimismo, los paseos al campo, a las montañas o al mar nos harán sentirnos muy bien. Y si vivimos en una ciudad contaminada, es recomendable poner un filtro de aire en la recámara durante las noches.

Una respiración adecuada nos proporciona los siguientes beneficios:

BENEFICIOS:

1. Respirar con eficiencia restablece física y mentalmente. Nos armoniza y nos hace vivir y apreciar el momento. Dejamos de preocuparnos por el pasado y el futuro, y nos concentramos en lo que pasa ahora, en este lugar y momento.

2. Aumentar los niveles de oxígeno en la sangre mediante la respiración es la clave para incrementar la energía del cuerpo y de la mente. ¿Sabías que obtenemos 70 por ciento de nuestra energía de la respiración?

3. Cuando el diafragma se contrae y expande, se agrandan las cavidades pulmonares, y como la mayor parte de la sangre se localiza en la base de los pulmones, absorbe más oxígeno.

4. Si exhalamos con lentitud a través de la nariz, el aire permanece durante más tiempo en los pulmones, lo que aumenta la absorción de oxígeno.

5. Al respirar adecuadamente, el ritmo cardiaco se reduce y el corazón se estresa menos; así, obtenemos un mejor rendimiento en los deportes y nuestra recuperación es más rápida.

6. Respirar profundamente mejora la atención y el desempeño, estimula la producción de endorfinas y otros químicos benéficos, y genera ondas alfa en el cerebro, las cuales nos relajan.

7. Setenta por ciento de las toxinas del cuerpo se eliminan mediante la respiración. La respiración diafragmática profunda estimula la limpieza del sistema linfático y ayuda a eliminar las toxinas del cuerpo 15 veces más rápido.

8. Quiero concluir con esta frase del doctor Andrew Weil, de su libro *Ocho semanas para una salud óptima*: "**Si pudiera decirle a la gente que hiciera una sola cosa para mejorar su salud, no dudaría en contestar: 'Mejore su respiración'.**"

¿CÓMO RESPIRAR BIEN?

La respiración es el vínculo entre el cuerpo y la mente, entre la mente consciente y la inconsciente. Es la llave maestra para controlar nuestras emociones y las funciones del sistema nervioso involuntario.

Te propongo el siguiente ejercicio, que te permitirá aprovechar todos los beneficios de una buena respiración:

Siéntate o acuéstate cómodamente. Concéntrate en ti misma y en el presente, tanto como puedas. Permite que cada inhalación-exhalación sean tu foco de atención.

Ahora respira profundamente tres veces, sosteniendo 10 segundos el aire y exhalando rápidamente. Coloca tus manos sobre el vientre. ¿Se eleva cuando inhalas y se hunde cuando exhalas? Es lo correcto.

Imagínate que tus pulmones son botellas que llenas de agua. Al respirar, observa cómo se eleva tu abdomen, luego tu pecho, y finalmente los hombros (procura que no se eleven). Ahora respira en cuatro tiempos, sostén el aire por cuatro tiempos y, lentamente, exhala por la nariz en otros cuatro tiempos, hasta vaciar los pulmones por completo. Repite el proceso cuatro veces. Es todo lo que necesitas.

Ejercita tu respiración mientras vas en el coche, antes de acostarte, cuando te sientas muy estresada, en la antesala de una cita. Notarás cómo tu mente y tu cuerpo se relajan y, con la práctica constante, obtendrás miles de beneficios.

Los doctores chinos dicen algo muy sabio: "Toda enfermedad visible —física— es precedida por una enfermedad invisible, una enfermedad del espíritu, de la circulación de energía en el cuerpo." ¡Creo que muchas hemos comprobado cuán cierto es! Inhala... exhala...

LOS BENEFICIOS DEL YOGA

"¿Quieres saber la edad de una persona?", me comenta mi papá. "Sólo fíjate en su caminadito. Una persona se puede hacer mil cirugías plásticas, pero su andar no miente." ¡Cuánta razón tiene! La postura habla más de lo que quisiéramos, incluso en una persona joven, porque depende del estado de ánimo, de una actitud interna y de nuestra fuerza y tono muscular. Si hay una disciplina que favorece todo esto, y mil aspectos más, sin duda es el yoga.

"El yoga no es para mí", estarás pensando, intimidada porque quizá has visto a alguien en posturas extrañas que "ni trepanada del cerebro podría hacer. Así que para qué lo intento", pero desde que te descalzas y tus pies sienten la madera del piso, comienza el descanso del yoga. En ropa cómoda, tus brazos se estiran en todas direcciones: hacia arriba hasta tocar el cielo, hacia el frente y hacia atrás. Tu columna se extiende y se tuerce. Tu cadera gira, realiza pequeños movimientos circulares. Así, poco a poco, tu cuerpo se desenvuelve en ejercicios que despiertan ese deseo natural de sentirte libre y que, con la respiración, te eleva a mundos mejores.

Aquí menciono algunos pretextos que ponemos para no hacer ejercicio, y lo que podemos respondernos:

"No tengo tiempo." Hacer ejercicio debe ser una prioridad. Si no tienes tiempo hoy para invertir en tu salud y bienestar, seguramente mañana algún achaque te obligará a encontrarlo. "Todavía no lo necesito." Entre más joven empieces, más flexible y fuerte será tu cuerpo mañana. "Ya es muy tarde para empezar." Puedes hacerlo a cualquier edad. Nunca es tarde para sentirte bien. "No sé como." En todos lados hay clases, libros, videos y maestros.

"No me gusta." Ábrete. Date la oportunidad. Cuando lo pruebes te va a gustar tanto que ansiarás que llegue el momento para hacerlo. Te vas a sentir mejor física, mental y emocionalmente. Como dice mi maestra: "Poco a poco, escucha tu cuerpo, con amor y sin forzar".

Lo único que necesitas es empezar y saber que cada movimiento y postura tiene un fin terapéutico de prevención y recuperación. ¿El principal? Sentirte bien. Pero no ese "bien" momentáneo que te puede proporcionar el degustar un chocolate, sino ese *bien* prolongado, que notas en alguien cuando irradia un brillo especial que viene de su piel, de sus ojos y de lo cómoda que se siente dentro de su cuerpo. De una armonía especial al estar en contacto consigo misma.

Practicar yoga es como afinar nuestro mejor instrumento: el cuerpo. Imagínate que todos los días tocas el violín en una orquesta (esto equivale a tener un trabajo estresante, estar todo el día con los niños o quizá luchar contra una enfermedad). Para tocar debidamente, necesitas afinar tu instrumento antes de iniciar el día, ¿no? Para esto, nada mejor que el yoga.

La palabra yoga viene del sánscrito *yuj*, que quiere decir juntar, y *yoke*, dirigir y concentrar tu atención. Como dice el gurú Iyengar en su libro *Light on Yoga*, es la unión de cuerpo, mente y espíritu con lo divino; es la postura del alma que permite ver la vida en todos sus aspectos y lograr la paz interior. ¿Tú qué opinas? ¿Crees que las mujeres de hoy la necesitamos?

Existen varios tipos de yoga diseñados para distintos fines. Algunos son muy vigorizantes, como el astanga yoga, y hay otros más tranquilos, que se enfocan en la flexibilidad y la relajación: hatha yoga, kundalini yoga, mantra yoga y otros más. Sin importar el sistema que elijas, recuerda que cuando practiques las posturas o *asanas*, debes hacerlo con total conciencia de tu cuerpo y tu respiración. A eso se le llama "estar en el momento". Estar presente. Si captas ese estado, lo puedes trasladar a tu vida diaria. Puedes hacer cualquier cosa sin perder contacto con esa parte interior.

¿POR QUÉ HACER YOGA?

Entre los miles de beneficios que aporta esta disciplina milenaria se cuentan: desarrollar los músculos, mejorar la postura, alinear la columna y las coyunturas, mejorar la flexibilidad y el funcionamiento de todos los órganos, alejar la depresión, la ansiedad y, por si fuera poco, moldear el cuerpo. Además, es un camino hacia la autoconquista y el autoconocimiento.

Una de las maravillas del yoga es que es un sistema de energía. Si estás desganada, te energiza. Si estás estresada, te relaja. Y la respiración es una de las claves. Deepak Chopra dice que a través de la respiración consciente y de las técnicas de movimiento del yoga refuerzas la relación entre cuerpo y mente, lo cual retarda el proceso de envejecimiento. Se me terminaría el espacio contándote las maravillas que esta respiración produce.

En el día a día te invito a preguntarte: "¿Qué es lo que más me estresa en la vida?" y "¿qué hago para relajarme?" Quizá te contestes: "Ver televisión", "irme de vacaciones", "tomar un trago", "hacer ejercicio". Todo está bien. Sin embargo, dentro de las bondades de cada una de estas opciones, no hay una que sólo sea un banco de beneficios como el yoga.

Te invito a practicarlo. Sólo probando te puedes dar cuenta de todo lo que aquí, en pocas líneas, te puedo decir. No sólo tu caminar te hará ver más joven, sino tu cuerpo, tu mente y tu actitud hacia la vida reflejarán sus beneficios. Nunca es tarde para empezar.

VAMOS A CAMINAR

¿Qué tal si te dijera que puedes adelgazar tanto como quieras y al mismo tiempo puedes seguir comiendo lo que hasta ahora comes? ¿Y qué tal si también te dijera que puedes tener un cuerpo del cual estarás aún mas orgullosa, que te sentirás de maravilla, llena de energía, que querrás comprarte ropa, verte al espejo, convivir más y, por si fuera poco, te conectarás mejor con las personas? ¿cuál es la receta? Una que te prometo te gustará cada día más y más: camina una hora diariamente.

¡Espérate! Antes de arrojar el libro dame la oportunidad de convencerte. Esta forma de caminar que compartiré contigo hará que lo veas de manera diferente.

Si hacer ejercicio es algo a lo que no estás acostumbrada, te invito a hacer un pequeño, pequeñísimo esfuerzo para tomar un papel más activo en tu vida y darle mejor forma, no sólo a tu salud y a tu cuerpo, sino a tu futuro también. Lo único que necesitas es salir y poner un pie frente a otro por un rato. Los resultados valdrán la pena.

Antes de empezar, lo primero que debes hacer es quitarte de la mente que vas a bajar de peso. No, no bajarás de peso, pero sí de talla. Ahora, si también quieres bajar de peso, tendrás que controlar algo: ya sea tu apetito o tu resistencia al ejercicio. No hay de otra.

Como a nadie le gusta tener que controlar nada, pues escojamos lo menos difícil. ¿Qué prefieres? ¿Dejar el pan con mantequilla, los postres, los tacos y demás, o salir a dar una refrescante vuelta a pie? La respuesta es fácil, ¿no?

Te preguntarás: "¿Por qué caminar y no correr, nadar, andar en bicicleta, esquiar o cualquier otro deporte?" Porque, aunque con todas esas actividades quemas calorías, a la larga caminar es lo que funciona mejor. Lo puedes hacer todo el año, no te lastimas, no necesitas tomar clases, ni salir al campo, ni un instructor, ni siquiera un compañero, como tampoco pagar la cuota de un gimnasio.

Tampoco exige equipo especial, como alberca, bicicleta, lancha, pista, remos, cuerda. Lo único que necesitas es un par de tenis.

"Claro, ¡caminar! Lo he hecho toda mi vida." Sí, pero si no estamos delgadas es porque no hemos caminado el tiempo suficiente ni lo suficientemente rápido para que funcione como ejercicio. Dominguear por el centro comercial con la familia, no es caminar.

La fórmula para que adelgaces con este ejercicio es: "Camina tan rápido como puedas, cómodamente, el mayor tiempo que cómodamente puedas." De esta manera quemas más grasa y calorías que si vas despacio. Ojo, siempre empieza lentamente, para calentar, y poco a poco aumenta la velocidad hasta llegar a tu tope.

PREPARA TU CUERPO Y TU MENTE

1. Ten en cuenta que al principio te dolerán los músculos; eso se quita, no dejes que sea el pretexto para no salir a caminar.

2. Caminar requiere energía. Tus músculos sacarán de su almacén moléculas de glucosa, para obtenerla, y cuando se agote recurrirán a otras reservas. ¿Cuáles? Cuando usan toda la que tienen, porque ya caminaste cómodamente lo más que puedes, entonces tu cuerpo decidirá sacar más energía de otras reservas. ¿De dónde? ¡Pues de los depósitos de grasa!

3. Cuando tus músculos realizan un esfuerzo, muchas de sus fibras se rompen. Entonces, el cuerpo las repone con otras más fuertes. ¿Cómo le hace? Saca grasa de los depósitos, la convierte en proteínas y la usa para ¡regenerar músculos! Todo esto también consume calorías.

4. Entre más ejercicio haces, más adelgazas. Puedes hacerlo hasta que hayas usado toda la grasa visible de tu cuerpo (aunque siempre se reserva alguna, para emergencias), ¡y termines con los mejores cuerpo y piernas que tu constitución biológica te permita! Y todo con el simple hecho de dar un paso tras otro.

5. Como no se trata de romper ningún récord, ocúpate de hacer la caminata lo más disfrutable posible. No te peses, no midas tiempos ni distancias, sólo goza. Ten en cuenta que tu rendimiento siempre varía de acuerdo con un sinnúmero de razones: clima, altura, horas de sueño, condición de tus piernas, compañía, etcétera. No importa si unas veces caminas más o menos tiempo que otras; sólo hazlo lo mejor que puedas, el mayor tiempo posible, y poco a poco notarás tu progreso en tu talla de ropa. El único requisito es hacerlo diario.

6. Que la caminata forme parte de tu rutina diaria. Aunque notarás el cambio en tu mente y actitud de inmediato, el cambio en tu cuerpo será paulatino. Para que no te decepciones, hazlo pensando en todas las razones posibles por las que caminar es bueno: por salud, tu corazón y pulmones estarán felices, tus piernas se pondrán fuertes y tu cerebro más alerta. Por lo que quieras, pero no pienses que lo haces para adelgazar. Verás que al enfocarte en estas metas, además de lograrlas, secretamente llegarás a la verdadera: bajar de peso.

Una vez que descubres el placer de estar delgada, sentirte llena de energía y muy satisfecha contigo misma, no querrás dejarlo jamás. Sólo recuerda que para lograr todo esto es necesario una sola cosa: empezar. Así que, ¡ánimo! Vamos a caminar.

DORMIR... DORMIR... DORMIR

Dormir... qué delicia. Nunca apreciamos esta maravilla hasta que un día, ¡horror!, no podemos conciliar el sueño. Nunca se me habría ocurrido relacionar las horas de sueño con el peso corporal, sin embargo, ¡están vinculados! Si duermes ocho horas diarias, pierdes peso. ¿Cómo la ves?

La vida de la mayoría, como hemos visto, es como un circo de cinco pistas; es el estilo de vida del siglo XXI el que provoca un déficit de sueño. Esto nos lleva a engordar y envejecer más rápido.

Sabemos que miles de cosas fundamentales en nuestro organismo se reparan mientras dormimos. Pero esto sucede sólo si nos acostamos temprano, entre 9:00 y 10:00 PM. Sí, ya sé, ¡nadie se acuesta a esa hora! Bueno, pues es una de las razones por las que tenemos mil achaques.

Somos un país de desvelados. Es asombrosa la cantidad de gente que se engancha en internet o apaga la televisión pasada la medianoche, para al día siguiente salir, con el sol, gateando de la cama.

De acuerdo con las estadísticas, los desvelados consumen 15 por ciento más alimentos que quienes duermen ocho horas. Como al día siguiente se sienten cansados, buscan comida "reconfortante" —alta en azúcares y carbohidratos— como donas, chocolates, galletas y demás, para conseguir energía. Además, el cuerpo resiente la fatiga, y piensa: "Crisis a la vista." Entonces comienza a almacenar grasa, por si acaso.

¡No sólo eso! Investigadores de la Universidad de Chicago afirman que, con la falta de sueño, por lo menos 10 hormonas se desestabilizan; no sólo se interrumpe la producción de melatonina, el mejor antioxidante —menos melatonina, más radicales libres, igual a envejecimiento rápido—, sino que se afecta el apetito, la fertilidad y la salud del cerebro y del corazón.

Impide, también, la producción de la hormona de crecimiento, necesaria para formar músculo y reducir grasa. Entonces, la persona se hace bofa... sí, ¡flácida!

Por si fuera poco, la falta de sueño deprime el sistema inmunológico y eleva los niveles de cortisol (la hormona del estrés). Si dormimos menos de ocho horas, al cuerpo simplemente no le alcanza el tiempo. ¿Te has despertado cansada y con la sensación de que varios pisos de tu sistema siguen apagados?

Cuando dormimos ocho horas, nuestra energía y vitalidad aumentan; se quita esa nube de la mente, que nos impide pensar con claridad. Los niveles de insulina bajan, ¡y, también perdemos peso!

Es importante dormir en una habitación totalmente a oscuras. Aun la lucecita más pequeña impide que el cortisol baje. Así que, o cómprate un antifaz tipo diva de Hollywood, o tapa con una cinta adhesiva la luz de teléfono, computadora o despertador.

Como mujer, el nivel en que se encuentren tus hormonas es fundamental para conciliar un sueño profundo y placentero. Revisa cómo están, en especial si pasas de los 45 años de edad. Con frecuencia, un desajuste en ellas o mucho estrés son la causa de no tener un sueño de calidad.

Te invito a que ordenes tu vida y trates de apagar la luz, máximo a las 10:00 PM. Todo tu cuerpo te lo va a agradecer, porque dormir, además de sano… es una delicia.

LA FELICIDAD ESTÁ EN EL CEREBRO

¿Te acuerdas cómo Snoopy, personaje del caricaturista Charles Schulz, hizo famosa la frase "La felicidad es..."? Cada quien completa la oración de acuerdo con lo que piensa acerca de ese concepto; por ejemplo: salud, riqueza, sensación de paz, una pareja maravillosa, un buen coche o hasta —¿por qué no?— un perrito.

Solemos pensar que la felicidad está afuera, allá, en la otra esquina, como diría el escritor Mario Vargas Llosa. Sin embargo, las recientes investigaciones científicas demuestran que es un estado mental que nos hace sentir serenos y en armonía con el mundo.

Según el doctor Eric R. Braverman, director de los PATH Medical Centers en Nueva York, la felicidad no depende del todo de nuestra voluntad: hay una sustancia responsable de producir ese estado mental, una especie de llave para sentirnos felices. Sin ella, no podemos lograr ni estabilidad ni calma. Se trata de la serotonina.

¿QUÉ HACE LA SEROTONINA?

Es un combustible que sirve para que el cerebro se encienda de gusto por la vida; transmite pensamientos y sentimientos positivos, por lo que vemos el vaso medio lleno. Conocer un poco acerca de esta sustancia puede elevar nuestro ánimo de manera casi inmediata y natural, sin necesidad de Prozac... ¡Imagínate!

La serotonina, antes que nada, controla los mensajes bioquímicos que salen del cerebro, crea las condiciones para el descanso y modera las urgencias de comer compulsivamente.

Cuando tienes altos los niveles de serotonina, tu humor es maravilloso, te sientes bien, con ánimo y energía; y durante la noche, duermes como bebé. ¡Qué maravilla!, ¿no?

En cambio, cuando los niveles de serotonina son bajos, te sientes deprimida, no duermes bien y tu mente actúa como la loca de la casa, llena de miedos y fobias extrañas.

¿CÓMO SE OBTIENE?

La serotonina se sintetiza en el cuerpo mediante un aminoácido llamado triptófano, a partir de alimentos como: pavo, carne de res, carne de puerco, pollo, pescado, huevos y quesos. Simplemente, si no incluyes suficiente triptófano en la dieta, tu cuerpo no podrá obtener una sustancia que se llama 5HTP y, a su vez, transformarla en serotonina.

Por otro lado, dietas muy drásticas o lapsos extensos sin alimento nos privan de las vitaminas y los minerales que ayudan a esta mágica conversión de triptófano en serotonina. Sin calcio, magnesio y vitaminas D y B, por ejemplo, los neurotransmisores no se pueden regenerar de manera consistente.

Asimismo, hay varios factores que impiden la síntesis de serotonina, como el consumo de cafeína, alcohol, cocaína, píldoras con efedrina (para adelgazar) y el endulzador químico aspartame, que encuentras en muchos refrescos y productos *light*.

LA MARAVILLA DE LA LUZ

La falta de sol en el invierno hace que disminuyan las reservas de este químico vital para el cerebro, de ahí que la depresión aumente en esta época.

Parte del problema es que, en general, no estamos expuestos a la luz, ni siquiera en los días de verano. La luz del sol varía entre 2 mil lux (la medida estándar de iluminación) en un día nublado y 100 mil lux en un día claro de verano. Lo malo es que pasamos la mayor parte del tiempo en interiores o en el coche; por lo tanto, obtenemos menos de 100 lux al día.

Exponte a la luz del sol o a una luz brillante artificial (150 a 200 vatios) por lo menos media hora diaria. Esto no sólo contribuye a mejorar tu humor, también te ayuda a dormir mejor en la noche.

¿Y QUÉ DECIR DEL ESTRÉS?

Vivir crónicamente estresadas inhibe los beneficios de la serotonina, pues el organismo la utiliza toda para tratar de mantenernos en calma.

Otro factor es el hereditario. Hay personas que por razones genéticas tienen una producción de serotonina inferior a la normal, condición agravada por todos los otros factores mencionados. Asimismo, si a un bebé en lugar de amamantarlo le damos leche de vaca o de soya, lo privamos de este precioso aminoácido.

Comparto contigo las sugerencias que el doctor Braverman da a sus pacientes para que, mediante los alimentos, logren la sensación de bienestar:

OPCIONES PARA EL DESAYUNO

- ½ taza de avena con moras y plátano.
- ½ taza de *All bran* con ½ taza de leche descremada.
- 15 gr de salmón ahumado u horneado con jitomates.
- 1 taza de yogur bajo en grasa con germen de trigo.
- 2 huevos cocidos o tibios.
- ½ taza de queso *cottage* con fruta fresca.

OPCIONES PARA COMER

- 115 gr de rebanadas de pechuga de pavo con frijoles.
- Media gallinita *cornish* y una papa al horno.
- 115 gr de pescado a la parrilla con brócoli al vapor.

OPCIONES PARA LA CENA

- Sándwich de pavo o de *roast beef* con galletas de trigo entero.
- Sándwich de pechuga de pollo y una rebanada de queso suizo en pan de granos mixtos.
- Ensalada de aguacate y betabel.
- Tofu y brócoli fritos sobre arroz salvaje.

OPCIONES PARA POSTRE Y COLACIONES

- Guacamole con verduras crudas.
- Una taza de yogur batido con moras y nueces mixtas.
- Queso suizo con galletas de trigo entero.
- ¼ de taza de nueces mixtas.
- ¼ de taza de semillas de girasol y pasas.

Podemos concluir que, sin importar la causa de la disminución de serotonina, con estas sencillas medidas siempre podremos mejorar nuestro humor y experimentar gusto por la vida. La felicidad comienza en el cerebro. Si tenemos una actitud positiva, disfrutaremos lo que hacemos, lo que tenemos, lo que somos, y daremos gracias por ello. Entonces podremos decir que hemos encontrado la felicidad.

FAVOR DE TOCAR

Se murió por pudor. Así fue.

Mi abuela era de esas mujeres norteñas del siglo XIX para quienes ser en extremo pudorosa era una virtud, y lo fue al grado que le costó la vida. Pensar que un hombre viera su cuerpo, ni soñarlo, aunque fuera médico. "Si no fuera porque salen unos hijos preciosos, hijta, yo evitaría todo aquello", decía, mientras agitaba la mano con desdén, para darse a entender.

Desde que mi abuela enviudó, a los cinco años de casada, y se quedó con dos hijos —mi tía de dos años y mi papá de seis meses—, supo lo que era sacar a los hijos adelante, después de haber sido una niña mimada toda su vida. Pero ésa es otra historia.

"Cuando murió tu abuelita, nos dimos cuenta de que tenía una llaga negra en el seno derecho. Es increíble que nunca le dijera nada a nadie." Me impresionó escuchar estas palabras de mi mamá y pensar que mi abuela quizá pudo sobrevivir al cáncer si, en primer lugar, se hablara más de esta enfermedad y se rompieran los mitos y tabúes; en segundo, si alguien le hubiera enseñado a hacerse un examen mamario; y en tercero, si se hubiera practicado una mastografía anual.

EXAMÍNATE

Tú, como mujer, ¿te examinas? Éste es un tema muy importante, porque afecta a toda la familia, pero nuestra mentecita tiende a recurrir al pensamiento mágico de "a mí no me va a pasar" o "a nosotros no nos va a pasar". Para estar seguros de que ese deseo se cumpla, necesitamos tomar precauciones.

Me considero una mujer informada, pero la primera vez que vi un folleto sobre la autoexploración mamaria, traté de hacerla sin saber cómo, ni cuándo, ni qué buscar. Me asustó sentir la cantidad de cosas extrañas que no sabía que tenía bajo la piel; así que lo dejé, pensando: "Para qué me complico la vida". La verdad es que sentí temor de encontrarme algo malo, como sé que a muchas mujeres les pasa. Fue como si al buscar una bolita la estuviera llamando, así que, absurdamente, opté por dejar de hacerlo y visitar al oncólogo cada seis meses para revisión, lo cual hago religiosamente.

Es increíble que, por falta de información, en México se detecten tardíamente más de 60 por ciento de los casos, y que cada dos horas con 20 minutos una mexicana fallezca a causa de cáncer de mama. Hay que actuar.

El cáncer de mama ha aumentado mucho en los últimos años. Según el doctor Román Torres Trujillo, cirujano oncólogo con gran experiencia, esto se debe a: mala alimentación (alta en grasas de origen animal, carbohidratos y comida chatarra), sobrepeso, estrés, tabaquismo, consumo de alcohol y sedentarismo. "Realizarse un autoexamen mensual desde que los senos empiezan a desarrollarse —continúa Torres Trujillo— es la mejor alternativa para detectarlo a tiempo."

AUTOEXAMEN MAMARIO

El doctor Torres Trujillo nos sugiere lo siguiente:

¿Por qué hacerte una autoexploración mamaria?

1. Para familiarizarte con tus glándulas mamarias.

2. Para detectar cualquier cambio en tu mama, y en cuyo caso deberás acudir al médico.

3. Para desterrar la fobia al cáncer. Nueve de cada 10 consultas por anomalías se deben a casos de menor importancia.

¿Cómo se hace?

1. Revísate cada mes, entre el cuarto y quinto día después del sangrado menstrual; en caso de que ya no lo tengas, escoge un día fijo al mes.

2. Colócate frente a un espejo, con las manos sobre las caderas, y presiona firmemente. Gira el tronco hacia ambos lados y observa cómo están tus mamas: su tamaño, coloración de la piel, que no esté una más rojita que otra; revisa la dirección de los pezones, que no se hayan retraído, y apriétalos para ver si no hay secreción.

3. Levanta el brazo derecho y coloca la mano detrás de la cabeza. Con las yemas de los dedos de la mano izquierda, palpa suavemente, con movimientos circulares, desde la axila hasta el pezón. Repite del otro lado.

4. Este examen también lo puedes hacer recostada, con una almohada bajo la espalda, o en la regadera mientras te bañas y estás enjabonada.

Es indudable que los minutos que nos toma hacer este autoexamen cada mes nos pueden evitar la sorpresa de encontrarnos un tumor en etapa avanzada. Vale la pena hacerlo.

Además de este autoexamen, visita a un médico especialista una o dos veces al año.

La muerte es algo que a todos nos llegará; pero morir por pudor, por ignorancia o por desidia, en pleno siglo xxi, lo podemos evitar. Así que nunca mejor dicho: favor de tocar, Y de correr la voz a cuanta mujer conozcas.

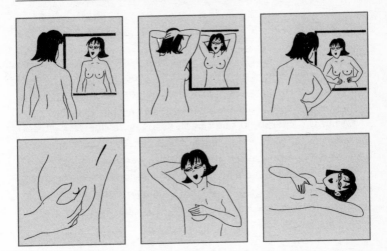

SENTIRTE Y VERTE BIEN

Lo más importante para cualquier persona es estar y sentirse bien; pero si además te interesa verte lo mejor posible, comparto contigo lo que he investigado, leído y aprendido de distintos especialistas, en relación con el bienestar y el envejecimiento.

Para empezar, te comento que en nuestra dieta occidental consumimos muchos carbohidratos refinados y grasas procesadas; además de todos los males que causan, son la receta perfecta para acelerar el envejecimiento. Ya sabes: donas, golosinas, refrescos, papas fritas, pasteles, los típicos antojitos mexicanos, etcétera. La razón es que estos alimentos elevan el azúcar en la sangre y, por lo tanto, los niveles de insulina. Además de las enfermedades naturales que derivan del consumo de estos alimentos, nuestro cuerpo genera grandes cantidades de radicales libres, que dañan las células del organismo.

¿QUÉ SON LOS RADICALES LIBRES?

Podríamos compararlos con un clavo que poncha la llanta de un coche y hace que éste pierda el control y choque con el de enfrente, mismo que choca, a su vez, con el siguiente, y así sucesivamente, hasta que sólo queda una cadena de coches hechos pedazos.

En nuestro cuerpo, lo que queda después de que han actuado los radicales libres es una serie de células dañadas que, acumuladas a través del tiempo, causan enfermedades y envejecimiento.

Otros elementos que estimulan la producción de radicales libres son el cigarro, el *smog*, los pesticidas y los químicos industriales, entre otros. Sorpresivamente, el ejercicio excesivo también hace que los produzcamos.

ANTIOXIDANTES AL RESCATE

La forma más práctica de romper la cadena es neutralizar los radicales libres con antioxidantes. Nuestro cuerpo los produce naturalmente para defenderse y es una suerte, ya que detienen la cadena de destrucción.

Sin embargo, también los podemos ingerir mediante alimentos y suplementos. ¿Qué tal si te dijera que hay una pastilla para mantener tu corazón fuerte, tu mente aguda y tu cuerpo joven, aun cuando llegues a los 90 años; otra que puede prolongar tu vida y mejorar tu actividad sexual; otra que previene el cáncer y, por si fuera poco, otra que mantiene tu piel joven y sin arrugas?

Bueno, eso está lejos de ser un sueño: los antioxidantes son una realidad y están a tu alcance en farmacias, tiendas naturistas y hasta en tu cocina. Me refiero a un grupo de vitaminas, minerales y otros nutrientes, cuyo papel en el organismo es milagroso.

Aunque existen cientos de antioxidantes, los científicos han descubierto que cinco de ellos son básicos, porque trabajan juntos a nivel celular, crean sinergias y se potencian unos a otros; eso los hace tan especiales. Digamos que son "los cinco fantásticos".

"LOS CINCO FANTÁSTICOS"

¿Quieres saber cuáles son los integrantes de este grupo fantástico? Las vitaminas C y E, el ácido lipoico, el glutatión y la coenzima Q10.

Las vitaminas C y E no son producidas por el organismo. El glutatión, el ácido lipoico y la coenzima Q10 sí se sintetizan en el cuerpo, pero sus niveles disminuyen con la edad, por lo que es necesario consumirlos en suplementos. Los cinco se pueden encontrar en la comida, pero es materialmente imposible recibir las dosis que necesitamos de ellos sólo mediante los alimentos. ¡Imagínate! Para obtener las 500 u de vitamina E, que recomiendan los expertos, ¡necesitaríamos comer más de 180 kilos de hígado o 125 cucharadas de aceite de cacahuate al día!

Como vimos, estos antioxidantes trabajan para defender al organismo de los radicales libres, evitan la oxidación de las células, hacen más lento el proceso de envejecimiento, elevan las defensas del cuerpo, mejoran la piel, nos protegen de las enfermedades y, en resumen, nos mantienen jóvenes y sanas. Asegúrate de consumirlos a diario. ¿Sabías que más de 70 por ciento de las personas mueren prematuramente por enfermedades causadas por una deficiencia en la red de antioxidantes?

ALGUNOS BENEFICIOS:

Ácido lipoico: protege de infartos, enfermedades cardiacas, cáncer y cataratas. Fortalece el cerebro y la memoria. Se encuentra, en pequeñas cantidades, en papas, espinacas y carnes rojas.

Vitamina E: retarda el inicio de la enfermedad de Alzheimer. Fortalece el sistema inmunológico, reduce el riesgo de infarto cardiaco, protege la piel de los rayos UV. Se obtiene de vegetales crudos, nueces, cebada y hojas verdes.

Vitamina C: previene de manera notable el cáncer, protege el esperma de los radicales libres, eleva las defensas del cuerpo, mejora la piel. Su presencia es abundante en los cítricos, pimientos rojos, brócoli, col, papas, jitomate y arándanos.

Coenzima Q10: rejuvenece las células del cerebro y puede ayudar a prevenir las enfermedades de Alzheimer y Parkinson. Ayuda a tratar el cáncer de mama y las afecciones de las encías. Se encuentra en mariscos y vísceras.

Glutatión: es el antioxidante de los antioxidantes. Es básico para desintoxicar al hígado de alcohol, drogas y contaminantes, y para mejorar sus funciones. No se recomienda tomarlo en suplementos, porque se absorbe mejor a través de los alimentos. El ácido lipoico estimula su producción en el organismo.

Asimismo, diversos estudios comprobaron que los niveles de antioxidantes en un grupo de personas aumentaron cuatro horas después de haber consumido moras, espinacas, vino tinto y vitamina C. Sus niveles de antioxidantes brincaron de siete a 25 por ciento.

EL PAQUETE BÁSICO EN SUPLEMENTOS

Además, es importante ingerir muchas frutas y verduras en forma natural. Tomar altas cantidades de antioxidantes no es necesariamente benéfico, ya que en algunos casos el cuerpo no los absorbe. El paquete que recomienda el doctor Lester Packer, de la Universidad de California, está diseñado para elevar la red de antioxidantes de manera efectiva y segura.

Puedes dividir la toma entre la mañana y la tarde y, si lo deseas, agregarlos sin problemas a tu multivitamínico, ya que éstos, por lo general, contienen muy pocas cantidades de antioxidantes.

Además del paquete básico, el doctor Packer agrega ácido fólico, vitamina B, selenio y ginkgo biloba, debido a los grandes beneficios que aportan.

EL PAQUETE MATUTINO	EL PAQUETE VESPERTINO
De la familia de la vitamina E	De la familia de la vitamina E
100 mg de tocotrienoles	200 mg de tocoferol natural
200 mg de tocoferoles mixtos	Ácido lipoico
Coenzima Q10	50 mg de ácido lipoico
30 mg de coenzima Q10	Vitamina C
Ácido lipoico	250 mg de vitamina Ester-C
50 mg de ácido lipoico	Ginkgo biloba
Vitamina C	30 mg de ginkgo biloba
250 mg de vitamina Ester-C	Selenio
Ácido fólico	200 mg de selenio
400 mg de ácido fólico	

Vale la pena incorporar a tu dieta estos suplementos cuyos beneficios, a corto y largo plazo, son materialmente milagrosos.

¡MÁS JOVEN CADA DÍA!

"¿Cuántos años tienes?" Es una pregunta que incomoda a muchas mujeres. No importa si tienen 30, 40, 50, 60, 70 o más. ¿Vanidad? ¿Temor a enfrentar la realidad de una muerte cada vez más cercana? ¿Resistencia a admitir que están por dejar de pertenecer, o que de plano ya no pertenecen, a la fuerza que domina al mundo: la juventud? Puede ser cualquiera o ninguna de estas razones.

Sin embargo, también hay otra posibilidad. Por dentro no nos sentimos de la edad que marca el calendario. Lo cierto es que la edad cronológica puede mentir; tu verdadera edad es la que tu actitud y tu cuerpo reflejan.

Algunas personas se ven más jóvenes de lo que son; física y mentalmente se conservan tan activas y potentes como alguien de menor edad. Esto no sólo se debe a la genética que, dicen los estudios, determina 25 por ciento del proceso de envejecimiento, sino al otro 75 por ciento que es el resultado de nuestra actitud, nuestro estilo de vida y el trato que le damos a nuestro cuerpo. Y claro, si hay abusos, las personas se avejentan más rápido de lo que deberían. Podríamos decir que, en esencia, todo lo que haces y comes adelanta o retarda el envejecimiento.

A continuación comparto contigo algunos factores importantes que, de acuerdo con los estudios del doctor Michael Roizen, reducen nuestra edad. Los efectos que vamos a obtener, si seguimos sus consejos, se verán reflejados cuando cumplamos 70 años:

1. Si tienes más de 35 años, toma una aspirina infantil al día. Tendrás mejores arterias, más energía y menos probabilidad de desarrollar cáncer. *Te verás 2.6 años más joven.*

2. Toma mil 200 mg de calcio diariamente, mediante alimentos o en pastillas, para mantener tus huesos jóvenes, especialmente si tomas mucho café o refrescos de cola. *Te verás 0.5 años más joven.*

3. Procura hacerte una limpieza de dientes profesional cada seis meses, y usa hilo dental diariamente. Las enfermedades de las encías provocan envejecimiento del sistema inmunológico y de las arterias. *Te verás 6.4 años más joven.*

4. Consume mucho jitomate, especialmente cocido, en sopas o salsas: contiene licopeno, que fortalece tu sistema inmunológico y tus arterias, además de que reduce las probabilidades de padecer cáncer. Si está crudo, acompáñalo con aceite de oliva, para que libere esta sustancia. *Te verás 1.9 años más joven.*

5. Haz ejercicio. Si a la semana combinas 30 minutos de ejercicio cardiovascular con 30 minutos de ejercicios de resistencia y una actividad aeróbica, como jugar tenis, nadar o correr, *te podrás ver nueve años más joven.*

6. Ten relaciones sexuales. Con una relación sexual sana y de calidad, dentro de un contexto monogámico o de sexo protegido, *puedes verte de 1.6 a ocho años más joven*, dependiendo de la frecuencia; además, estas condiciones de cuidado reducen el riesgo de adquirir enfermedades de transmisión sexual, con lo cual *puedes ganar de cinco a ocho años de vida.*

7. Evita el humo pasivo. Quien fuma de manera regular se ve ocho años más grande que una persona que no fuma. Una hora de humo pasivo equivale a una hora de fumar directamente. No lo toleres. Por cada cuatro horas de exposición al humo *te ves 6.4 años más viejo.*

8. Toma a diario una o dos copas de vino tinto. La cáscara de las uvas con las que se elabora el vino contienen un flavonoide llamado resveratrol, que es un poderoso antioxidante. *Te verás 1.9 años más joven.*

9. Ríete mucho. Reírnos es la mejor manera de reducir el estrés; abre las líneas de comunicación y fortalece nuestro sistema inmunológico. *Te verás de 1.7 a ocho años más joven.*

10. Mantén una dieta balanceada, baja en calorías y alta en nutrientes. Incluye cuatro a cinco raciones de fruta y cuatro o cinco raciones de verdura al día; ingiere sólo cereales integrales, consume pescado tres veces por semana y carne roja sólo una vez a la semana. *Te verás cuatro años más joven.*

11. Duerme regularmente de siete a ocho horas diarias. *Te verás tres años más joven.*

12. Cada vez que puedas, aprende un juego que ejercite la inteligencia, ya sea de baraja o en internet. Trata de resolver crucigramas y sodokus; esto ayuda a mantener sanas las arterias, el sistema inmunológico y la mente. *Te verás 1.3 años más joven.*

13. Comunícate con tus amigas diariamente. Háblales para comentar o discutir las cosas. Mejor aún si salen a caminar un rato. *Te verás ocho años más joven.*

14. Reduce el estrés. Cuando tenemos tres o más actividades estresantes en un año, *podemos envejecer ¡hasta 30 años!* Tener muchas amigas y estrategias para reducir las tensiones puede aminorar el proceso *hasta dos años.*

Además de seguir estas 14 sugerencias básicas para sentirte y verte bien, está otra igual de importante: la relativa a la alimentación. Comparto contigo la dieta del doctor Atkins, famosa por su innovación para retardar cualquier señal de envejecimiento. Es sencilla, balanceada y muy efectiva.

DIETA ANTIEDAD

Se compone de tres grupos básicos:
1. Proteínas y grasas (buenas)
2. Carbohidratos complejos
3. Carbohidratos simples

- Proteínas y grasas: carne, pollo, huevos (han recuperando su buena fama, ya que son la proteína perfecta y tienen muchos nutrientes), pescado, mariscos, quesos, nueces (especialmente las macadamia), semillas, aceitunas, aguacate, grasas y aceite de oliva, de ajonjolí, de girasol (son una gran fuente de Omega 3 y ácidos grasos). Esto en una proporción de 50 a 75 por ciento.

- Carbohidratos complejos: vegetales, (especialmente los que tienen hojas verdes, como espinaca, acelga y quelite), ajo, brócoli, betabel. La col rizada es el vegetal que tiene el más alto índice de antioxidantes. Dentro del grupo de los granos están el arroz salvaje y las legumbres, como frijoles y garbanzos, además de los productos de harina integral, como pasta y panes. De 25 a 50 por ciento (el nivel bajo es mejor).

- Carbohidratos simples: frutas, especialmente la familia de las moras, como frambuesas y fresas; ciruela, durazno, chabacano, melón y kiwi, ya que son ricas en antioxidantes y tienen pocos azúcares. Jugo de jitomate (mejor que el jitomate entero) así como aguacate, miel, leche y yogur; todos estos alimentos deben consumirse en proporciones menores a 10 por ciento.

Evitar: aceites vegetales parcialmente hidrogenados y de maíz, salchichas, carnes frías, queso amarillo, productos lácteos *light*, jugos de fruta (ya que se pierde la fibra y queda un concentrado de azúcar) y jugos enlatados, catsup, frutas secas (como pasitas, ciruelas pasas y orejones), así como el azúcar refinada.

Recuerda que nada nos hará envejecer más rápido que una dieta alta en carbohidratos. En especial todo lo que sea de color blanco: pan blanco, azúcar, harinas refinadas y demás.

¿QUÉ TOMAR?

Un importante aspecto de esta dieta es tomar por lo menos ocho vasos de agua al día, además de tés herbales de manzanilla y hierbabuena. El té negro (sin leche) tiene poderosos antioxidantes, igual que el verde, del cual hay que tomar por lo menos dos tazas diarias. Varios estudios comprueban que tomar una copa de vino tinto al día tiene un efecto benéfico para el corazón.

Hay que evitar las bebidas alcohólicas mezcladas con refresco, así como la cerveza y los vinos dulces.

Si la prevención está en nuestras manos, ¿por qué no aceptamos las sugerencias? Tú decides.

EL SECRETO PARA ADELGAZAR

¿Eres de las personas que, aunque te mates de hambre, te cuesta trabajo bajar de peso? Pues te tengo una noticia. Hay un secreto muy bien guardado, ideal para adelgazar. Se trata de mantener limpio el órgano más versátil y uno de los más importantes de nuestro cuerpo, ya que realiza a diario casi 400 tareas esenciales para estar sanos: el hígado. Sí, el hígado. Pero nadie se acuerda de él. Poetas y compositores escriben sobre el corazón, pero del hígado ni una triste palabra.

Te preguntarás, ¿y qué tiene que ver el hígado con bajar de peso? Bueno, pues tu hígado es la súper máquina que metaboliza la grasa; y si no está sano, nada de lo que hagas para adelgazar servirá.

Hay personas que tienen el hígado saturado de toxinas y congestionado. Harto de trabajar de más, este órgano mejor decide almacenar la grasa, en especial alrededor de la cintura —en una linda "llantita"— e impide el proceso total de adelgazamiento.

¡LLEVO TRES SEMANAS MATÁNDOME DE HAMBRE Y ESTA PORQUERÍA VA PARA ARRIBA! ¡SE ME HACE QUE NO SIRVE!

Acabo de leer el libro de la doctora Ann Louise Gittleman, *Fat Flush Plan*, en donde asegura que si desintoxicamos y le damos vacaciones al hígado durante dos semanas, además de proporcionarle lo que le gusta y evitar lo que no, bajamos de peso de manera importante.

LO QUE NO LE GUSTA AL HÍGADO

1. Alcohol. Si tu cuerpo está ocupado procesando alcohol, no puede quemar la grasa acumulada. Sustitúyelo por mucha agua.

2. Cafeína. La cafeína impide que el hígado metabolice la grasa. Aunque digas: "Sólo tomo una o dos tazas de café al día", quizá no consideres que la cafeína está también presente en chocolates, tés, café descafeinado, refrescos de cola, bebidas estimulantes, suplementos con guaraná y varios medicamentos. Lee las etiquetas. Sustitúyelos por infusiones herbales.

3. Azúcares. Se calcula que la persona promedio puede llegar a consumir, ¡de 60 a 80 kilos de azúcar al año! Y este inocente polvito blanco es pésimo para la salud en todos los sentidos. Además, inhibe la producción de las enzimas que el hígado necesita para desintoxicarse. Entonces, la grasa se acumula en el hígado y otros órganos, o bien, en caderas, glúteos y abdomen. Y, una vez más, el azúcar no sólo se usa para endulzar; también la usas para darle color a la comida, como en el caso de la catsup; para darle la costra café a los panes, el cuerpo a los refrescos... en fin. El azúcar puede tener muchas presentaciones: glucosa, fructosa, sucrosa, maltosa, aspartame, lactosa y todos los tipos de azúcar, jarabes y mieles. Poco a poco, elimínalas para siempre. Te acostumbras.

4. Grasas saturadas. Estas grasas obstruyen y le impiden al hígado quemar la grasa. Se distinguen porque se solidifican a temperatura ambiente. Son: margarina, manteca, carnes grasosas, grasas procesadas —muy utilizadas en donas, papas fritas, comida chatarra y rápida—. En general, entre más fluido es el aceite, tiene menos grasa saturada.

5. Medicinas. Algunas medicinas hacen trabajar de más al hígado y lo dañan. Como el acetaminofén, las hormonas de remplazo, los antiinflamatorios, altas dosis de vitamina A, entre otros. Infórmate y consulta a tu médico.

Éste es un plan muy sencillo de dos semanas. Te ayudará en el siempre renovado propósito de adelgazar. La novedosa idea que propone la doctora Anne Louise Gittleman para limpiar el hígado se basa en un principio muy claro: al descongestionarlo, se acelera el metabolismo y aumenta la pérdida de grasa. Y entre más evites lo que no le gusta al hígado e ingieras los alimentos que sí le gustan, más peso pierdes y mejor te sientes. No sólo eso, tus ansias de antojos desaparecen, tus niveles de triglicéridos y colesterol malo bajan, tu circulación mejora, te verás más joven y ganarás energía.

Aquí te va:

LO QUE SÍ LE GUSTA AL HÍGADO:

1. Proteínas poderosas. Ingiere por lo menos 225 gr al día de carne sin grasa, pollo, pescado o mariscos y huevos (ricos en aminoácidos, que ayudan a metabolizar la grasa). Estos alimentos aceleran el metabolismo en 25 por ciento durante unas 12 horas, lo que lo mantiene quemando grasa. Las proteínas son las reconstructoras de tejido y músculo por excelencia. Por cada medio kilo de músculo recuperado, quemas unas 70 calorías extra por hora. Por lo tanto, no te da hambre, los niveles de azúcar se mantienen bajos y facilitas la desintoxicación de tu sistema.

2. Asombrosos omegas. Los Omega 3 aceleran el metabolismo, ayudan a eliminar el agua de los riñones y bajan los niveles de triglicéridos. Se encuentran en pescados de agua fría, como salmón, atún y bacalao, y en sus aceites; en los aceites de linaza, nuez y

borraja; en el frijol de soya, germen de trigo, vegetales del mar y verduras de hoja verde. Estos ácidos grasos aumentan la actividad de la carnitina, que quema la grasa del cuerpo.

3. Carbohidratos coloridos. Las frutas y los vegetales rojos, amarillos, anaranjados y verdes están llenos de fibra, antioxidantes, enzimas naturales, vitaminas y minerales, como el potasio. Impiden que el sodio entre a las células y evitan la retención de agua. Asimismo, la fibra ayuda a expulsar las toxinas del organismo.

4. Especies termogénicas. Los estudios muestran que estos sazonadores elevan la temperatura del cuerpo y triplican su habilidad para quemar calorías, como las de la grasa, que de otra manera se acumulan. Son: jengibre, clavo, cayena, mostaza y canela (¼ de cucharita de canela en la comida ayuda a metabolizar el azúcar hasta 20 veces mejor).

5. Mucha agua. Los célebres ocho vasos, en especial entre los alimentos, son fundamentales. Gittleman también recomienda tomar todos los días, en ayunas, una taza de agua caliente con limón, por su acción diurética. De la misma forma, propone tomar jugo de arándano sin azúcar, rebajado con agua, por su contenido de flavonoides, que ayudan a limpiar el sistema linfático.

6. Sazona tu comida con limón o vinagre de manzana. Los estudios comprueban que, al hacerlo, el azúcar en la sangre baja 30 por ciento.

7. Elimina todo lo blanco de tu dieta: azúcar refinada, arroz, harinas, lácteos y demás.

8. Ejercicio moderado. Entre sus miles de beneficios, ayuda a que el metabolismo elimine las toxinas y a que el oxígeno y los nutrientes lleguen a las células.

Si sigues estos principios básicos y los conviertes en hábitos, no sólo te vas a sentir y ver mejor, sino que no tendrás que estar a dieta siempre. ¿No es un alivio?

¡DESINTOXÍCATE!

Estoy aterrada. No quiero terminar con obsesiones enfermizas, como el millonario Howard Hughes, pero me acabo de enterar de los miles de químicos tóxicos a los que diariamente estamos expuestas, los cuales nos enferman y aceleran el envejecimiento.

Antes no era así. Cuando niña, la leche venía en botellas de vidrio y no estaba llena de hormonas y aditivos impronunciables. Los biberones de los bebés también eran de vidrio. No había conservadores en la comida, ni hormonas en el pollo o la carne; las frutas y vegetales no se regaban con pesticidas; la carne se envolvía en el papel blanco del carnicero, no en el plástico de ahora. ¡No había smog!

El café no lo servían en vasos de unicel. No existían. Tomar un refresco o comer dulces eran sinónimo de día de fiesta; ahora, los niños los consumen todo el tiempo y estamos viendo los resultados. Además, los refrescos de dieta, los chicles y dulces de hoy se endulzan con químicos. Y para qué seguir… El hecho es que también los océanos estaban limpios y los peces no venían llenos de mercurio y otros venenos.

¿Quién había oído antes la palabra ftalatos? Yo jamás, pero suena fatal (es el gas que emite el plástico con que inocentemente envolvemos la comida). De hecho, sin saberlo, todos los días comemos plástico de alguna forma. Bueno, pues este ftalatos, o plástico, se engancha a las células y provoca un desastre. Daña los receptores hormonales y causa pérdida de energía y de apetito sexual; daña la química del cerebro, causa hiperactividad y disfunciones en el aprendizaje; y si se acumula en los órganos, puede generar el cáncer en próstata, pulmones, pecho y tiroides; además de dañar hígado, riñones y al feto en desarrollo.

Ese olor a coche nuevo, que mi ignorancia tanto festejaba, es el gas del plástico del tablero que se volatiliza y que, al inhalarlo, se queda en nuestro sistema.

¿Quién había oído antes algo acerca de la dioxina? La dioxina es un químico hecho por el hombre, presente en casi todo lo que comemos, aparte de ser uno de los carcinógenos más potentes. ¿Sabías que cuando calientas en el microondas la comida forrada con plástico, creas carcinógenos a partir de la dioxina del plástico?

La dioxina y el ftalatos están en todos lados: en el aire que respiramos, en el agua que bebemos, en la comida que comemos y en la tierra en que sembramos nuestro futuro.

Actualmente, cerca de 50 mil componentes químicos están presentes en la producción de lo que consumimos, y nuestro pobre hígado sólo gime al tratar de asimilar tanto artificio.

Para eliminar las toxinas del cuerpo, los doctores Herb Slavin y Michael Gallitzer te recomiendan:

1. Toma mucha agua e instala un purificador de agua y aire en tu casa.

2. Consume alimentos orgánicos. Evita la comida chatarra e incluye en tu dieta mucha zanahoria, betabel, calabaza, berros y alcachofa.

3. Para vestirte, opta por las fibras naturales, como algodón, lana y lino; también para la ropa de cama.

4. Prefiere los pisos de madera o cerámica a las alfombras. Si acaso tienes alfombra, que sea lo menos sintética posible.

5. Al calentar la comida en el microondas cúbrela con vidrio, no con plástico.

6. A tus suplementos alimenticios, agrega 200 mcg de selenio.

7. En ayunas, todos los días, toma una taza de agua caliente con el jugo de un limón.

La vida sin contaminantes que vivieron nuestros ancestros ya no existe. Sólo nos queda cuidar nuestro cuerpo y procurarnos lo que nos hace sentir bien, en la medida de lo posible.

DESÓRDENES ALIMENTICIOS

CONDUCTAS AUTODESTRUCTIVAS, ¿QUÉ SON?

Una conducta autodestructiva sobreviene cuando tú sola te pones física o psicológicamente en peligro. Esto puede darse como respuesta a una situación dolorosa en tu vida personal o para huir de un dolor o de un futuro riesgo que temes enfrentar, o que simplemente no sabes cómo hacerlo.

Una conducta autodestructiva puede tomar varias formas, desde dejar de esforzarte para conseguir algo, hasta lastimarte físicamente. Algunas conductas autodestructivas tienen consecuencias más graves que otras. Entre las más comunes están los desórdenes alimenticios.

¿Sabías que cerca de 2 millones de personas en nuestro país, la mayoría mujeres y niñas, sufren de trastornos alimenticios, y que esta enfermedad afecta en todos los niveles socioeconómicos? Hay quienes culpan a la imagen de la modelo delgada y perfecta que los medios nos muestran y a la presión social que deriva por imitarla. Sin embargo, ésa es sólo una parte del problema.

Comer o no comer de manera obsesiva nada tiene que ver con sentir hambre. Puede ser una forma de llamar la atención, de castigar a algún ser querido o incluso a ti misma. O quizá puedes tener la impresión equivocada: tu peso puede promover u obstaculizar tu popularidad. Cualquiera que sea la razón, los desórdenes alimenticios —anorexia, bulimia o comer compulsivamente—, son conductas muy peligrosas que, al final, sólo te provocan dolor, incluso la muerte.

ELEMENTOS QUE PUEDEN DESENCADENAR TRASTORNOS EN LA ALIMENTACIÓN:

- No aceptarse como persona.
- Temor a no ser aceptada por los demás.
- Baja autoestima.
- Ser perfeccionista en exceso.
- Exigirse demasiado.
- Preocuparse mucho por lo que los demás piensan de una.
- Percibir que se tiene poco control sobre la propia vida.
- Sentirse con pocas habilidades para socializar.
- Tener algún familiar obeso al que no quiere uno parecerse.
- Tener un familiar obsesionado con el peso o con la imagen personal.
- Tener una madre sobreprotectora.

- Que la familia tenga demasiadas expectativas puestas en mí.
- Haber sufrido malos tratos o abusos sexuales en la infancia.
- Padecer depresión y ansiedad.
- Haber vivido fracasos, conflictos interpersonales, divorcios o cambios corporales en la adolescencia.

ANOREXIA

"CUMPLO Y MIENTO"

"A mí nadie me pasó este mensaje. De haberlo recibido, me hubiera ahorrado 23 años de dolor; tal vez tendría dientes." Esto me lo comentó mi querida amiga Ana, quien luchó a brazo partido contra esa enfermedad que arrastra a pacientes, amigos y familiares a las puertas del infierno: la anorexia. Este mal se está convirtiendo en algo tan común que hasta creemos conocerlo; pensamos que con recuperar un poco del peso perdido la persona volverá a ser la que era antes. No es así. Una persona no tiene anorexia, la anorexia la tiene a ella: esa bestia de siete cabezas se apodera de su víctima y la tortura. Quizá lo más terrible es que quien la padece piense que es demasiado tarde y que la voluntad no sea suficiente para quitarse la enfermedad de encima.

La mejor defensa es conocer el padecimiento, para poner las cosas en perspectiva y enfocarnos en sus causas, no en el comportamiento que deriva de ella. El testimonio de Ana, su mirada, su amor a la vida y su paz son un mensaje de esperanza para todos aquellos que padecen anorexia y para sus familias. Por ello, querida lectora, lo comparto contigo:

Cuelgo el teléfono y no puedo contener el llanto: mi última amiga de la clínica acaba de morir. Con ella suman ocho. Después de 15 años de negar mi enfermedad, de manipular a todos, de evadirme, de visitar hospitales, clínicas y toda clase de doctores, me doy cuenta de que necesito ayuda.

A los 16 años soy un poco gordita, peso 62 kilos y no me gusto a mí misma. Mi mamá insiste en que adelgace y eso me incomoda. Un comentario del novio de mi amiga me acaba de dar la puñalada: "No le interesa tener novio, por eso está gorda." Empiezo con dietas y tomo laxantes; pienso que si adelgazo seré atractiva y popular.

En mi casa, padecemos la supuesta "familia ideal". Por supuesto que hay broncas, pero no se las cuento a nadie. Descubro que la persona que más quiero, mi papá, tiene un problema de alcoholismo. ¿Y yo? La comida me da asco y llego a verla como si se tratara de veneno. Mi obsesión es bajar de peso y ser perfecta en todo lo que hago. Por dentro escucho una voz que me dice: "Cumple, da más, párate derecha, sé mejor." Me siento culpable de no lograrlo. Me siento indigna de ser amada. Estoy agotada. Me pierdo en el camino. Escucho a mi papá decir cosas como: "Así de flaca ya no te quiero." Su amor condicionado me duele en el alma. Si me dice "sube de peso", yo lo interpreto como un "ya no te quiero". Ay, papá... Necesito que me digas que me amas con palabras que entienda. Necesito que me abraces y me hagas sentir que me aceptas como soy y como estoy. Mi conciencia se va deformando, percibo lo bueno como malo y lo malo como bueno. Me siento rechazada, por eso insisto en bajar de peso. Me gusta adelgazar. Si por la mañana la báscula marca 100 gramos menos, me siento feliz.

Al paso del tiempo pierdo a mi papá y me pierdo a mí misma. No puedo hacer mi tesis por debilidad. Me mandan a descansar y la angustia crece. Me siento frustrada.

En mi casa y en el trabajo creen que todo está bien. Incluso mis compañeras de oficina me dan el título de "la presidenta del club de la decencia y la elegancia". Me siento mal porque sé que sólo es una máscara. Vivo en el cumplimiento: cumplo y miento. Por dentro tengo un gran dolor, un enorme vacío, una gran culpa y temor. Estoy débil. A escondidas, tomo anfetaminas, que podrían terminar con mi vida en 10 años, y es lo que me hace más daño. Me hiero el paladar para no comer.

Procuro llenarme de actividades para no pensar; desde que me levanto prendo la radio y escucho los noticiarios; en el trayecto al trabajo, memorizo las noticias, como un ejercicio para evadirme del vacío, del dolor y de la culpa.

Un día me desmayo en el trabajo. Me internan en la clínica y me convierto en la mentirosa número uno. Manipulo a doctores y enfermeras para que desconecten la sonda y me dejen regresar a casa, para seguir purgándome con las 10 cajas de laxantes que tomo todos los días; a escondidas, por supuesto. Para conseguir que me den de alta, meto cosas pesadas en los bolsillos de mi ropa y tomo un litro de agua. La mentira es mi estilo de vida. Me convenzo de que estoy bien pero me siento mal. Peso 32 kilos. Toco fondo. Me reconozco: soy anoréxica. Pido ayuda.

Llamo a la clínica y me oigo decir: "No puedo comer." Una voz me consuela y dice que no soy mala, que no soy culpable, que me entiende y está conmigo. Me suelto a llorar. Gracias a Dios, al amor de mi familia, a las terapias de grupo y a los 12 pasos del grupo Alcohólicos Anónimos, te puedo decir que me levanto con paz, que como cinco veces al día sin que nadie me vigile, que estoy tratando de reparar mi vida y me doy permiso de sentir, que ya no busco ser perfecta, disfruto este café que comparto contigo, gozo cada abrazo que me dan... y que agradezco estar viva.

¿CÓMO IDENTIFICAR LA ANOREXIA?

Al principio es difícil reconocer la enfermedad, ya que empieza con una dieta inocente. Conforme progresa, es raro que alguien la detecte, ya que la persona anoréxica suele usar ropas holgadas. Aun las personas anoréxicas muy avanzadas continúan sintiéndose gordas y feas, y por eso buscan esconder su cuerpo. Siempre están a dieta.

Una persona anoréxica suele evitar situaciones sociales que incluyan comida. Si son inevitables, por lo general juega con la comida y se hace tonta en lugar de comerla, o la tira a la basura.

Los anoréxicos, por lo general, oscilan entre la sobreexcitación y la depresión; buscan ser prerfectos, se fijan metas muy altas y se obligan a mostrar un elevado nivel de competencia. Si no pueden controlar lo que pasa a su alrededor sienten que, por lo menos, controlan su peso.

TRATAMIENTOS:

Quienes padecen anorexia son personas que, por lo general, niegan su enfermedad y se resisten a aceptar ayuda. Un buen comienzo es comprenderlas, saber de qué se trata su padecimiento, informarse, pedir ayuda a un profesional, seguir terapia individual, de familia o de grupo; e internar al paciente en una clínica especializada. Los primeros seis meses son los más difíciles para todos: familiares, terapeutas y médicos. Hay que entender que su comportamiento, su autodestrucción o su agresividad hacia los que más quiere, están más allá de su control y son involuntarios.

Cuanto antes se actúe, mejor. Es común que los médicos incluyan en el tratamiento algún antidepresivo para sacar a la persona adelante. Es muy importante que toda la familia participe en la terapia de recuperación, que es lenta y suele presentar recaídas. Quien padece este tipo de enfermedad requiere de mucha paciencia, nada de críticas, mucho cariño, nada de regaños, mucha comprensión, nada de vigilancia y mucho apoyo. Hay que estar conscientes de que la persona con anorexia no suele pedir ayuda verbalmente.

BULIMIA

¿QUÉ ES?

Es un trastorno alimenticio que consiste en comer excesivamente, por lo general en aislamiento, para después purgarse mediante el vómito; incluye uso de laxantes, diuréticos o dietas drásticas. Estos episodios de alimentación excesiva y vómito se hacen, por lo general, en secreto. Las personas bulímicas rara vez están sobradas de peso, aunque se perciben como gordas.

Las personas bulímicas son inseguras, no se valoran y tienden a hacer las cosas para complacer a los demás. Piensan que la comida es uno de los placeres que merecen y la consumen en exceso. Esto les causa sentimientos de angustia, asco, culpa, vergüenza y desamparo. Así, purgarse o vomitar les devuelve un poco su sentido de control y les da la sensación de compensar su "asquerosa" conducta.

ALGUNOS EFECTOS FÍSICOS Y RIESGOS DE SALUD

Puede presentarse uno, varios o todos.

- Cambios notables de peso en poco tiempo.
- El flujo menstrual desaparece por más de tres ciclos.
- Estreñimiento.
- Daño y decoloración en los dientes (los ácidos estomacales acaban con el barniz dental).

- Acidez y/o inflamación.
- Daño e irritación en los pulmones (por las partículas de comida que, al vomitar, se van por las vías respiratorias).
- Debilidad.
- Irregularidad en el ritmo cardiaco.
- Daño en los riñones causado por la pérdida crónica de líquidos.
- Agrandamiento de las glándulas salivales (similar al efecto de paperas).
- Inflamación de ojos y cara.
- Ojos rojos y acuosos, por vomitar.
- Llagas o callos en el dorso de la mano (donde los dientes raspan al provocarse el vómito).
- Deshidratación y pérdida de minerales importantes.
- Desequilibrio hormonal.
- Dolor crónico de garganta.
- Mal aliento.
- Como la anorexia, la bulimia puede matar.

¿CÓMO IDENTIFICAR LA BULIMIA?

Como los bulímicos se atracan y purgan en secreto, y mantienen su peso normal o arriba de lo normal, con frecuencia logran esconder su problema durante años. Los bulímicos van mucho al baño después de comer, para vomitar. Pueden tomar muchos laxantes y diuréticos y tienden a tener la cara hinchada, los ojos rojos y mal aliento.

Mientras comen, los bulímicos se sienten fuera de control y pueden tener cambios de humor, ya que suelen sentir culpa o depresión después de atiborrarse y purgarse. Algunos intentan aplacar estos sentimientos mediante el robo, la promiscuidad y el abuso de alcohol y drogas.

PATRONES DE COMPORTAMIENTO

Puede presentarse uno, varios o todos.

- Episodios de ingesta excesiva de alimentos y purga.
- Uso diario de laxantes y diuréticos, para controlar el peso.
- Obsesión con el cuerpo y la comida.
- Tendencia a la perfección.
- Cambios súbitos de humor.
- Ansiedad.
- Letargo.
- Depresión.
- Insomnio.
- Horarios de ejercicio rígidos y obsesivos.
- Inclinación a las drogas, el alcohol, la velocidad o las compras.

"COMIDA CONFORT" Y COMER COMPULSIVO

Estoy sola en el aeropuerto de Atlanta; regreso de un viaje relámpago de 24 horas. Es uno de esos días largos y pesados en que me siento sin energía. Al caminar por el interminable pasillo del aeropuerto, paso por una de esas tiendas que venden de todo y, como si tuviera un imán, el área de golosinas me jala sin consultarme. Tomo dos y tres paquetes de no me acuerdo qué antojos, y como en una especie de trance, me los acabo compulsivamente como niño al que acaban de levantarle el castigo de no comer dulces.

Lo compruebo: el hambre física y el hambre emocional no son lo mismo. Según el doctor Robert Gould, autor del libro *Shrink Yourself*, 95 por ciento de las dietas fallan porque estamos bajo el control de nuestras emociones. Cuando estamos cansados, enojados, tristes o solos, sentimos urgencia de correr al refrigerador o a la despensa en busca de un poco de consuelo en el fondo del bote de helado o la bolsa de papas.

Gould la llama "comida confort". Ya sabes, ese pedazo de pastel, esa bolsa de cacahuates, chocolates, lo que sea que nos quite la ansiedad, el aburrimiento, la soledad, la frustración o cualquier otro sentimiento negativo. Lo malo es que el confort no dura mucho tiempo. A los diez minutos de haberme terminado todas las porquerías que compré, me empiezo a sentir culpable y llena de remordimientos: "¿Para qué me los comí? Ni siquiera estaban buenos; soy una tonta, estaban llenos de azúcar, no valió la pena..."

El problema aquí es que comienza el ciclo del yoyo sin fin, porque para anestesiar la culpa, volvemos a buscar algo que nos proporcione ese placer momentáneo. Así comienza el círculo vicioso. Al poco tiempo estamos, una vez más, usando la talla grande, recorriendo la hebilla del cinturón y reclamándonos nuestra falta de voluntad, para después intentar otra dieta mágica.

¿Qué dice un experto acerca de por qué tanta gente le hace esto a su cuerpo? "Es algo que aprendemos desde el nacimiento, de las mamás, de las abuelas —me comenta el doctor Armando Barriguete, experto en desórdenes alimenticios—. Cuando el bebé llora por hambre, siente un dolor que se calma en el momento en que recibe alimento, y así descubre la conexión emocional entre su malestar y tensión interna, y lo placentero del biberón y de los cuidados de su mamá. Esta conducta alimentaria aparecerá siempre en momentos de tensión."

El doctor Michael Roizen, en *You on a Diet*, dice que el sobrepeso es más un asunto de autoestima que de cualquier otra cosa, un miedo petrificante que nos hace sentir que no merecemos estar delgados. Asimismo, sirve, literal y metafóricamente, como una capa de protección que te impide lidiar con la realidad. Si constantemente usas pretextos como: "Si sólo pudiera bajar de peso", "si sólo me pudiera poner ese bikini", o "si sólo pudiera ir de excursión con mi familia sin asfixiarme", no te sientes obligada a jugar el juego de la vida. Mucha gente puede afirmar que el sobrepeso es una forma de fracaso, pero para muchos es una manera de evadir el fracaso.

Hay cosas en la vida que podemos cambiar; otras no. Nuestro peso es de las que podemos controlar, así que cuando nos sintamos aburridas, enojadas, tensas, solas o muy cansadas, y estiremos la mano para abrir una bolsita de donas, preguntémonos: "¿En verdad tengo hambre? ¿Este impulso, viene de mi mente o de mi estómago? ¿Es un hueco que busco llenar? ¿Cómo me voy a sentir después? ¿De qué tengo hambre en verdad?" Porque quizá no es de comida. La verdadera razón es diferente para cada una de nosotras, y encontrarla es un gran paso para entender por qué logramos, o no, bajar de peso.

Lo importante es estar conscientes de que este círculo vicioso puede convertirse en un huracán que arruine nuestra vida y nuestras relaciones.

Haz la prueba de intentar averiguar en qué punto se unen en tu mente tu peso y tus sentimienos. La reflexión puedes plantéartela más o menos así:

¿Por qué quiero bajar de peso? Porque quiero entrar otra vez en mis pantalones. *¿Por qué quiero entrar en mis pantalones?* Porque quiero sentir más confianza en mí misma. *¿Por qué quiero sentir más confianza en mí misma?* Porque me siento mejor al conocer gente. *¿Por qué quiero conocer gente?* Porque me acabo de divorciar y espero empezar pronto una nueva relación. *¿Por qué quiero empezar una nueva relación?* Porque me siento sola...

Cuando puedes ligar la primera pregunta con la última, ya tienes la respuesta.

COMER COMPULSIVAMENTE

Acabo de pelearme con mi esposo... ¡otra vez! Azoto la puerta de mi recámara; ya no aguanto tanta presión. Con un nudo en la garganta, lo primero que se me ocurre es ir a la despensa para ver qué encuentro, como siempre.

Empiezo con un chocolate y no paro hasta que se acaba la caja. Poco a poco los atracones se vuelven cotidianos. A escondidas, me puedo acabar una bolsa de papas, de pan, o lo que sea, hasta saciarme, aunque no me guste. Claro está, borro todas las huellas que me puedan delatar. Como hasta en el baño y le he robado dulces a mis hijos, lo cual me llena de culpa.

Poco a poco empiezo a engordar. De 60 kilos que pesaba, ahora peso 90. Mi esposo es muy delgado. "No entiendo cómo no puedes dejar de comer", me dice a cada rato. Me siento fea, me irrito por todo y estoy muy deprimida. Pienso que no me falta nada: tengo salud, una pareja estable y unos hijos preciosos, lo cual me hace sentir peor. Hago dietas, recurro a liposucción, homeopatía, yoga, nutriología, a todo tipo de tés, pero nada puede parar mi proceso de engorda.

Mi autoestima está por el suelo. Además, me muevo en un medio en el que ser gorda está mal visto. Cuando acompaño a mi marido a sus reuniones de trabajo, veo a las otras esposas, divinas; y yo, digamos que más bien busco tapar con cierta dignidad mis lonjas. Siento vergüenza de mi cuerpo.

"¿Por qué estás tan gorda?" "¿Por qué tienes esa panzota?", me dicen mis dos hijos pequeños, al compararme con otras mamás del kínder. Me quiero morir. Siento que me arrastro por la vida.

Por supuesto, empiezan a aparecer los problemas de salud: asma, várices, trastornos intestinales; pero prefiero todo esto antes que dejar de comer. El día que murió mi mamá no lloré, sólo pasé al súper y me comí 18 alfajores. Me doy cuenta de que no sé cómo conectarme con la vida, ni con las emociones, ni con el dolor. La idea del suicidio empieza a rondarme. ¡Carajo! ¡Para qué estoy viviendo, si me la paso sentada frente a la tele sin ver a mis hijos! Estoy muerta en vida... Toco fondo y así seguiría, pero una amiga me invita a un grupo de autoayuda y encuentro mi salvación.

Verónica

Creo que todas hemos experimentado alguna vez esa imperiosa necesidad de llenar un hueco (a nivel afectivo o espiritual) con lo que sea: alcohol, cigarros, chocolates o comida. ¿Quién puede decir que tiene una voluntad que nunca falla? ¿Quién no se ha excedido una o varias veces en el consumo de algo? ¿Quién no ha sido permisiva consigo misma de vez en cuando, aun sabiendo que esto le hace daño? Sin embargo, para quienes comen compulsivamente, como Verónica, comer es una especie de adicción que, de manera inconsciente, bloquea las emociones y los sentimientos de forma permanente y exagerada.

Si crees tener este desorden, pregúntate lo siguiente:

1. ¿Comes todo el día y te estresa mucho pensar en situaciones en las que no puedas comer?
2. ¿Sueles sentir calor en cualquier clima?
3. Después de un atracón, ¿sientes remordimiento?
4. ¿Planeas con placer una comida que harás sola?
5. ¿Comes para escapar de preocupaciones y problemas?
6. ¿Te da por comer demasiado sin ninguna razón?
7. ¿Haces mucho ejercicio sólo para quemar las calorías de lo que después te vas a comer?
8. ¿Te pesas más de una vez por semana?

Si contestaste "sí" a por lo menos cuatro preguntas, es posible que padezcas esta enfermedad.

PATRONES DE COMPORTAMIENTO

Puede presentarse uno, varios o todos.

- Letargo.
- Sentimientos de poca valía personal y desesperanza.
- Actitud negativa.
- Tendencia a echarle la culpa a otros.
- Sentimientos de culpa, enojo o depresión después de comer.
- Postergación de tareas.
- Conciencia de que tu forma de comer es anormal.

TU ENFERMEDAD TIENE CURA

Como sociedad no hemos tomado suficientemente en serio este desorden. Con frecuencia, el comedor compulsivo se ve asediado por médicos y familiares que le sugieren hacer dietas, lo cual, sin apoyo psicológico y anímico, no funciona. El fracaso es seguro y provoca en la persona una gran frustración y culpabilidad. Esto prolonga el círculo vicioso.

Muy rara vez se requiere internar a una persona con este padecimiento. Por lo general, a los comedores compulsivos se les quitan azúcares y carbohidratos, y se les recomienda acudir a un grupo de apoyo y a terapia personal. Algunas veces los médicos deciden dar medicamentos para restablecer el equilibrio químico del cerebro y controlar los impulsos por comer. Esto también ayuda.

Sin embargo, no necesitas pasar por esto sola. Hay muchos grupos de apoyo en donde ya se comprende y se trata este trastorno alimenticio. No dudes en pedir ayuda.

- Instituto Nacional de Ciencias Médicas
  y Nutrición "Salvador Subirán"
  Vasco de Quiroga núm 15, col. Sección XVI
  C.P. 14000 México, D.F.
  Tels: (01 55) 55 73 12 00 y 55 73 06 11
  innsz@quetzal.innsz.mx

- Instituto Nacional de Psiquiatría "Ramón de la Fuente"
  Calzada México-Xochimilco núm 101
  col. San Lorenzo Huipulco
  C.P. 14370 México, D.F.
  Tel: (01 55) 56 55 28 11
  www.impedsm.edu.mx

- Avalón, Centro de Tratamiento para la Mujer
  Paseo de Lomas Altas núm 16
  col. Lomas Altas
  C.P. 11950 México, D.F.
  Tels: (01 55) 55 70 30 52, 55 70 11 95 y 52 59 81 65
  fundacion@avalon.com.mx
  www.avalon.com.mx

- Eating Disorders México
  Paseo de Las Palmas núm 751-1002
  col. Lomas de Chapultepec
  C.P. 11010 México, D.F.
  www.eatingdisorders.com.mx

- Fundación Ellen West
  Carretera México-Toluca núm 3847 Km 20.5
  del. Cuajimalpa.
  C.P. 05000 México, D.F.
  Tels: (01 55) 58 12 08 77 y 58 13 74 14
  info@ellenwest.org

- GENS de México, S.C.
  Río San Ángel núm 63-1
  col. Guadalupe Inn,
  C.P. 01020 México, D.F.
  Tels: (01 55) 56 61 19 17 y 56 61 96 64
  www.gensmexico.org.mx

- Casa Mar
  Ángel Flores núm 1103
  8200 Mazatlán, Sinaloa
  Tel: (01 69) 81 20 20
  casa_mar@hotmail.com

- Fundación Comenzar de Nuevo A.C.
  Av. Humberto Lobo núm 240,
  Local 8, col. Del Valle, C.P. 66220
  Garza García, Nuevo León
  Tels: (01 81) 129 46 84 y 129 46 83
  comenzardenuevo@axtel.net

¿DÓNDE DEJÉ MIS LLAVES?

"¿Cómo se llama esa película en la que sale esta artista que es gua-písima, güera?... ¡Sí, hombre!, la alta, de pelo chino, que salió una vez con este actor maravilloso que se llama..., que salió en una obra de teatro muy famosa... ¿ya sabes cuál digo, no?"

Así comenzamos. A partir de los 30 años, empiezas a notar pe-queños olvidos: "¿A qué hora era la cita, a las 5:00 o 5:30?" "¿Cómo me dijeron que funcionaba esto?" "¿En qué piso me estacioné?" Pero nada como cuando exclamamos: "¡Me robaron el coche!", sin darnos cuenta de que salimos por la puerta equivocada del centro comercial.

Aunque estos pequeños olvidos no afectan a fondo nuestra vida, nos producen mucha ansiedad. Con terror pensamos que el cerebro empieza a convertirse en gelatina y nos preocupa quedar como la tía Anastasia, que recuerda con lujo de detalle todo acerca de su niñez en Morelia, pero no puede acordarse de lo que hizo ayer o esa misma mañana.

Si esto te empieza a ocurrir, no te preocupes, hay esperanza. Existen muchos mitos que relacionan la edad con la falta de memoria. Los neurocientíficos han comprobado que no necesariamente es así; que las células se regeneran en el cerebro de los adultos y que, al contrario de lo que se pensaba, la pérdida de memoria no se debe a la edad o a que las neuronas se mueran, sino a la reducción, en número y complejidad, de las dendritas (ramas de las neuronas que, a través de la sinapsis, reciben y procesan la información de otras células nerviosas).

-Esto sucede por una sencilla razón: falta de uso. "¿Cómo falta de uso?", te preguntarás alarmada (sígueme un poco más). Es muy sencillo: así como un músculo se atrofia si no se ejercita, las dendritas se deterioran si no se conectan con frecuencia, y la habilidad del cerebro para captar nueva información se reduce.

Aunque hay vitaminas y medicinas que aumentan la transmisión sináptica y fortalecen la memoria, nada como hacer que nuestro cerebro fabrique su propio alimento: las neurotrofinas.

Las neurotrofinas son moléculas producidas por las células nerviosas. Actúan como alimento para éstas y para la sinapsis. Entre más activas estén las células del cerebro, más cantidad de neurotrofinas producen; esto genera más conexiones entre las distintas áreas del cerebro. (¿Sigues conmigo?)

¿QUÉ PODEMOS HACER?

Lo que necesitamos hacer es pilates con las neuronas: estirarlas, sorprenderlas, sacarlas de su rutina y presentarles novedades inesperadas y divertidas a través de las emociones, del olfato, la vista, el tacto, el gusto y el oído. Además, sirve retarlas con crucigramas, sudokus, rompecabezas o ajedrez. ¿El resultado? El cerebro se vuelve más flexible, más ágil y su capacidad de memoria aumenta.

Al leer esto probablemente pienses: "Yo leo, trabajo, hago ejercicio y mil cosas más durante el día, así que mi mente debe estar muy estimulada." La verdad es que nuestra vida consiste en una serie de rutinas. Piensa en un día o una semana cualquiera. ¿Qué tan diferente es tu rutina de la mañana, tu ruta hacia el trabajo, la hora en que comes o regresas a casa, el tiempo que pasas en el coche o en el transporte, el tiempo que ves programas de televisión?

Las actividades rutinarias son inconscientes; hacen que el cerebro funcione en automático. Requieren un mínimo de energía y las experiencias pasan por las mismas carreteras neuronales formadas tiempo atrás. No exigen la producción de neurotrofinas.

Comparto contigo algunos ejercicios que fortalecen sustancialmente las dendritas:

1. Báñate con los ojos cerrados. Sólo con el tacto, localiza las llaves ajusta la temperatura del agua, busca el jabón, el shampoo o acondicionador. Verás cómo tus manos notarán texturas que nunca habías percibido.

2. Utiliza la mano no dominante. Come, escribe, abre la pasta dental, cepíllate los dientes, abre el cajón con la mano que más trabajo te cuesta usar.

3. Lee en voz alta. Se activan circuitos distintos a los usados para leer en silencio.

4. Cambia tus rutas. Toma diferentes trayectos para ir al trabajo a tu casa.

5. Cambia tus rutinas. Haz cosas diferentes. Sal, conoce y habla con gente de diferentes edades, trabajos e ideologías. Experimenta lo inesperado. Usa las escaleras en lugar del elevador. Sal al campo, camínalo, huélelo; si nunca vas al teatro, a museos o exposiciones, trata de ir, ¿por qué no?

6. Cambia las cosas de lugar. Al saber dónde está todo, el cerebro construye un mapa. Cambia, por ejemplo, el lugar del bote de la basura; verás la cantidad de veces que aventarás el papel a su antiguo lugar.

7. Realiza una actividad nueva; puede ser fotografía, cocina, yoga o estudiar un nuevo idioma. Si te gusta armar rompecabezas o pintar, tápate un ojo para que pierdas la percepción de la profundidad y el cerebro tenga que seguir otras vías.

¿Por qué no abrimos la mente y probamos estos ejercicios tan sencillos que amplían nuestra memoria? Con suerte, nunca más volveremos a preguntar: "¿Dónde dejé mis llaves?"

ESTAR EN CALMA

No hay mejor forma de equilibrar nuestro sistema que estar en calma. Nota cómo la sola palabra es suficiente para empezar a relajarnos: *calma*. Su sonido induce un estado en el que la respiración se vuelve más lenta y más profunda.

Estar en calma proporciona enormes beneficios: nos permite enfrentarnos mejor a las presiones cotidianas, estar más enfocadas, tomar mejores decisiones, ser más creativas, más tolerantes y sobre todo, estar más sanas.

Estar en calma no significa subir los pies al escritorio en un estado de abandono, sin hacer nada. Más bien, es el estado mental que emplean los atletas antes de una competencia, los actores antes de salir al escenario y los cirujanos antes de operar a un paciente. En fin, es ese estado de tranquilidad interior que nos da un sentido de orden y control mientras llevamos a cabo las actividades de la vida diaria.

"Estar en calma" ¡Qué fácil decirlo pero, a la hora de la verdad, qué rápido se olvida!

"Después de un minuto de caída libre, te pasaré la mano frente a la cara en señal de que debes abrir el paracaídas."

Nos subimos a un avión —uno como de la Primera Guerra Mundial—, y mi mente sigue encendiendo focos rojos. Tomamos la altura de las nubes. El primero en lanzarse es Pablo, mi esposo. Para nuestro asombro, no se queda flotando a la altura de la puerta del avión, como en las películas. Cae como piano y el estómago se me hunde; mientras, el aire me golpea con violencia.

Parada frente a la puerta del avión, con la punta de los tenis en el aire, el maestro me recuerda las instrucciones y yo las repito 100 veces en mi mente.

Con la adrenalina a todo lo que da, me lanzo sin hacer una pausa, con el instructor cosido a mis espaldas. Pasa un minuto sin darme cuenta, estoy en estado de *shock* y no abro el paracaídas. Apenas noto el movimiento del instructor que se esfuerza por tirar del paracaídas. ¡No vi! ¡No oí nada! Aun sabiendo que de no seguir las instrucciones, nuestra vida corría peligro. ¡No lo puedo creer! ¿La razón? No estaba preparada mentalmente. No estaba concentrada. No estaba viviendo el momento, ni disfrutando. Tenía mi mente en diez mil lugares a la vez. Pensaba en todo lo que podría pasar, en lo alto que estábamos, en lo que dirían mis hijos huérfanos. En resumen, no estaba en calma ni en control.

Una vez segura de que no me mataría, creo haber sentido algo cercano al gozo, pero no podría asegurarlo.

LA EXPERIENCIA DEL AHORA

En los deportes, como en muchas disciplinas, se nos enseña que, sin importar la circunstancia, toda la fuerza, la serenidad y la destreza provienen de estar centrados físicamente. Para lograr esto, lo primero que hay que hacer es enfocar la mente. Por eso, en las artes marciales utilizan la meditación, o bien, el poder del ahora. Si en lugar de vivir el momento piensas en los siguientes 30 segundos, ya no estás en el presente sino en el futuro. Y la anticipación es terreno fértil para angustias y preocupaciones. De la misma manera, si piensas en el último movimiento que hiciste, tampoco aprovechas la experiencia porque estás en el pasado. Y esto, está demostrado, te debilita y desequilibra.

Cuando estás centrada físicamente tienes un gran poder y control. Estás en calma. De hecho, lo único real en la vida es este preciso momento. Ahora. No hay principio, no hay final, no hay pasado ni futuro, sólo presente.

¿Has visto como juega un niño? Es envidiable su habilidad para concentrarse en un insecto, en un pedazo de madera o en cualquier cosa, sin pensar en lo que tiene que hacer mañana, o en qué va a cenar, o si se va a quemar con el sol. Sólo experimenta el momento. Ése es el secreto.

De acuerdo con diversos estudios, hay cuatro tipos de personas:

1. Los que sólo se enfocan en el pasado; suelen ser personas mayores.

2. Los que permanecen en la supervivencia, en el día a día, analizando su pasado y previendo su futuro. Suelen ser personas entre los 20 y 40 años, y son los más estresados.

3. Los soñadores, los creativos. Viven de su imaginación y se olvidan del presente.

4. Los que viven el momento, el ahora. Ellos se ocupan y concentran en una sola actividad. Son los que más disfrutan la vida; no viven de los miedos del pasado ni de las incertidumbres y ex-

pectativas del futuro. Sin esos fantasmas, se dan la oportunidad de disfrutar el momento y, por cierto, son los que menos estrés tienen.

Vivir el momento presente es apreciar, en su totalidad, la vida. Es estar centrados, estar en calma, sin importar lo que enfrentemos. A veces, como me sucedió a mí, estamos tan absortos en nuestras preocupaciones, que nos perdemos lo que está sucediendo justo ahora, en este instante y lugar que, difícilmente, se repetira. Además, dejamos de enfocar nuestra atención en lo primordial, como era para mí, ¡jalar del paracaídas!

Si practicamos y experimentamos el simple hecho de estar presentes, sin analizar, sin expectativas, nos sorprenderemos de lo que podemos descubrir en nosotras mismas y de lo maravillosa que puede ser la vida.

CAPÍTULO 5

YO CONMIGO MISMA

LA PIEL DEL ALMA

"¿Ya viste a mi mamá?"

Los siete hermanos, con la nariz pegada al vidrio del desayunador, vemos con asombro la escena que nunca olvidaremos. Mi mamá, de tiempo en tiempo, sacaba una silla de madera a la parte de atrás del jardín de la casa y la colocaba a un metro de la pared. Permanecía sentada de espaldas a nosotros toda la mañana. No sabíamos bien a bien si leía, lloraba, escuchaba música o veía al infinito, pero la duda siempre nos asaltaba: "¿Nos habremos portado muy mal? ¿Estará harta de nosotros?"

A su regreso éramos —por un tiempo— los hijos más dóciles y obedientes del planeta. Entonces no comprendíamos por qué lo hacía.

Ahora la comprendo. Como ella y millones de mujeres, necesito recuperar de alguna forma mi interior, recuperarme; regresar a casa, a mí misma; a ese estado emocional, espiritual, en el que me siento entera, en equilibrio, plena, englobada en mi interior.

Es muy común que, por ingenuidad, agobio, exceso de trabajo, por fingir ser una fuente inagotable para los demás, al dejarnos arrastrar por el ego y ser demasiado exigentes y perfeccionistas, o por distracción, las mujeres, poco a poco, perdamos lo que la doctora Clarissa Pinkola llama, en su libro *Mujeres que corren con lobos,* "la piel del alma"; se trata de esa piel que nos abraza, que contiene nuestra esencia, nuestro ser.

Cuando estamos por mucho tiempo sin esa piel del alma, nuestros ojos pierden brillo, nos sentimos cansadas, irritables y cada vez menos capaces de avanzar por la vida. Creo que todas lo hemos experimentado. Dejamos de percibir lo que sentimos y pensamos. Empezamos a agrietarnos. Vivimos en la zona zombi, como un robot, o incluso como si fuéramos a morir por dentro. Y, un día, descubrimos que nos estamos acabando la dentadura de tanto apretar los dientes por la noche; que de la nada nos desahogamos sin razón con la persona y en el lugar menos adecuados; o bien, inesperadamente, nos soltamos a llorar después de hacer el amor.

Si no encontramos la manera de restituir la piel del alma, vivimos amargadas el resto de nuestros días. Qué bueno que el cuerpo se encarga de avisarnos cuando ya es demasiado. Nuestra tarea es saber escucharlo y no reprimir sus señales.

También tememos que quienes nos rodean no comprendan esta necesidad interior de aislarnos un rato. Y lo más probable es que muchos no lo entiendan. Sin embargo, las que tenemos que comprenderlo a fondo somos nosotras mismas.

¿DE DÓNDE TE NUTRES?

Nadie se había dado cuenta de que ese sencillo acto sostenía la armonía entre todos los habitantes del pueblo. Cada mañana, al despuntar el sol, las mujeres de ese pueblo africano caminaban media hora con su canasta de ropa al hombro para ir a lavar al río. Mientras tallaban sobre la piedra, ensimismadas enhebraban pensamientos y reflexiones; conversaban, se conectaban, aprendían, reían y escuchaban historias. Después de dos horas, no sólo regresaban con ropa limpia, sino también con algo más en el corazón, que las llenaba de fuerza y que compartían con su familia.

Un día, la civilización llegó, el río fue entubado y esa corriente de recreo, de encuentros y recuperación se secó. Aunque el agua la bombeaban del pozo, la alegría de la población también se secó. A las mujeres se les veía tristes, irritables y desanimadas, y comenzaron los pleitos, los desencuentros y las separaciones en toda la población. El pueblo nunca volvió a ser el mismo.

Como esas mujeres africanas, todas necesitamos ir al río a nutrirnos; a ese lugar donde podemos tener un encuentro con nosotras mismas y recuperar el balance. Necesitamos recoger los pedazos que a diario tejemos y que las exigencias de la vida se encargan de rasgar. Podemos hacerlo a través de la lectura, el arte, la oración, la compañía del ser amado, la contemplación de la belleza, el campo, el mar, el amanecer o la soledad.

El regreso a casa no necesariamente cuesta dinero; cuesta tiempo, organización y fuerza de voluntad. Poder decir: "Me voy", "basta", "ahora me toca a mí", y decirlo en serio. Por lo menos un rato al día o a la semana. De otra manera, corremos el riesgo de nunca regresar a casa y de andar por el mundo hechas pedazos sin percatarnos de nuestra actitud robotizada. Es increíble, pero llegamos a caminar, actuar, hablar, hacer mil cosas en ese estado mecanizado.

Si evaluáramos nuestro estado emocional y nuestra calidad de vida, sentiríamos tal dolor que nos llevaría a reparar el daño.

UN ESPACIO SAGRADO EN TU AGENDA

"¿Te alcanza el tiempo?", le preguntas a cualquier mujer, y la respuesta tajante y absoluta es: "No." "¿Tienes tiempo para ti?", vuelves a preguntar, y recibes un: "¿Existe eso?" No sólo existe, es fundamental y se llama "¡tiempo libre!"

Para tenerlo, requerimos situarnos, como dijimos, en el primer lugar de nuestra lista de prioridades y no en el último, como suele ser la costumbre. Planea en tu agenda un espacio sagrado para tu persona. Esto significa, quizá, encerrarte un rato en tu cuarto y colgar un letrero que diga: "No molestar."

Si te quedas una mañana dormida o leyendo un libro en la cama, mientras tu esposo lleva a los niños a desayunar, al parque o a la playa, disfrútalo ¡sin sentir culpa! Piensa que si decides salir a caminar, hacer ejercicio, asolearte o ir al *spa* y darte un masaje de piedras calientes mientras tu mamá cuida a los niños, todos lo van a agradecer, porque a tu regreso estarás de mejor humor y con más baterías para compartir la energía interminable de tus hijos.

En el día a día siempre hay algo "urgente" que nos hace posponer nuestro tiempo libre para mañana: "Mañana retomo mis clases de literatura", "mañana empiezo con el ejercicio", "mañana tendré tiempo de sentarme a disfrutar mi café con calma". Mañana, mañana, mañana…

Mientras descansas un poco, sería bueno reflexionar si las horas que dedicas al trabajo, es decir, al remunerado, no están ocupando el lugar predominante en tu vida.

Cuando el tiempo se hace escaso debido a una enfermedad, ya sea nuestra o de un ser querido, adquirimos conciencia del enorme valor que este bien intangible tiene para nosotros. Tiempo libre. Tiempo para gozar la vida. Tiempo para disfrutar a tus hijos, a tu esposo, a tus amigos. A ti misma.

ESCUCHA TU CUERPO

Nunca olvidaré lo que me platicó mi querida amiga Mina, abogada muy eficiente y adicta al trabajo, a quien le diagnosticaron cáncer de mama y úlcera en el colon:

Durante los tres años de mi recuperación, en lo que más pensaba es en lo poco que escuché a mi cuerpo. Me lo imaginaba como el perro fiel y bueno del personaje malo de *Oliver Twist*. El hombre trataba al pobre perro a patadas, lo ignoraba, mientras el fiel animal lo servía y lo seguía a todos lados. Si yo me acostaba a las dos de la mañana, al día siguiente me levantaba a las siete, y con tacones salía lista para trabajar hasta tarde, para luego llegar a atender todo lo de la casa y, aunque mi cuerpo me pedía a gritos descansar, yo lo ignoraba y me quedaba terminando trabajo pendiente de la oficina. Conforme el cansancio se me acumulaba, yo le decía a mi cuerpo: "Ándale, si me ayudas con este último esfuerzo, esta cita importante que tengo, te prometo consentirte." Nunca o muy pocas veces cumplí mi promesa.

Ahora me sigue encantando ir a la oficina; sin embargo, he bajado mi ritmo de trabajo, consiento a mi cuerpo, gozo el tiempo libre y a mi marido, quien, durante los tres años de tratamiento, fue el mejor papá y la mejor mamá del mundo.

A veces la vida se encarga de hacernos una llamada de atención. Ésta comienza a sentirse en el cuerpo de manera muy suave, quizá con un ligero pellizco en el estómago, como un visitante incómodo que te murmura al oído que estás ignorando algo; puede ser una ligera gastritis, colitis, insomnio, el cabello se empieza a caer y así, conforme la ignoramos, va subiendo de tono hasta que se vale de métodos más fuertes y agresivos, como en el caso de mi querida y eficiente Mina, quien tres veces fue a dar al hospital hasta que entendió y aprendió a respetar su cuerpo y el valor que tiene el tiempo libre.

"Es que no tengo tiempo" o "me parece egoísta dedicarme a mí", dirás. Piensa en la asombrosa facilidad con que las mujeres sacamos tiempo de donde sea cuando un hijo se enferma, el coche se descompone o nos duele una muela. Bueno, pues hay que otorgar el mismo valor a ese regreso a casa y darle prioridad pues, según la doctora Pinkola, está demostrado que si no nos vamos cuando es la hora de irnos, la fina grieta de nuestra piel del alma se convierte en un agujero, y éste en un impresionante abismo, cada vez más difícil de reparar.

Considera algo importante: si te aislas, sea una hora o varios días, alguien, siempre, se sentirá abandonado. Y sí, te extrañarán y reclamarán, pero es preferible eso a deteriorarte y, finalmente, tener que alejarte a rastras con el alma hecha andrajos. Te lo aseguro.

Busca cualquier cosa que restablezca tu equilibrio. Ignora la campana que te llama y exige hacer esto o aquello; escúchala sólo una vez que te sientas recuperada y entera.

Si tú valoras al máximo esos momentos de regreso a casa, quienes te rodean también aprenderán a valorarlos. Se darán cuenta de que tú también, como las mujeres del río, traes algo en el corazón que armoniza a todos.

Escuchemos las señales en sus primeros avisos, no permitamos que nos manden al hospital o que tengamos que llenarnos de antidepresivos para encontrarle un sentido a la vida. Busquemos ese regreso a nuestro tiempo. Por el bien de todos, de quienes nos rodean, pero especialmente por el nuestro.

¿QUÉ TANTO ME QUIERO?

Quererte y aceptarte es muy importante, tan importante como tener amigas, trabajar, etcétera. Sin amor propio es imposible realizarnos como personas.

Nuestra autoestima depende de muchos factores: historia personal, niñez, educación, relación con nuestros padres; y ya más tarde, de cómo la nutrimos nosotras mismas. Lo importante es que la autoestima se construye durante toda la vida. Aumenta o disminuye según lo que piensas y haces. Florece cuando aprendes por ti misma que puedes lograr lo que deseas y reconoces que no eres víctima del mundo.

¿CÓMO ESTÁ MI AUTOESTIMA?

Una autoestima alta genera una energía muy especial, en nuestro interior y hacia fuera.

La energía interior se manifiesta en las siguientes actitudes:

- Puedo hablar con tranquilidad de mis logros y mis fracasos. Lo hago con tanta naturalidad y transparencia, que envío el mensaje de que acepto las cosas tal como son.

- En mi forma de caminar, de hablar o de gesticular, reflejo y contagio el placer de saberme viva.

- Tengo la serenidad de recibir una crítica abiertamente, ya que estoy consciente de que cometer errores es parte de un crecimiento y no me atormento por no ser "perfecta".

- Mantengo la ecuanimidad y la dignidad bajo situaciones muy estresantes.

- Soy flexible para responder a distintos retos y situaciones. Al confiar en mí misma, veo la vida como una oportunidad.

- Soy capaz de recibir un halago sin dar explicaciones ni disculpas. De la misma forma doy y recibo un cariño o una expresión de afecto.

- Siento que tengo derecho a triunfar y a ser feliz. Sé reírme de la vida y de mí misma. Tengo un fuerte sentido de identidad.
- Gozo el fruto de mis esfuerzos. Sé que trabajé mucho y merezco el éxito.

La energía exterior se expresa en estas conductas:

- Pido lo que necesito, sin rodeos.

- Digo lo que no me gusta con espontaneidad y naturalidad. Me siento a gusto con mi persona.

- Hay armonía entre lo que digo y hago, en cómo me veo, siento y muevo.

- Con actitud relajada y curiosidad me abro a nuevas ideas, nuevas experiencias y nuevas maneras de vivir.

- Hago cosas, no espero que sucedan.

- Respeto a los demás y me respetan. Con toda calma y valor, puedo decir "no" a lo que no va de acuerdo con mis ideas y principios.

Según el doctor Nathaniel Braden, el padre de este concepto, ninguna de estas actitudes por sí sola es una garantía de autoestima. Sin embargo, considero importante conocerlas para asumirlas.

En el aspecto físico la autoestima se puede observar mediante características como las siguientes:

- Mis ojos se ven alertas, brillantes y vivos. Tengo una mirada sosegada, franca y transparente. La cara está relajada.

- Llevo el cuerpo en actitud abierta; no siento la necesidad de poner un "escudo" frente a él con los brazos o algún objeto. Los brazos caen a los lados de mi cuerpo con naturalidad.

- Camino con energía en una postura recta y equilibrada.

- Mi voz se escucha bien modulada, con la intensidad apropiada a la circunstancia y una clara pronunciación.

Como podemos notar, uno de los elementos clave para identificar una alta autoestima es una actitud general de relajación. Dice Braden que esto implica presentarnos como somos, sin escondernos de nada. La tensión crónica conlleva el mensaje de que existe alguna ruptura interna, de que hay mecanismos de evasión y de rechazo personal.

Una baja autoestima tiene las siguientes manifestaciones internas:

- Autodevaluación.
- Desesperación.
- Culpa.
- Depresión.
- Miedo y angustia.
- Falta de propósitos y metas.
- Miedo a lo nuevo, a lo desconocido.
- Rebeldía, actitud defensiva y hostil.

Hacia el exterior, la baja autoestima se manifiesta en:

- Gritos, insultos y golpes.
- Reproches, justificados o injustificados.
- Inseguridad.
- Incongruencia entre nuestros valores y nuestra conducta.

QUERER NO ES PODER

En el caso de la autoestima, no se aplica la frase que tanto hemos escuchado: "Querer es poder." No vamos a elevarla sólo con lavados de cerebro y afirmaciones positivas. Más bien debemos buscar una fuerza motivadora. Debemos romper estructuras, hacer sacrificios, someter nuestra voluntad. Y esto duele; implica dar de nosotras mismas y romper con patrones cómodos de conducta. Sin embargo, vale la pena. Una persona con un buen concepto de sí misma puede triunfar donde sea.

Para elevar mi autoestima necesito cuidar mi diálogo interno. Hablarme bien, confiar en mí; porque yo puedo ser mi peor enemiga. Nunca te hables mal. Nuestras palabras son órdenes para nuestro cerebro. Di que no sirves y no servirás. De todos nuestros juicios, el más importante es el que hacemos sobre nosotras mismas.

Ejemplo: tengo una entrevista de trabajo. Me levanto y, al verme en el espejo, me digo: "Amanecí horrible, hinchada y con el pelo fatal." ¿Te suena? Me arreglo, y al llegar a la entrevista, pienso: "Seguro la que acaba de salir lo hizo mejor que yo." Y así cancelo mis posibilidades.

Yo sola me autocondeno, me vuelvo prisionera de mis imágenes negativas y me predispongo para el fracaso, pues todo mi cuerpo y mi mente reciben los mensajes negativos que les envié. Termino sintiéndome mediocre y débil.

TÚ ELIGES

Hay que asumir la responsabilidad de nuestra autoestima, y es una tarea que nunca acaba. Ser como quiero ser está en mis manos. Ante todo, mi conducta debe ser congruente con mis valores, con lo que pienso, digo y hago.
Para construir una buena autoestima:

- Vive conscientemente. Ten una motivación positiva, inteligencia y energía para adquirir nuevos conocimientos y habilidades.

- Acepta tus sentimientos. Buenos o malos, reconócelos sin engañarte. Experimentarlos de manera adecuada tiene un poder curativo.

- Toma las riendas de tu vida. Realiza tareas específicas para obtener éxitos; es más fácil que se cumplan tus propósitos si tienes un plan de acción.

- Sé auténtica. Las mentiras que más dañan nuestra autoestima no son las que decimos sino las que vivimos. Pretender un amor que no sentimos; decir que no estamos enojadas cuando sí lo estamos; sentirnos menos de lo que somos, y demás.

- Atrévete. De una cosa podemos estar seguras: si no hago nada, nada va a cambiar.

- Acéptate. Considérate una mujer digna de ser amada. Sólo así podrás amar sanamente a los demás.

Ciertas investigaciones concluyen que cuanto más saludable es nuestra autoestima, más tratamos a los demás con respeto, benevolencia, justicia y buena fe. Así que, fortalezcamos nuestra autoestima y no olvidemos que sólo podemos dar lo que tenemos.

SÉ FELIZ

> *Los seres humanos tenemos dos obligaciones:*
> *ser justos y ser felices.*
> JORGE LUIS BORGES

—¿Cómo está? —le pregunté de manera automática a un mesero que en otras ocasiones me había atendido.

—¡Feliz! —me contestó.

Su respuesta me tomó desprevenido y lo único que se me ocurrió fue decirle:

—¿Feliz? ¿Por qué?

—Na'más —me contestó.

—¿Na'más?

—¡Sí, na'más!

Pues Gaby, no lo vas a creer —me escribió un amable lector—, pero su respuesta cambió mi ánimo y me hizo reflexionar. Pienso lo poco que usamos esa expresión "estoy feliz", y qué bien nos haría usarla más. Quizá porque le hemos dado un rango tan alto, tan filosófico a este término, casi nos parece inalcanzable.

Es cierto, hay personas que nacen sonriendo y su presencia es como un sol en nuestras vidas; otras tienen que trabajar un poco más para ser felices, y hay quienes piensan que la felicidad es efímera, escurridiza, una inocente conjetura o, de plano, un sueño imposible.

¿Qué es lo que te hace sentirte feliz, plena, conectada, satisfecha? ¿Lo has pensado? Mientras espero para abordar un avión, llama mi atención la portada de la revista *Time*, donde se lee: *La ciencia de la felicidad*. Veintidós páginas dedicadas a poner en claro este tema que por muchos años la psicología, más preocupada por la depresión, la neurosis y las obsesiones, no había atendido.

Te platico: un grupo de científicos se reunieron en Akumal, en el Caribe mexicano, para discutir el hecho de que, hasta ahora, la meta de los terapeutas ha sido llevar a sus pacientes de un estado negativo a un estado normal, es decir, de menos cinco a cero. Sin embargo, se cuestionan: ¿cuáles son las condiciones necesarias para llevarlo de cero a más cinco, para tonificar el alma y el espíritu tal como lo hacemos con el cuerpo?

Las preguntas que tocaría hacernos son: "¿Ser feliz es un destino o una opción? ¿Está en nuestro control?" Estos recientes descubrimientos en psicología, neurología y química demuestran que la felicidad es un estado físico de la mente que podemos inducir a voluntad. Ahora sabemos que el cerebro puede cambiar. Los psicólogos llaman a esta cualidad "plasticidad neuronal" y es una idea revolucionaria que ha promovido el movimiento de la ciencia de la felicidad.

EL PUNTO DE PARTIDA

Como lo que para uno es el infierno, para otro puede ser la felicidad, los expertos afirman que la subjetividad es simplemente la variante más importante en la ecuación de la felicidad. Por ejemplo, te asombrará saber que los latinos somos de las personas más felices en el mundo. Esto puede parecer increíble a quienes consideran que la felicidad es resultado de una cuenta bancaria de varios dígitos, de una pantalla plana de televisión o de una marca determinada de coche. También se sabe que la gente más pobre de Calcuta es menos infeliz que la gente pobre de California. Y que los niños se ríen en promedio 400 veces al día, mientras que un adulto sólo lo hace 15 veces. ¿A dónde se va toda esa felicidad?

Otra conclusión de los expertos es que la felicidad depende de qué tanto te gusta tu vida y, sobre todo, de tu actitud ante ella. Hay quienes pueden vivir en el paraíso y ser infelices porque, o no lo saben apreciar o bien echan a perder lo importante en sus vidas.

¿QUÉ NOS HACE FELICES?

Al contrario de lo que podríamos pensar, la riqueza y todas las maravillas que el dinero puede comprar poco tienen que ver con ese estado. Una vez que tenemos cubiertas nuestras necesidades básicas, un ingreso adicional influye poco en nuestro sentido de satisfacción. Un estudio demuestra que las 400 personas más ricas del club de la revista *Forbes* son sólo un poco más felices que el público en general. ¿Que es necesaria una buena educación o un coeficiente intelectual alto? No. ¿Juventud? Tampoco. De hecho, las personas mayores se sienten más satisfechas con sus vidas que los jóvenes. Un joven de 20 a 24 años pasa triste un promedio de 3.4 días al mes, mientras que un adulto de 65 a 74 años presenta este estado 2.3 días. Las personas entre los 30 y los 50 años son menos felices que otros grupos, quizá porque tienen menos libertad y más responsabilidades en términos de hijos, trabajo e hipotecas.

¿SE NACE FELIZ O SE APRENDE A SERLO?

Según parece, cada quien nace con una predisposición genética a un carácter que va del ligero, alegre y fácil, hasta enojón, malhumorado o depresivo, independientemente de lo que la vida nos presente. El doctor David Lykken, de la Universidad de Minnesota, lo comprueba en un experimento hecho con 4 mil pares de hermanos gemelos: "Alrededor de 50 por ciento de la satisfacción que sentimos viene de una programación genética; sin embargo, no es determinante", comenta Lykken. "La estructura del cerebro se puede modificar mediante la práctica. Si en verdad quieres ser más feliz de lo que establecen los genes que heredaste de tus abuelos, puedes hacer las cosas que a diario elevan los niveles de felicidad y evitar aquellos que los bajan."

Necesitamos encontrar maneras de cultivar la felicidad. Lejos de ser una búsqueda frívola o superficial, es totalmente necesaria. Y a la mayoría se nos olvida pensar en ella. ¿Cuántas veces buscamos la felicidad en los lugares equivocados? En el trabajo, en la aventura, en la evasión, en una adicción o en las posesiones. Todo esto es un espejismo de la felicidad y, a la larga, genera un enorme vacío. La realidad es que el trabajo va y viene, que nos podemos enfermar y que, con toda seguridad, nos vamos a morir.

Como un lector me escribe: "Quien no es feliz con lo que tiene, no es feliz con nada." ¡Es cierto! En lugar de buscar la felicidad en los lugares equivocados, recordemos que, de acuerdo con los estudios, llevar un diario de gratitud, frecuentar a los amigos, practicar el perdón, dormir bien, hacer ejercicio y tener una visión optimista de las cosas, son herramientas extraordinarias para lograr esa sensación de bienestar total.

Y no sólo eso, las personas que en pruebas psicológicas califican alto en los niveles de felicidad, desarrollan alrededor de 50 por ciento más anticuerpos que el promedio y reducen el riesgo o la severidad de enfermedades cardiovasculares y pulmonares, diabetes, hipertensión y otras.

¿Has notado cómo la felicidad es algo que recordamos como un hecho pasado? Cuántas veces te has dicho: "¡Qué feliz fui en ese viaje que hicimos juntos!", "¡Qué felices éramos entonces!", "¡Qué bien la pasamos el otro día!" o "¡Qué épocas aquellas!" Por lo general, recordamos la felicidad en lugar de disfrutarla conscientemente en el momento y decir: "¡Qué feliz estoy ahorita!" Si lo hiciéramos, ¡nuestra felicidad se multiplicaría!

MIDE TU FELICIDAD

¿Qué tan feliz eres? Este pequeño test desarrollado en 1980 por el psicólogo Edward Diener, de la Universidad de Illinois, uno de los pioneros en el estudio de la felicidad, ha sido utilizado por otros investigadores en todo el mundo:

TEST

NO ES CIERTO **1 2 3 4 5 6 7** ES MUY CIERTO

1. En la mayoría de los aspectos, mi vida se acerca a mi ideal.
2. Las condiciones de mi vida son excelentes.
3. Estoy satisfecho con mi vida.
4. Hasta ahora he tenido las cosas importantes que he querido en mi vida.
5. Si volviera a vivir mi vida, casi no cambiaría nada.

Total_____

Calificación: 31 a 35, extremadamente satisfecha con tu vida; 26 a 30, muy satisfecha; 21 a 25, ligeramente satisfecha; 20 es el nivel neutral; 15 a 19, ligeramente insatisfecha; menos 15, nada satisfecha.

¿PODEMOS SER MÁS FELICES?

Los estudios muestran que el dicho "Lo mejor de la vida es gratis", es cierto. Aquí van algunas sugerencias prácticas de la psicóloga Sonja Lyumborisky, de la Universidad de California, basadas en investigaciones propias y en las de otros expertos:

1. Valora lo que tienes. Una forma de hacerlo es llevar un *diario de gratitud*, en el que escribas de tres a cinco cosas por las que estás agradecido; desde lo cotidiano, como un maravilloso atardecer, hasta lo sublime, como los primeros pasos de un niño. Haz esto por lo menos una vez a la semana, por ejemplo, los domingos en la noche.

2. Practica actos de caridad. Deben ser al azar, como dejar que esa mamá apurada pase antes que tú o, de forma sistemática, llevarle la cena del domingo a una persona mayor que esté sola y lo necesite. La bondad hacia los demás, amigos o extraños, desencadena una cascada de efectos positivos que generan felicidad: te hace sentir generosa y capaz, fortalece tu conexión con otros y te gana sonrisas, aprobación y generosidad.

3. Saborea las alegrías de la vida. Pon mucha atención a los placeres y las maravillas cotidianas. Enfócate en lo bonito que amaneció el día, lo dulce de una fresa o la calidez del sol cuando sales de la sombra. Algunos psicólogos sugieren tomar "fotografías mentales" de los momentos felices, para revisarlas en momentos menos felices.

4. Agradece a un mentor. Si hay alguien hacia quien sientes gratitud por haberte apoyado en algún trance de la vida, no esperes, ¡exprésale tu aprecio! Y, de ser posible, hazlo en persona.

5. Aprende a perdonar. Deja ir el enojo y el resentimiento. Escribe una carta de perdón dirigida a una persona que te haya lastimado, aunque ésta ya no viva o ni siquiera se entere. El perdón refuerza emociones positivas de tu pasado y, sobre todo, te da paz mental.

6. Invierte tiempo y energía con los amigos y la familia. El dinero, nuestro puesto en el trabajo y hasta la salud tienen, sorpresivamente, muy poca influencia en nuestro nivel de satisfacción. El factor más importante son las relaciones personales.

7. Cuida tu cuerpo. Duerme bien, haz ejercicio, estírate y sonríe: todo esto eleva tu estado de ánimo en corto plazo. Hacerlo a diario puede volver más satisfactoria tu vida.

8. Desarrolla estrategias para sobrellevar el estrés. No se pueden evitar los malos tiempos. La fe religiosa ayuda mucho, pero también la repetición de principios consagrados como: "Esto también pasará" o "aquello que no me mata, me fortalece". El truco es que debes creerlo.

Como dice el proverbio inglés: "La felicidad es gratitud por el presente, gozo del pasado y fe en el futuro."

EL ESPEJO Y LOS TRUCOS DE LA MENTE

La apariencia o la percepción de cómo nos vemos nos afecta enormemente. ¿Quién no ha sentido alguna vez inseguridad debido a su aspecto físico? Creo que todas. Ya sea por nuestro peso, estatura, cabello, o las manchas, los granitos y las arrugas en la piel, el caso es que siempre hay algo que nos preocupa.

La imagen propia influye en todo: nuestros pensamientos, sentimientos, confianza, autoestima y la forma como nos relacionamos con los demás; sin embargo, es algo de lo que, por lo general, no se habla.

Ella se llama Jane, tiene 15 años, la mirada tímida, el cabello sobre la cara, a manera de cortina, y el mentón agachado. Desea pasar inadvertida. Una mancha roja, casi morada, le atraviesa media cara, de oreja a oreja, como si se tratara de un tapabocas. Un hemangioma, lo llaman los médicos.

Los maestros y médicos, en Cleveland, Ohio, nos han preparado durante una semana para tratar a pacientes con alguna deformación física severa; por supuesto, la preparación ha sido teórica. El curso se llama *Maquillaje paramédico de camuflaje*. Al ver entrar a Jane, como a los otros pacientes voluntarios, cada uno un caso más difícil que el anterior, me doy cuenta de que asimilar la teoría no nos prepara por completo para enfrentar la realidad; a la realidad de estas personas. No puedo evitar una sensación de asombro, mezclada con un poco de rechazo y mucho de compasión. Dudo que pueda pasar el examen.

Sólo pienso en lo ridículas que podemos ser quienes nos quejamos por una mancha, una o 10 arrugas, uno o 15 pequeños defectos sobre la cara, cuando el deseo de algunas personas es poder verse lo menos desagradables posible, ante los demás y ante ellas mismas, para así elevar su autoestima y conseguir un grado de aceptación en esta sociedad obsesionada con la belleza.

Con un "Dios mío, ayúdame", comienzo a trabajar sobre la cara de Jane. Intento establecer algún tipo de comunicación, pero ella apenas responde. Conforme trabajo, noto que su actitud cambia poco a poco. Luego de realizar mi mejor esfuerzo, viene la prueba de fuego: el espejo. Jane gira la silla, se ve de frente, y consigo el mejor premio que en mi carrera profesional había logrado: sonríe, alcanzo a ver un brillo en sus ojos y, con el mentón en alto, pide un peine para acomodarse el pelo. Jane es otra. Parece que los cosméticos cumplieron su función de transformar el caos en cosmos; traspasaron su piel y pudieron maquillar su cerebro. Puedo respirar y me siento feliz.

TODO AFECTA NUESTRA IMAGEN

Hay días en que me veo y me siento bien, y otros en los que soy igualita a Miss Piggy. La percepción que tenemos de nosotras mismas es subjetiva; no se basa en hechos ni es un concepto tangible. Todo le afecta, desde la buena o mala iluminación del sitio en que nos encontramos, hasta nuestro estado de ánimo, los juicios de otros, la educación que recibimos, la situación por la que pasamos; incluso un breve comentario que escuchamos; todo nos puede mandar a las estrellas o a las profundidades de la Tierra. Y, conscientes o no, observamos nuestra imagen en cada espejo o superficie reflejante varias veces al día.

Algunos psicólogos afirman que hasta 33 por ciento de nuestra autoestima está directamente relacionada con nuestra imagen corporal. Esto quiere decir que la manera en que nos valoramos está ligada a la imagen que creemos proyectar. Vuelvo a escribir esta frase para que no te pase inadvertida: "La manera en que nos valoramos está ligada a la imagen que creemos proyectar."

El asunto es que para vernos y aceptarnos como somos es necesario separar nuestros pensamientos negativos de otros aspectos de la vida. Para esto, hay que identificar algunos de los errores que solemos cometer. Por ejemplo:

Pensamiento todo o nada: lo extremo, ya sabes: soy talla dos, o soy un globo de Cantoya. Hay que aceptar que el mundo no es blanco o negro, sino que siempre tiene una amplia gama de colores. Y está bien. De no entenderlo y aceptarlo, nada de lo que hagamos será suficiente.

Maximizar lo negativo: si sólo vemos nuestros aspectos negativos, cualquier defecto puede convertirse, en nuestra mente, en el rasgo que nos caracterice. "No importa que baje de peso, que mi piel esté mejor, que me saque la lotería, ni que sea una persona sana si todavía me siento mal porque mi nariz es grande." Cuando sólo enfocas tu atención hacia lo que no te gusta de ti, tu cerebro puede ignorar todo lo que puede hacerte sentir mejor. ¿Y sabes qué? Lo peor es que logramos que los demás también vean nuestros "defectos" antes que nuestras cualidades.

Personalizar todo: sentirte responsable o enojarte por cosas que no tienen que ver contigo. Desecha los pensamientos del tipo: "No se sentó junto a mí porque, seguro, mi piel luce horrible."

Sacar conclusiones irracionales: esto es como llevar nuestra propia cárcel a todos lados. "No se ríen del chiste, se ríen de cómo se me ve esta minifalda." Esto no sólo te enoja, sino que lleva a la realización de esa terrible profecía: nuestra conducta provoca la reacción negativa que tememos. Y un día es la minifalda, pero otro día es el peinado o el busto… en fin.

Ver todo como el peor de los escenarios y exagerar: "Como he subido dos tallas desde las últimas vacaciones, el cinturón del avión no me va a cerrar y tendrán que ponerle una extensión. A lo mejor hasta tienen que redistribuir el peso de la nave por mi culpa y todos se van a reír de mí… ¡Mejor no voy!"

Generalizar lo negativo: exagerar el efecto de una experiencia desagradable y llevarla a otras áreas que nada tienen que ver. "Mi último novio me dijo que no le gustan las morenas, así que lo más probable es que a la mayoría de los hombres tampoco. ¡No voy a poder tener otro novio jamás!"

Si los pacientes que tratamos en Cleveland luchan por llevar una vida normal, es increíble y absurdo ver cómo siendo las personas normales que somos —digamos, sin un defecto "mayor" como las que me tocó ver—, nuestra mente nos sabotea sin razón y trata de hacernos la vida de cuadritos.

Lo que pensamos afecta la forma en que nos sentimos y, por eso, actuamos en consecuencia. La próxima vez que te veas cayendo en una espiral de pensamientos negativos acerca de tu imagen, trata de identificar las causas, analiza tus razonamientos e intenta remplazarlos por otros más constructivos.

Recuerda: la manera en que nos valoramos está ligada a la imagen que creemos proyectar. Mírate y cree todo lo atractivo que tienes, porque eso, como magia, será lo que los demás verán de ti.

VALORA TUS CUALIDADES

"¡Qué horror! ¡Mira este cuerpo! —pensamos mientras nos vemos con ojos críticos al espejo—. Qué gorda, qué celulitis, qué chaparra, qué alta, qué blanca, qué morena, qué plana, qué chaparreras…" ¡Nos choca! "La herencia maldita", así les llama una amiga a esas "bolas" de la cadera. Hace ejercicio y se cuida; sin embargo, las bolas siguen ahí.

La belleza en la mujer, desde siempre, se ha asociado a su valía personal, y pocas mujeres vemos la belleza en nosotras mismas. Siempre encontramos algo malo. ¿Algún día estaremos contentas con nuestro cuerpo?

¿Recuerdas que cuando éramos chicas se pensaba que elogiar a un niño o a una niña era echarlos a perder? "¡Qué fuerte está tu hijo!" "Sí, pero de olor", contestaba la mamá, frente al joven. Decir sólo "gracias" como respuesta a un piropo era mal visto. Crecimos conscientes de nuestros defectos, nunca de nuestras cualidades.

LO QUE PUEDES HACER

Párate vestida frente a un espejo y haz una lista de lo que te gusta de ti y otra de lo que no te gusta. La lista negativa divídela en: "puedo hacer algo" y "no puedo hacer nada". Por ejemplo:

LO QUE ME GUSTA DE MÍ:

- Piel
- Cabello
- Sonrisa
- Ojos
- Manos
- Voz

LO QUE NO ME GUSTA DE MÍ:

Puedo hacer algo:	No puedo hacer nada:
• Peso	• Edad
• Flexibilidad	• Estatura
• Nariz	• Tamaño de pies
• Tono muscular	• Complexión
• Estilo al vestir	• Tez

Nadie es perfecto. Todas tenemos nuestras cosas. Cambia lo que está en tus manos; lo que no, ve de qué manera puedes disimularlo o acepta la realidad. Al hacerlo, los demás también dejarán de ver aquello que te preocupaba. Y relájate, la gente relajada se ve más atractiva.

Quizá tome tiempo deshacernos de las viejas voces, las que nos evaluaban; sin embargo, hoy en día, casi todo lo podemos cambiar. Es cuestión de presupuesto —claro—, de ganas y de acudir al experto adecuado. Contrata una asesoría de imagen para conocer los colores que mejor complementen tu tono de piel, las telas y texturas que te favorecen. La inversión vale la pena, porque es para toda la vida.

Haz ejercicio, cuida tu alimentación, toma el control de tu vida. No importa si ya lo has intentado mil veces. Vuelve a intentarlo, lo mereces y vale la pena. Te vas a sentir y a ver muy bien. Recuerda que nuestro exterior expresa de manera no verbal lo que hay en nuestro interior: la autoestima, el estado de ánimo y el respeto que tenemos por los demás.

EL PESO CORPORAL NO DETERMINA LA FELICIDAD

La vida está hecha de momentos mágicos; nunca sabemos cuándo se presentarán, pero son la razón por la que vale la pena vivir. Sin embargo, el peso corporal puede impedir a una persona disfrutar muchos de ellos. "Gaby, no puedo ir. De verdad. Tengo mil cosas que hacer." "Estela, ¡la comida de la generación es algo que se organiza cada mil años!" "Sí, ya sé, pero en serio tengo que…" Y cada vez mencionaba pretextos diferentes. "¡Pero hace 20 años que no nos vemos, organízate!"

Estela es una queridísima amiga mía del colegio, muy querida también por muchas compañeras más. Sin embargo, en esos 20 años engordó unos 20 kilos. Varias amigas insistimos y ninguna pudimos convencerla de asistir a la comida.

Tal vez me equivoque, pero pienso que el temor a ser criticada o el no tener nada que ponerse fueron los factores que más influyeron en Estela, y la comprendí. Sin embargo, el sobrepeso no debe impedirnos disfrutar la vida ni hacernos sentir frustradas y aislarnos del mundo.

Cada mañana, cuando nos levantamos, tenemos dos opciones, sin importar quiénes somos, qué talla vestimos y qué edad tenemos. Éstas son las mismas para todos:

1. Decidir ser felices. Vivir el día lo mejor posible y sacarle todo el provecho a las bendiciones que tenemos.

2. Aislarnos y hacernos la vida de cuadritos, así como a todos los que nos rodean.

Sin importar si somos gordas o flacas, feas o bonitas, con problemas o sin ellos: ser felices es una decisión personal. Es un regalo que nos damos a nosotras mismas.

La publicidad y la moda hacen que la mayoría de las mujeres nos obsesionemos con la figura. Sin embargo, aunque sea difícil de creer, no es la pérdida de peso lo que hace sentirnos felices. Como ya vimos, tenemos el caso extremo de la anorexia, en que por más delgada que esté una mujer, continúa viéndose gorda. Estarás de acuerdo en que las mujeres somos muy duras con nosotras mismas; en general, nunca estamos del todo contentas con nuestro cuerpo.

En la Universidad de California se hizo un estudio con 100 hombres y 100 mujeres, a los cuales se les pidió describirse a sí mismos físicamente. La mayoría de las mujeres empezaron con lo que consideraban defectos: "Soy muy chaparra", "estoy muy gorda" o "tengo muy ancha la cadera".

Con ojos críticos, lo primero que vemos es el área donde según nosotros, está el problema. Por otro lado, es interesante observar que ni un solo hombre empezó de forma negativa. Empezaron diciendo: "Soy dentista", "estudio leyes" o "soy razonablemente atractivo". Las respuestas de cada sexo fueron radicalmente diferentes.

Parece que entre más bellas y flacas son las modelos que nos presentan los medios de comunicación, peor nos sentimos con nosotras mismas y, por ende, corremos a comprar mil productos de belleza que nos llenan de promesas. Quizá ésta sea la razón por la cual esa industria ha crecido tanto.

Sí, es importante cuidarnos; sin embargo, cuando una mujer tiene sobrepeso, por razones hormonales o psicológicas, simplemente no puede detener su vida hasta lograr bajar de peso y tener el cuerpo perfecto. ¿Cuánto tiempo llevará eso? ¡Hay tantas cosas y momentos maravillosos que se pierde en lo que ésto sucede!

Una mujer con sobrepeso sufre mucho en el renglón de la autoestima. Es posible que se haya convencido de que no la toman en serio en su trabajo porque está gordita. Que no resulta atractiva para los hombres, por la misma razón. Quizá le apene hablar frente a un público por temor a ser observada. ¿Qué sucede? Con el tiempo, esos pensamientos autodestructivos, en efecto, van haciendo mella en la imagen propia de cualquier persona y crean un círculo vicioso muy difícil de superar.

Estar gordita es una cosa, pero permitir que el peso controle tu vida es otra. Estela es una mujer con una cara muy bonita, tiene una maravillosa sonrisa, es muy sensible, tiene un pelo negro brillante y abundante, es muy inteligente y se expresa muy bien; sin embargo, es prisionera de sí misma.

El viaje de la aceptación personal para nadie es fácil; está lleno de vueltas y profundidades dolorosas. Sin embargo, es como un gran rompecabezas: hay que poner pieza por pieza hasta darse cuenta de que el peso, como tantas otras cosas, no debe determinar nuestra felicidad.

Una pieza importante de este rompecabezas es ser conscientes de nuestras cualidades y atraer la atención a ellas. Otra es que por ningún motivo descuides tu arreglo. Es común que una gordita no quiera comprar ropa hasta bajar de peso. Usar ropa desgastada es como traer un letrero que dice: "Ignórame, no valgo nada y lo sé." Nunca lo hagas. Tú eres mucho más que un número en la báscula. Cómprate o confecciónate ropa atractiva, con colores, con estilo, en la talla que actualmente tienes. Esto de inmediato te sube el ánimo, te ves y te sientes mejor. Es un asunto de autorrespeto y autoestima. Invierte tiempo en ti misma, ve al salón, cambia de corte de cabello, trátate bien. Aprende a mirarte en el espejo con bondad y encuentra tu verdadero valor, lo que realmente importa. Cuando una mujer hace amistad consigo misma, el mundo responde.

La felicidad viene de dentro; no es la talla la que determina la felicidad, sino la actitud.

¿ME HAGO CIRUGÍA O NO?

"Vanidad, mi pecado favorito." Al finalizar la película *El abogado del diablo*, los espectadores nos quedamos pasmados con esta frase pronunciada nada menos que por el demonio, representado por Al Pacino.

Lo cierto es que nuestra sociedad está obsesionada por la imagen. Dietas, rutinas de ejercicio, cremas, camas bronceadoras, tacones de aguja que torturan… lo que sea con tal de vernos atractivas e imitar un modelo de belleza que dista mucho de ser real.

Millones de hombres y mujeres se someten a algún tipo de tratamiento quirúrgico de belleza, ¿pero qué los mueve a hacerlo? ¿Qué tememos?

David Buss, científico estadounidense, ha registrado y analizado las preferencias al escoger pareja en más de 10 mil personas de 37 culturas diferentes. La belleza física de una mujer es el primer requisito en la lista de los hombres.

La realidad, según un estudio de la Universidad de Nueva York, publicado por el periódico español *El País*, es que 90 por ciento de las mujeres se sienten deprimidas después de hojear una revista femenina.

Cada cultura, época y ser humano tiene su propio concepto de belleza, así que cuando nos asalta una duda, tipo "¿Me opero o no me opero?", viene a nuestra mente el modelo ideal que cada quien se ha formado.

Sin embargo, con el sueño de la belleza aparecen muchas preocupaciones. Nos sentimos culpables: "¿Estaré siendo superficial y dejando de lado mi belleza interior? ¿Quedaré con cara de huachinango? ¿Y si quedo chueca? ¿Le estaré buscando tres pies al gato? ¿Y si muero en el quirófano por vanidosa? ¿Y si…?", nos decimos frente al espejo, mientras metemos el estómago, apretamos los glúteos o, con las manos, simulamos un pecho de artista hollywoodense.

¿HASTA DÓNDE?

Hoy en día es tan frecuente someterse a este tipo de cirugías, que los riesgos del quirófano y las repercusiones se minimizan ante la promesa ilusoria de vernos mejor.

Cuando vemos en reuniones, en la calle o en la televisión a hombres y mujeres con caras deformes como máscaras, sin movilidad, debido a tantas cirugías, nos cuestionamos si ése era el resultado que deseaban. No sólo no se ven más jóvenes, sino que aparentan ser más viejos.

¿Por qué hay veces en que la vanidad no nos permite ver en el espejo más que el defecto por arreglar? Hay personas tan operadas que dan la impresión de haber olvidado ese ideal de belleza, para abrirle paso a una obsesión. Es como si en un estado de depresión la persona fabricara un ideal que nunca puede alcanzar. Y así comienza el círculo vicioso. Como una droga, a mayor frustración, más se busca su consumo y más se necesita.

Es por eso que cuando pensamos en retocar, componer o cambiar cualquier parte de nuestro cuerpo, antes hay que informarnos bien acerca de cuáles son los riesgos y cuáles los beneficios que esta decisión conlleva.

"¿Cuáles son los beneficios de una cirugía plástica facial?", pregunto al doctor Luis Ortiz Oscoy, y su respuesta me asombra:

Cualquier cirugía estética se refleja en la autoestima de la persona. La imagen propia, queramos o no, es muy importante para el ser humano; es lo que ves todos los días, cada vez que te levantas. Podemos jugar a que nos guste todo lo que vemos, pero en ocasiones lo hacemos como una huida, para lavarnos el cerebro. A final de cuentas, algo que no es armónico en nuestra imagen nos va a hacer ruido en el subconsciente.

Tú puedes verte en el espejo y decir: "No estoy tan viejo, estoy bien", pero a tu subconsciente no le puedes tomar el pelo, te ha visto desde que naciste.

Tu disco duro tiene una imagen menos cansada de ti mismo, y estaba acostumbrado a ver tu cara cuando eras más joven. Entonces, todos tus sistemas estaban en estado óptimo: tu sistema inmunológico, la producción de células anticancerígenas, de rejuvenecimiento y demás. Cuando ves tu cara cansada, vieja, el cerebro establece una relación de forma inversa: "Esto ya va en declive". Y no es nada más lo que tu subconsciente ve en tu cara con más arrugas o flacidez, sino lo que durante 100 mil años el pensamiento del hombre ha considerado como vejez.

Y aunque tú digas: "No estoy vieja", tu subconsciente tiene grabado que la vejez ahí está, y que es igual a muerte. Y para que llegue la muerte, debe haber un declive en todo el proceso orgánico corporal.

Entonces, ¿qué pasa cuando te haces una cirugía y te ves rejuvenecida en el espejo? Que el disco duro de tu computadora cerebral observa una imagen de ti que tenía guardada de cuando tenías 30 años, e identifica esa imagen con una elevada producción de células anticancerígenas, de rejuvenecimiento, etcétera.

Después de 30 años de observar el comportamiento y la actitud de mis pacientes, puedo decirte que no sólo su apariencia mejora: también son más activas, tienen más energía, son más sanas y desarrollan mejor su sexualidad.

Después de escuchar al doctor Ortiz Oscoy, me parece muy respetable que una persona quiera presentarle un mejor rostro o cuerpo al mundo. ¿Por qué no? Sin embargo...

Creo que se ha abusado de la cirugía estética de cara —comenta el doctor Ortiz Oscoy—. En la búsqueda del rejuvenecimiento, algunos cirujanos jalan demasiado la piel y se deforman las facciones, se alargan las orejas, se pierde la patilla, y no hay movimiento normal entre mejillas y cuello. No hay naturalidad. O se corta tanto el párpado, que ya no cierra.

Por otra parte, cuando se inyectan sustancias para dar más volumen al rostro y se abusa, obtenemos esos rostros leoninos con piel brillosa, estirada y deforme.

Para finalizar, comenta algo que nos invita a la reflexión: "¿Quién puso la primera piedra? ¿El paciente, por exigir una mejoría más allá de los límites, o el cirujano, por ser demasiado ambicioso?" Vanidad... mi pecado favorito.

¡QUÉ MUJER TAN ENCANTADORA!

"Es verdaderamente encantadora. ¡Qué mujer!" Es lo que dijimos Paola y yo al salir de la cita. En el coche, nos preguntamos: "¿Qué es lo que hace que opinemos así de una persona con la cual conversamos, por primera vez, sólo 30 minutos?" ¿Has conocido personas que con sólo verlas te caen bien y te hacen sentir como si las conocieras de toda la vida, y otras que sin haber cruzado palabra con ellas simplemente te desagradan? ¿Alguna vez has estado en una ciudad desconocida, con un mapa en la mano, buscando a una persona que se vea amable para que te oriente y dejas pasar varias de ellas, hasta que encuentras a la adecuada y la abordas? Todos conscientemente o no, irradiamos una energía que atrae o repele a las personas.

¿QUÉ HACE A UNA MUJER ATRACTIVA?

¿Qué es la atracción? Por mucho tiempo hemos creído que la belleza física es el factor único y determinante, y que sin ella no ejercemos ninguna atracción. Pues no, no es así. Es tiempo de abandonar esas viejas ideas.

Los estudios que realizó la investigadora británica Peta Heskel determinan que hay una serie de cualidades universales, como ingredientes mágicos, que hacen a una persona atractiva e irresistible. Comparto contigo sus conclusiones acerca de lo que hace a una mujer atractiva:

- Se gusta.
- Sabe qué quiere y lucha por lograrlo.
- Es una persona positiva y contenta.
- Confía en sí misma sin ser arrogante.
- Es capaz de abrirse y mostrar su vulnerabilidad.
- No depende de los demás para ser feliz.
- Disfruta de la aventura de su vida, no sólo la ve pasar.
- Le satisface lo que hace, no importa si se trata de barrer la calle, ser doctora, mamá o secretaria.
- Es emocional y espiritualmente madura.
- Tiene un sistema de creencias y valores que inspira optimismo, emoción y determinación.
- Posee un fuerte sentido de la integridad y sabe lo que debe hacer.
- Sabe reírse de sí misma.
- Se preocupa y hace cosas por los demás.
- Ve el potencial en los demás.
- Siempre habla bien de toda la gente.
- Es leal y considerada.
- Tiene habilidades sociales.
- Se mueve y habla de manera elegante.

- Es excitante estar con ella. Es apasionada.
- Es sexualmente madura y segura de sí misma.
- Ejerce un poder casi hipnótico, que la convierte en líder.
- Es muy flexible y fácilmente se puede adaptar a otros sin cancelar su manera de ser.
- Pareciera que consigue lo que quiere sin esfuerzo.
- Experimenta el fracaso como una lección en su camino al éxito.
- Confía en su intuición.
- Su cuerpo refleja todo esto, con calma, y con una disposición desinhibida a la acción.

Esta lista, de entrada, nos intimida. Hace que nos preguntemos: "¿Tengo aunque sea un poco de esto?" Y la verdad es que todas tenemos el potencial de ser todo esto y más, porque contamos con un gran aliado: nuestro cerebro. Él hará lo posible para cumplir cualquier cosa que le solicitemos.

Son siete los elementos que determinan la atracción que ejerces sobre los demás: qué tan accesible eres, qué tanto interés muestras, de qué hablas, qué tanto das a conocer de ti, cómo es tu energía, cuál es tu perspectiva de la vida y qué tan atractiva eres. Si nos respondemos cada una de estas preguntas, podremos tener una mejor idea de cómo somos y cómo nos ven los demás.

Sé accesible. A todas nos da miedo ser rechazadas. Es parte de la condición humana. Cuando te sientes a gusto dentro de tu cuerpo, con tu lenguaje corporal, tu sonrisa y tu contacto visual expresas "soy accesible", minimizas este miedo y te conviertes en una mujer abordable. Esta actitud determina si un encuentro se llevará a cabo o no. Ahora bien, es más fácil interpretar el lenguaje corporal de los demás que el propio. Así que, pregúntate: ¿cómo es mi lenguaje corporal? ¿Es abierto?, ¿relajado?, ¿qué tanto hago sentir cómodo al otro?, ¿sonrío con facilidad?

Interésate por el otro. Es el gran secreto. Es lo que mejor habla de ti y la fórmula infalible para caer bien. Muestra honestamente que estás abierta a comunicarte, que eres una mujer sensible, inteligente, segura, capaz de entender qué hay detrás de una apariencia.

El interés se muestra de manera no verbal, al orientar nuestro cuerpo hacia la otra persona y verla a los ojos; de manera verbal, al llamarla por su nombre y por la forma en que te diriges a ella: haz preguntas, escucha con todo tu cuerpo y responde. Evita hablar sólo de ti. La persona se sentirá agradecida y corresponderá a tu interés. Esto puede sonar obvio, pero son detalles que descuidamos con frecuencia.

Sé interesante. Cuando platicas con alguien tienes la oportunidad de crear una conversación interesante o una plana y aburrida. Explora temas sobre el mundo, la vida, hechos del momento, culturales y fórmate una opinión de ellos. Cuando compartes y discutes temas actuales te proyectas como una persona interesada y enrolada en la vida. Cuando somos pasivas y mostramos poco interés en lo que sucede en el mundo, damos la impresión de ser aburridas, chiquitas y de estar metidas sólo en nuestras cosas. Es una más de las razones por las que debemos aprender e informarnos.

Revela algo de ti. Cuando te muestras vulnerable, cuentas alguna debilidad que tienes, una pata que metiste, cuando te ríes de ti misma, de inmediato te conviertes en una persona más cercana, más humana, y logras que el otro se sienta más confiado y a gusto para revelarte también algo de sí mismo. Y como magia, la relación se acerca. Claro que de ti depende qué tanto quieres revelar y el ritmo en que lo haces. De hecho, las investigaciones muestran que una persona que se abre, que se quita la máscara, nos cae mucho mejor que otra que no lo hace.

Sintonízate con la energía del otro. Además de lo que digas, influye también tu habilidad para acoplarte a los demás. ¿Has pensado, por ejemplo, si hablas mucho, muy fuerte, muy lento o muy rápido? ¿Interrumpes a tu interlocutor? Se trata de establecer una cadencia. Cuando tienes la capacidad de unificar tu ritmo y estilo con el del otro, harás que la conversación fluya de manera muy cómoda y, por ende, causarás muy buena impresión.

Sé flexible y optimista. ¿Cuál es tu perspectiva de la vida y de ti misma? ¿Los demás te ven como una mujer relajada o tensa, resuelta o apocada, positiva o negativa, flexible o rígida? ¿Te consideras superior, inferior o igual a los demás? Las mujeres difícilmente exponemos esto de manera directa; no decimos: "Soy optimista, inflexible en algunas cosas y me siento un poco superior a los demás." Más bien, estas sutilezas las comunicamos indirectamente. En cada situación podemos hacer sentir importante o inferior al otro; así, también podemos enfocarnos en la belleza y el humor o en la fealdad y la superficialidad. Tú escoges en qué te concentras y de qué platicas con los demás.

Siéntete atractiva. Tu presencia física también cuenta. No sólo influye tu arreglo, que desde luego es importante, sino la opinión que tienes de ti misma, tu actitud y la manera en que te sientes dentro de tu cuerpo. Es algo intangible y, como el bostezo o la sonrisa, se contagia y afecta a los demás. Es un círculo mágico: si te sientes atractiva, te proyectas positivamente, te ves más atractiva y los demás se sienten cómodos en tu presencia. Si, por el contrario, te sientes poco atractiva, los otros percibirán esa emoción negativa, les parecerás menos atractiva y se sentirán incómodos contigo.

No cabe duda de que la señora que Paola y yo visitamos reunía las siete cualidades de las personas atractivas; creo que todas desearíamos que dijeran de nosotras lo que comentamos: *¡Qué mujer tan encantadora!*

Recurro a Norman Vincent Peale, quien dice: "Formula y graba en tu cerebro de manera indeleble una imagen de ti misma como una persona atractiva. Sostén esta imagen tenazmente. Nunca permitas que se escape. Tu mente buscará que esa imagen se haga real."

Así que, sonríe porque tú, yo, cada una, tenemos el potencial para desarrollar todas estas cualidades a nuestra manera y de ser profundamente atractivas.

Lee y relee la lista; basta con empezar a creérnosla para tener siempre un alto coeficiente de atracción.

APRENDE A DECIR "NO"

Un "no" dicho con profunda convicción es mejor que un "sí" dicho meramente para complacer, o lo que es peor, para evitar un conflicto.

GANDHI

Toñito, de un año de edad, está feliz con lo que acaba de aprender. Ha descubierto una palabra mágica que le proporciona algo que hasta entonces desconocía: ¡independencia! Ya puede expresar que no quiere comer puré de zanahoria, que no se quiere subir al columpio, que no quiere prestar su juguete. ¡Qué maravilla! De las cuatro palabras que balbucea, "no" se ha convertido en su favorita. "Nnno. Nno. No." Al decirla, hace un círculo con su pequeña boca y descubre los maravillosos efectos de esta nueva palabrita. Decir "no" lo hace sentirse personita y comienza a alejarse de su mamá de una manera sana. Es lo natural del ser humano.

Me pregunto: "¿En qué momento del camino dejamos de valorar el uso de estas dos letras?"

"No", sencillamente, es la palabra más poderosa de nuestro lenguaje. Tiene el potencial para destruir y también para transformar positivamente nuestra vida.

Si aprendemos a pronunciarla en el momento oportuno, es una especie de salvavidas. Y algo más importante: sirve para defender tu persona, tus valores, tu tiempo y tu energía. Porque decirles "no" a los demás significa decirte "sí" a ti misma.

Para la mayoría de nosotras es mucho más fácil responder "sí" a las exigencias de algún miembro de la familia, de nuestro jefe o de nuestros compañeros de trabajo; sin embargo, saber decir "no" con determinación, simplemente define la calidad de nuestra vida. Creo que todas hemos comprobado que complacer, sólo por quedar bien, a la larga nunca resulta y nos aleja de la felicidad.

¿Te has preguntado por qué no puedes negarte a ciertas cosas? Tres causas posibles son:

1. Piensas que no tienes derecho a opinar, actuar o pensar como se te dé la gana.

2. Prefieres evitar las discusiones y los pleitos.

3. Tienes miedo de no ser aceptada.

Debes tener cuidado, porque cada vez que dices "sí" a algo que no te gusta, tu autoestima se erosiona. Por ejemplo: tu jefe te pide que después de tu horario vayas a visitar a un cliente importante. Tú ya tenías planes; tu papá, novio o esposo te ha pedido desde hace tiempo que pases más tiempo con él. ¿Cómo dices "no" sin perjudicar la relación con tu jefe?

O bien, tu amiga te invita a formar parte de una fundación de caridad. "Nos haces falta, porque eres buenísima para convencer a la gente." Tú ya estás saturada de trabajo y no te alcanza el tiempo ni para desayunar con tranquilidad. ¿Cómo le dices que no?

Lo malo es que, cuando menos nos damos cuenta, la palabra "sí" se escapa involuntariamente de alguna parte de nuestro cuerpo, por lo que hay que estar en guardia.

Una vez le comenté a mi papá que no había podido decir "no" a una situación; me dijo: "A ver, pon la lengua detrás de los dientes y di "nnn" y después haz una "o" con los labios. ¿Qué tal? ¿Es fácil, verdad? No necesitas más". Como Toñito, probemos la maravillosa independencia que da decir:

- No quiero.
- No puedo.
- No me late.
- No entendí.

Necesitamos saber decir "no". No al trabajo que nos sobrepasa. No a todas las demandas de nuestros hijos y nuestra pareja. No a todos los compromisos sociales. No a la cantidad y sí a la calidad. De momento nos desconcierta, porque desde chicas nos han inculcado lo contrario. Pero si no comenzamos a hacerlo, pondremos en riesgo lo siguiente:

Nuestra salud mental. El estrés que genera tratar de quedar bien con todos tiene un impacto negativo en el cerebro. Nos sentimos fatigadas, irritables y estamos propensas a la depresión.

Nuestra salud física. El estrés crónico provoca niveles altos de adrenalina, lo cual eleva la presión sanguínea y el ritmo cardiaco. Esto provoca que el sistema inmunológico se debilite y nos dé gripe porque vuela la mosca.

Nuestras relaciones. Negarnos un espacio por dárselo a las mil tareas pendientes puede parecernos razonable. Sin embargo, después de un tiempo nos damos cuenta de que ignorar nuestras necesidades por atender las de otros es la razón misma por la que surgen los problemas con ellos. Los estudios comprueban que las crisis familiares no se deben al exceso de responsabilidades sino a la incapacidad para disfrutar de la vida. Hacerlo implica decir "no" de vez en cuando.

Aquí te presento algunas herramientas que nos ayudan a que no se escape el "sí" tan fácilmente.

- Antes de contestar a una petición, date un tiempo para sopesar las consecuencias y di: "Déjame pensarlo. Yo te contacto." o: "Déjame ver mi agenda y yo te llamo."

- Practica algunas frases con la palabra "no", sólo para que te acostumbres a la sensación de decirla. Comienza con pequeñas cosas y, poco a poco, avanza a situaciones más difíciles.

- La honestidad es el camino más fácil y rápido. Habla con el corazón.

- Evita estar siempre para todos. No es egoísmo. Descubre qué te da placer y hazlo. Consiéntete. Date permiso, aun si tienes trabajo atrasado. Disfruta lo que disfrutas. Es el verdadero lujo de la vida.

- Cuando estés en una situación en la cual el "sí" está a punto de escapar de tu sistema, pregúntate: "¿Cómo me siento ante esto?", y exprésalo en palabras. Te aseguro que te vas a sentir muuuy bien.

BENEFICIOS DE SABER DECIR "NO"

1. Cuando aprendes a decir "no quiero", "no puedo", "no me late", "no estoy de acuerdo" o "no entendí", conquistas una libertad maravillosa. Tú misma no creerás lo bien que te sientes.

2. Tomas el control de tu vida y no dejas que otros te manejen. Tampoco te quedas como espectadora, sin hacer nada, esperando a que las cosas se den solas (lo cual nunca sucede).

3. Dejas de hacer o decir cosas con las que no estás de acuerdo. Te sientes muy bien porque eres congruente con lo que piensas y con lo que haces; los demás se dan cuenta y te empiezan a respetar y admirar.

Recuerda: no se trata de decir "no" a otra persona, se trata de decirte "sí" a ti misma.

DESCUBRE EL FONDO DE TU ENOJO

¡Me hice viejita en una hora! Estoy de compras en El Palacio de Hierro con mi hija Paola, de cinco años. Algo llama mi atención y me distraigo por un segundo. Cuando busco a la niña, simplemente no está. Con el corazón acelerado, busco entre la multitud, bajo las mesas y entre los vestidos. Trato de recordar cómo va vestida. En mi mente se atropellan toda clase de escenarios. Imagino la escena ante mi esposo: "Perdí a Paola." Sudo frío. Las dependientas, muy amables, me ayudan.

Después de una hora interminable, alguien encuentra a Paola en otro piso, tras un mostrador, entretenida, jugando como si nada. Furiosa, mi primera reacción es regañarla y darle una fuerte nalgada.

El enojo llegó después de otro sentimiento: el miedo.

En una fiesta, Alicia observa las exageradas atenciones de su esposo con otra mujer que, según ella, es mucho más joven y guapa. Cuando él regresa a su lado, Alicia le dice con sarcasmo: "¿Qué pasó, Romeo? ¿Te 'batearon' por viejo?" Celosa e insegura por la conducta del marido, ella disfraza sus sentimientos y lo hiere verbalmente.

Todas conocemos lo que es estar enojadas; hemos sentido el enfado en la escala que va desde la ligera incomodidad hasta la furiosa explosión de un volcán. Es totalmente normal.

¿Podríamos sacarle provecho a esta reacción tan humana? La respuesta es "sí". Hay que comprender que la ira es un código que disfraza algunos sentimientos anteriores. Si no reconocemos este simple hecho, los problemas pueden crecer, agravarse y convertirse en una maraña difícil de deshacer.

UN CÓDIGO POR DESCIFRAR

La clave es preguntarnos: "¿Qué siento, qué hay detrás de mi enojo? ¿Frustración, inseguridad, celos, miedo, hostilidad? ¿Cuál es el verdadero significado del enojo de mi hijo, esposo, amiga o jefe?"

Cuando nos critican, es natural que nos pongamos a la defensiva. En lugar de recurrir a alguna forma de violencia, tratemos de escuchar qué hay más allá de las palabras. Quizá tu hijo se siente abandonado y lo expresa con un "ya no te quiero". A lo mejor, después de que te sentiste ignorada por tu jefe, te enojas, gritas y te desquitas con quienes menos culpa tienen: tus hijos. Quizá por el trabajo has desatendido a tu pareja y él se siente lastimado o agredido por cualquier cosa.

LOS BOTONES ROJOS

No sé qué me pasó. Me salí de mis cabales y exploté. Estaba hecha una furia, grité y dije cosas horrorosas... Lo peor es que mis hijos vieron todo. No sabes... La gente me decía: "Cálmese señorita." Cuando llegó el agente de seguros, yo ya estaba un poco más calmada y, por supuesto, no quería ni ver al señor del choque. Mis hijos, adentro de la camioneta, encogidos y calladitos, sólo se me quedaban viendo con una expresión de miedo y asombro. Pensé: "¡Qué bruta soy! Mira nomás, qué bonito ejemplo les diste."

Me moría de la pena. No quería ni decir mi nombre en voz alta, ¿qué tal si el señor conocía a mis papás o a mi marido? ¿Qué tal si era papá de algún compañero de colegio de mis hijos? No sabía dónde meterme. "Este señor ha de pensar que además de ser una histérica sin educación, soy una bruja." ¡Pero, te juro que no soy así! Hasta yo misma me desconocí. La verdad, me sentí muy mal. Hubiera querido regresar el tiempo y borrar esa tarde. Pero ya no había nada que hacer...

Entre divertida e identificada con la sensación de arrepentimiento, escucho a Maru narrar su historia. ¿Alguna vez te ha pasado lo mismo? Estás del mejor humor, algo pasa, y en segundos te transformas en la Bruja Escaldufa del cuento, una mujer irreconocible e histérica. Después, por supuesto, te avergüenzas de tu reacción. ¿Por qué pasa esto?

Imagina que tuviéramos en el pecho un tablero lleno de botones de muchos colores. Cada uno de ellos dispara una respuesta emocional distinta. Unas son positivas y otras negativas. Por ejemplo, cuando sientes gratitud o escuchas un "te quiero", se accionan los botones azules. Ésos son los botones felices. Cuando sientes envidia, se encienden los botones verdes; cuando sientes miedo, los negros; optimismo, los magenta; y así con cada una de las emociones.

La mayoría genera una respuesta más o menos normal, pero, ¡cuidado! Hay unos muy especiales: los rojos. Todas los tenemos. Al pulsarlos provocan que una alarma interior suene: ¡*Beeng, beng, beng!*, tipo James Bond en peligro. Sientes cómo una gran energía negativa se posesiona de ti, te impide pensar, distorsiona la realidad y viene la sobre reacción que, por lo general, despierta algo de nuestra infancia: un recuerdo, una experiencia negativa.

El botón rojo de cada quien es diferente. Hay personas a quienes, si se les cierra un coche en la calle, serían capaces de bajarse y matar a golpes al otro; mientras otras, con toda tranquilidad, dicen: "¿Tienes prisa? Pásale..."

Ya que ese botón te puede hacer perder la chamba, una amistad y muchas otras cosas, te invito a preguntarte: "¿Qué dispara mi botón rojo, el de mi pareja, el de mis hijos, el de mi amiga, el de mi jefe?"

Conocer qué situaciones disparan mis botones rojos es muy positivo, ya que son una gran oportunidad de conocerme y de crecer. Dice Freud que lo que no se habla, se actúa. Cuando soy capaz de expresar con palabras aquello que materialmente me saca de mí; cuando puedo superar mi instinto, cacharme en el momento y decir: "Ahí viene, ahí viene esa energía negativa", es más fácil controlarla.

Lo importante es desactivar la bomba antes de que explote, y la mejor manera es respirar y no hacer nada; esperar a que pase. Recuerda que cada vez que te dejas llevar por esa energía negativa, pierdes.

ESTOY PASANDO POR UNA CRISIS

En nuestra sociedad, el camino señalado para las mujeres entre los 20 y los 40 años es muy claro: establecer un hogar y una familia, y desarrollar una carrera profesional exitosa. Esto nos mantiene ocupadas y, podríamos decir, satisfechas. Sin embargo, al llegar a los

40, con metas logradas, hijos adolescentes y varios años de esfuerzo, vemos hacia adelante y el camino no parece tan claro.

Pero, ¿cómo enfrentar la realidad de que nuestros mejores años están agotándose? Si entendemos esta etapa de transición, se nos facilitará cambiar la mentalidad de "algo está mal conmigo" a "lo que siento es un proceso natural."

SÍNTOMAS DE LA CRISIS DE LA EDAD

Las primeras señales: comenzamos a sentirnos invisibles ante la mirada de los hombres y nos halaga que cualquier persona nos hable de *tú*, no importa si es el mesero o la dependienta del súper. Estar en forma se convierte en un desafío constante y en una prioridad para mantener nuestra autoestima, que amenaza con devaluarse.

Un día, Martha, una muy querida prima, me describió cómo envejecemos: "Gaby, un día amanecí con cara de cansada y así se me quedó".

Llevamos un inventario de las manchas, arrugas y canas que nos aparecen. Por primera vez, no nos parece tan descabellada la idea de visitar al cirujano plástico. Nos invaden sentimientos de inseguridad y soledad. Nos anima ir de compras, siempre y cuando no nos veamos en los espejos trípticos de los vestidores. Cada vez es más grande nuestro *kit* de viaje y esto se debe a las mascarillas, los antiácidos y los antioxidantes que, entre otras cosas, se tornan indispensables.

Las hormonas bailan y juegan a su antojo. De la nada, nos volvemos más irritables y de lágrima pronta; ¡lloramos hasta cuando oímos el himno nacional! Cuando nos enojamos, nos desquitamos con la persona equivocada; reaccionamos en el momento erróneo y con la intensidad menos apropiada. Nuestro marido nos parece poco tolerante, nada comprensivo y más demandante.

De un día para otro, con asombro e incredulidad, notamos que para leer el periódico debemos estirar el brazo, y nos aterra la idea de vernos con lentes a mitad de la nariz. Si vamos a un restaurante con alguien con quien queremos quedar bien, dudamos entre sacar los mentados lentes o preguntar la sugerencia del capitán, ¡y pedir lo que sea! Nos empezamos a sentir ridículas en una pista de baile poblada de jóvenes. Por supuesto, sólo bailamos en las bodas.

El panorama de nuestra mesita de noche comienza a cambiar por completo; los adornos que solíamos tener se ven sustituidos por alguna pomada, los lentes, la pastilla para dormir y los tapones para ahogar los ronquidos del marido.

Nuestra memoria nos traiciona con frecuencia. Necesitamos más tiempo para arreglarnos por las mañanas. Sentimos que "arrastramos la cobija", lo cual nos provoca un sentimiento de culpa y frustración.

¿QUÉ HACER?

En esta etapa, lo primero es hacernos un chequeo hormonal. Porque las hormonas son responsables de nuestros cambios de humor, del insomnio, de la falta de energía y de mil cosas más. Después, mantenernos activas en algo que nos apasione y que vaya más allá de un placer personal. Ocúpate, crece, ve qué te llena. De no ser así, es fácil que optemos por cualquiera de los siguientes caminos:

- Nos deprimimos y la "pobre de mí" empieza a aflorar, lo cual no ayuda en nada, ni a ti ni a tu familia.

- Nos da el "síndrome de la Barbie". Esta mujer sueña con ser la muñeca que ya cumplió 50 años y sigue perfecta, que nunca ha engordado ni se ha arrugado. Viste entallada, a la última moda, con faldas cortas y amplios escotes, para reafirmar su atractivo físico. Hacer lo posible para conservarse está bien, pero sin exagerar. La Barbie no envejece, cierto, pero tampoco ha vivido.

- Nos refugiamos en el "Club de la vela consagrada" o en la tendencia espiritual que esté de moda; no por una búsqueda sincera sino como evasión o porque satisface nuestra necesidad de pertenencia.

A diferencia de los hombres, las mujeres tenemos una gran ventaja: expresamos nuestras emociones y las platicamos, en especial con las amigas, lo cual facilita mucho el paso por este trance.

Estoy convencida de que existe una fuente de la eterna juventud, y no es otra que la actitud positiva y el desarrollo de la vida interior; de la mente y del talento. La creatividad que le pongamos a nuestra vida y a la de quienes amamos es lo que nos hará verdaderamente jóvenes y productivas. Sólo esto nos permitirá superar airosamente esta etapa. No olvidemos que se es tan joven o tan vieja como se quiera ser. Todo está en nuestras manos y es cuestión de actitud.

TENGO DEPRESIÓN Y NO SÉ CÓMO SALIR DE ELLA

Todo empezó hace un año —me cuenta Eliza—. Me divorcié después de 12 años de casada porque mi esposo me fue infiel. Me quedé con mis dos hijos y con un trabajo nuevo que no me gustaba. Empecé a sentirme muy cansada, sin ganas de salir con mis amigas los fines de semana; me costaba mucho trabajo levantarme y no tenía energía para atender a mis hijos.

Mi vida cada vez estaba peor. En mi trabajo empezaron los problemas: llegaba tarde, no cumplía con lo que tenía que hacer, mi jefe se enojaba todo el tiempo conmigo, hasta que renuncié.

Ya no tenía la obligación de levantarme para ir a trabajar; me podía quedar dormida todo el día, pero en la noche no lograba conciliar el sueño. Pensaba que algo terrible sucedería, una catástrofe… "Lo mejor sería que me muriera para que mis hijos se vayan con su papá y no me sienta culpable ni responsable de ellos", me decía. Llegaba la mañana y con ella me sentía cada vez peor; más culpable de no atenderlos, de no tener trabajo. Era como caer poco a poco en un pozo profundo, sin llegar al fondo ni poder descansar.

Mi ex marido estaba muy enojado conmigo; me amenazaba con llevarse a mis hijos si no hacía algo para mejorar. Me daba mucho miedo, pues pensaba que si estaba sola podía hacer una locura con tal de no sentirme así de cansada. Con esa horrible sensación de vacío y falta de ganas, todo me dolía, bajé mucho de peso, me veía fatal. Todo eso me hacía sentir peor. No había mejor lugar que mi cama.

Hasta que decidí ir a un psiquiatra. Me mandó antidepresivos y me recomendó ir a un psicólogo. Las primeras consultas lloré sin parar, hasta que poco a poco pude empezar a hablar de mis problemas.

Después de meses de tratamiento, comencé a sentir que salía adelante. Dormía mejor. Mis pensamientos catastróficos y la culpa disminuyeron; empecé a atender a mis hijos, a sentirme con más energía para salir, a arreglarme y a comer mejor.

Todavía me cuesta trabajo la vida diaria. No he regresado a trabajar, pero con la ayuda de los antidepresivos y la terapia siento que voy por el camino de la recuperación.

Cuando veo para atrás pienso que estoy saliendo de una pesadilla; no entiendo como caí tan hondo sin buscar ayuda. Me alegro de estar mejor, de tener a mis hijos y de poder ver la vida de manera diferente.

Eliza

¿CUÁLES SON LAS CAUSAS DE LA DEPRESIÓN?

La vida está llena de altas y bajas. Sin embargo, a veces las "bajas" duran mucho tiempo y nos impiden realizar cabalmente las actividades diarias. Pocas personas entienden lo doloroso que es esta enfermedad.

Si notas que de pronto te falta alegría y ánimo, y ya no te gustan las cosas que antes te gustaban, es posible que padezcas este desorden tan común hoy en día.

Las causas de la depresión son muchas y dependen de nuestra personalidad. Sin embargo, el riesgo es dos veces mayor en la mujer que en el hombre.

Hay factores únicos en la vida de la mujer que juegan un papel importante en la depresión, como los hormonales y genéticos; así como el maltrato y la opresión.

De acuerdo con los expertos, para encontrar la cura de esta enfermedad hay que revisar tres causas principales: físicas/orgánicas; por estrés o falta de adaptación y por reactividad o duelo.

Depresión por causas físicas/orgánicas. La desencadenan factores como desajustes hormonales, desequilibrio nutricional, enfermedades, uso y abuso de sustancias, etcétera.

Busca ayuda de un especialista en estos padecimientos. Lee, entérate e investiga en internet, para comprender bien tu situación. Si te recetan medicinas, pregunta cuáles son los efectos secundarios y si crean adicción.

Depresión por estrés o falta de adaptación. Se relaciona con las características de la personalidad. Suelen padecerla mujeres que se sienten rebasadas por el trabajo y las responsabilidades; también las que se presionan y se exigen demasiado. Se da entre las perfeccionistas que sienten la necesidad de controlar todo y llegan al agotamiento físico o emocional.

Depresión por duelo. Es resultado de una pérdida o un suceso doloroso. Las pérdidas pueden ser relativamente leves, como la de una oportunidad de promoción, o severas, como un divorcio o la muerte de un ser querido.

SÍNTOMAS

- Estado de tristeza persistente; sensación de ansiedad o "vacío".

- Pérdida de interés en actividades que antes disfrutabas.

- Sentimientos de culpa, de no valer nada, de impotencia, desesperanza y pesimismo.

- Dormir demasiado o muy poco.

- Disminución de energía, fatiga, sensación de estar "en cámara lenta"; suele traducirse en expresiones como: "Me cuesta mucho trabajo hacer todo; para lo que antes hacía con facilidad ahora requiero de mucha concentración y debo pensar cada paso de lo que voy a hacer; mis movimientos son lentos y torpes."

- Pensamientos de muerte, de suicidio o intentos de suicidio.

- Síntomas físicos persistentes que no responden al tratamiento, como dolores de cabeza, trastornos digestivos o dolor generalizado.

Hoy existen tratamientos efectivos para curar la depresión: antidepresivos y psicoterapia; lo ideal es una combinación de ambos.

En caso de padecerla, la familia y los amigos nos pueden ayudar mucho. Pueden acompañarnos al doctor, animarnos a ser constantes con el tratamiento y hacernos compañía.

También es importante asistir a un grupo de apoyo, realizar actividades que te hagan sentir bien, como hacer ejercicios sencillos o yoga, sin exigirte demasiado al principio. Sentirte mejor lleva tiempo, pero definitivamente se puede.

SOBREVIVIR A UNA PÉRDIDA

Es muy aleccionador observar que, en la naturaleza, la pérdida es un elemento esencial de la Creación: el día inicia y la noche se pierde, la fruta nace y la flor se muere, el capullo cae y la mariposa emerge. En todos los casos, la pérdida crea el escenario para volver a crear.

Lo mismo ocurre con la vida humana. No hay logro que no conlleve una pérdida. Un día nos damos cuenta de que somos mortales y finitas; generalmente después de llegar a la madurez. Antes nos creemos inmortales y el tema ni siquiera cruza por nuestra mente. Desde esta perspectiva aprendemos que las pérdidas son parte de la condición humana.

Observemos que hay varios tipos de pérdidas:

Las pérdidas del alma, como la muerte de un ser querido.

Las pérdidas del corazón, como un divorcio, la ruptura de una relación, el cambio en las distintas etapas de la vida o la pérdida de un ideal o un sueño por largo tiempo anhelado.

Las pérdidas físicas, como cambiarse de país, ciudad o colonia, la pérdida del trabajo, de un techo, de salud, de la seguridad personal.

Las pérdidas relacionadas con la edad, como la pérdida de la juventud, de la belleza, del pelo, los dientes, la memoria, la fertilidad (menopausia), en fin.

Las pequeñas pérdidas que se suman a lo largo de un día, de una semana, de un mes o de una vida. Un choque inesperado o el distanciamiento de una amiga, acontecimientos que provocan que estemos "inexplicablemente" deprimidas.

EL DUELO

Es el proceso por el cual podemos superar las pérdidas. No puedes evitarlo, pero mientras lo vives sientes un total resquebrajamiento interno. El profundo dolor te hace encontrar el lugar exacto donde anida el alma. Sientes un agujero en el pecho, un abismo, algo muy diferente al dolor emocional o físico.

Es por eso que muchas personas tratan de reprimir e ignorar el dolor; siguen con su vida como antes, como si nada hubiera pasado y se dicen tranquilas y contentas; sin embargo, el dolor sigue ahí. Si no lo reconocemos, tarde o temprano encuentra salida, sólo que nos cobra con intereses acumulados.

La manera en que vivimos el duelo depende de cómo vivimos la pérdida, de nuestra edad, de lo preparadas que estemos, de qué tan fuertes estamos internamente y del apoyo que recibamos.

Por ejemplo, cuando tenemos un ser querido que vive una larga enfermedad incurable, elaboramos un duelo anticipado que nos prepara para el desenlace. Sin embargo, cuando la muerte llega repentinamente, como cuando ocurre un accidente, nos toma desprevenidas y sin preparación. Así fue el caso de mi querido hermano Adrián, quien falleció a los 41 años.

El dolor también te da la oportunidad de crecer y de ver los tesoros que hay dentro de las personas. Tal fue el caso de mi cuñada María, esposa de Adrián, que se quedó con tres hijos de 11, 10 y ocho años. Su manera de encarar la gran pérdida ha sido un ejemplo para quienes la rodeamos.

DESPERTAR Y NO TENERTE

Suena el teléfono; me dicen que has tenido un accidente. Lo primero que hago es coger el celular y la cartera e ir al hospital. Quién iba a decir que no los necesitaría.

Saber que habías muerto fue algo muy difícil. Quería pensar que estabas en coma, que algún día despertarías. No me importaba esperar la vida entera a que despertaras.

Pero las cosas no eran diferentes, no cambiarían. Lo que podía cambiar mi situación era tomarlo con buena actitud. Actuar en vez de reaccionar. Así que en ese momento te dije: "Vargas, va por ti, voy a rebasar tus expectativas y a mostrarte de qué madera estoy hecha". Te volviste mi motor.

Qué difícil era pensar, usar la cabeza, cuando lo único que me dominaba era ese corazón herido y lastimado por tu ausencia. Esa angustia de pensar: "María, ¿cómo le vas a hacer? ¿Cómo vas a manejar todo esto con tus hijos? ¿Cómo vas a continuar viviendo sin él?"

Llamé a una psicóloga para que me dijera cómo darles la noticia. Estaba consciente de que mis hijos responderían de acuerdo con mi actitud.

Y tal como la psicóloga me recomendó, con todo mi amor y serenidad les di la noticia sin maquillar: "Su papá murió. Ahorita lo vamos a ver." Y lo vieron. El corazón se me desgarraba al ver lo que estaban enfrentando. Su nueva realidad.

Sentía que vivía en una película de Almodóvar, que todo era un sueño y que al despertar estarías tú. Pasaban los días y en la casa ya no se oía tu voz, que decía: "Ya llegué, familia..." La cama se me hacía inmensa.

Me aterraba enfrentar a mis hijos a ésta, nuestra nueva vida sin ti. Educarlos sola. No sabía cómo hacer para que vieran el lado bueno de las cosas: "Ahora tienen papá portátil. Hoy son y serán especiales, porque el dolor templa el alma" les dije.

Sentía la gran obligación de estar pendiente, alerta. Bien sabía que como estuviera yo, estarían nuestros hijos. No me podía hundir porque ellos vivirían una doble pérdida.

Empecé a desarrollar la capacidad de manejar mis sentimientos. Ellos tenían que ver mi tristeza, para que también se dieran permiso de llorar y sacar la suya. A la vez, debía contenerme para que percibieran que el barco tenía control, que la tormenta era terrible pero tenían buen capitán.

Y así es, mi Vargas, me dejaste el timón a media tormenta. Sin embargo, son las olas más altas las que nos enseñan a ser mejores nadadores.

También me importaba mucho que en la casa siguiera habiendo alegría y unidad. Que habláramos de ti y de nuestros sentimientos. Que los niños no se bloquearan, que vivieran el proceso del duelo hasta llegar a la aceptación.

Fomentar los buenos recuerdos, seguir adelante, fue muy duro: la primera Navidad, la primera vacación y demás. Sin embargo, las siguientes empezaron a ser menos amargas y, poco a poco, todo este dolor ha ido cambiando de color.

Veo cómo nosotros no nos morimos y la vida sigue.

Qué trabajo me costó aceptar, ver que el tráfico seguía, el segundo piso del Periférico se acabó, los artistas estrenaban canciones.

Tus hijos crecieron. Siento muy feo ver que hoy son adolescentes y tú no los ves. Santi va a hacer la primera comunión y tampoco vas a estar. Ya no te tenemos.

Sin embargo, hoy, a pesar de haber perdido al amor de mi vida, a mi mejor amigo y compañero, de haber pensado que la vida no volvería a sonreír, puedo darles gracias a Dios y a ti, por haberte tenido, por el gran ejemplo que nos diste.

Debido a tu pérdida se nos abrieron los ojos del alma y hoy vemos la vida distinto. Sabemos que hay vida después de la vida porque te sentimos, y muy cerca.

Gracias porque descubrí la gran fortaleza interior que tengo. Gracias porque estoy consciente de que todos los días sale el sol y con él la oportunidad de salir adelante y de retomar una actitud positiva. No importa si hoy me caí, seguro mañana me levanto. Gracias porque veo que todos esos miedos son sólo eso: miedos. Gracias porque sentí y vi el cariño y la cercanía de tanta gente que nos quiere y nos ha apoyado todo este tiempo. Me di cuenta de que si quieres, puedes.

Hoy puedo decir que sigo sacando fotos llenas de sonrisas. Que nuestras vidas no se paralizaron. También hoy te puedo decir que no me quiero quedar sola. Mi Vargas amoroso. Gracias por existir.

Dios mío, gracias por esa gran creación que fue Adrián y que tanto nos sigue dando.

María

SÍNTOMAS DE UNA PÉRDIDA

Según el caso, la herida varía en tamaño, profundidad y forma, y se manifiesta de muchas maneras: temor, desolación, sensación de vacío, enojo, culpa, fatiga, atarantamiento, pérdida de concentración, de energía, de apetito, de ánimo, de sueño y demás.

Todas estas manifestaciones pueden presentarse después de una pérdida, por lo que hay que vivirlas pacientemente y evitar pelear con ellas.

LAS ETAPAS DE RECUPERACIÓN

Después de una pérdida, la persona debe pasar por tres etapas, naturales y necesarias, para que la herida sane: 1) estado de *shock*, de negación y de entumecimiento; 2) miedo, enojo y depresión; 3) entendimiento y aceptación.

Las tres etapas de recuperación pueden darse por separado o juntas.

Primera etapa. Al principio no podemos creer o comprender lo que nos pasa; la mente niega la pérdida, como si el dato no fuera computado por el cerebro, especialmente cuando se trata de un ser querido. La naturaleza es tan sabia que, para protegernos, nos proporciona a cuentagotas ese dolor que perfora el alma. De otra manera, hay ocasiones en que no lo podríamos tolerar. Así, por momentos olvidamos y nos distraemos con cualquier cosa; segundos después, un comentario, un detalle, un sonido, vuelve a abrirle la puerta a esa gota ácida que taladra y lastima.

Esto ocurre excepto al despertar por la mañana, cuando, por segundos, la irrealidad se pelea con la realidad. Entonces la pena no se despacha a cuentagotas, sino en un chorro despiadado y amargo que se agolpa en el estómago y nos deja sin aire... hasta que la rutina cumple con su tarea de volvernos a distraer.

Segunda etapa. Se caracteriza por el miedo a lo desconocido, el temor a lo que una vez fue y ya no será; un sentimiento que paraliza, incluso las emociones; nada entra, nada sale. Un vacío en el alma; una sensación de soledad, desamparo y desolación nos habita. Vamos por la vida confundidos, con una angustiosa interrogante, y como sumergidos en una espesa gelatina.

Puede haber sentimientos de enojo contra la vida, el doctor, la inseguridad en el país, los policías, el azar o lo que sea. Al mismo tiempo aparece la culpa. "¿Qué pude hacer? ¿Qué hice, o qué no hice? ¿Qué hubiera pasado con otro doctor, con otro coche? De haber actuado de diferente manera, ¿podría haber prevenido su muerte?" Por desagradable que sea esta etapa, no podemos ignorarla, callarla, huirle o saltarla: es necesario vivirla, honrarla, estar con pena por un tiempo lógico y natural.

Tercera etapa. La aceptación. Aquí el dolor es más profundo. Es el momento en que se puede transformar en salud. Cuando nos perdonamos, nos damos cuenta de nuestra nueva realidad y percibimos la dimensión de la pérdida.

Con el tiempo, nuestro cuerpo y nuestra alma toman el camino de la recuperación. Poco a poco, nuestra mente comienza a aceptar que la vida sin aquello que perdimos es posible; y nos dirigimos hacia un nuevo capítulo, un poco más serenas, fortalecidas, humanizadas y maduras. Podemos recordar lo que pasó y, poco a poco, el recuerdo se hace menos doloroso. Empezamos a gozar del presente.

Con las pequeñas pérdidas, atravesamos por estas tres etapas de forma breve y ligera; con las grandes, cada etapa se vive intensamente y nos puede tomar años superarlas.

Tengamos en cuenta que el cuerpo, el alma y la mente tienen una gran sabiduría. Saben cómo sanarse y cuánto tiempo necesitan para ello. Confiemos en este proceso de recuperación; vivamos paciente y dignamente estas tres etapas que se requieren para sobrevivir a una pérdida.

SOBREVIVIMOS

No cabe duda de que sobrevivimos: unos más tarde, otros más temprano, pero todos lo hacemos. Las pérdidas son parte de la vida; no podemos evitarlas. Nos consuela saber que el proceso de alivio tiene un final y, sobre todo, que no estamos solos.

Comparto contigo algunas sugerencias para sobrevivir una pérdida:

- Dicen que sólo el cucharón conoce el fondo de la olla. Si piensas que necesitas ayuda, pídela. Ahora no es el momento de ser "valiente"; de hecho, se requiere de mucho valor para solicitar apoyo.

- Vive tu pérdida. Llora. No actúes, como diciendo "aquí no pasó nada". Tocar fondo es parte del proceso de alivio.

- Evita idealizar a la persona, a la relación o al trabajo que perdiste. En nada ayuda.

- Recuerda que estás vulnerable. Descansa, duerme más, medita; trabaja lo que puedas, no te presiones.

- Mantén un orden exterior y un horario (flexible) mientras el remolino de tu interior se aquieta.

- Espera hasta dejar de sentir el cerebro nublado. Pospón la toma de decisiones importantes. Delega a tu familia y amigos la resolución de pequeñas decisiones.

- El contacto físico ayuda mucho. Toma de las manos a tus seres queridos y abrázalos; abrázate también. Ahora es el momento de recibir un masaje.

- Busca ayuda de tipo espiritual.

- Sé gentil contigo misma. Trátate con el mismo cariño y con la misma paciencia con los que tratarías a un buen amigo.

- No te dejes presionar por personas bienintencionadas que te dan consejos como: "deberías", "pienso que tienes que", "ya es hora de".

- Prepárate para sentir miedo. Es parte del proceso. Miedo a estar sola, a no ser amada, a no poder con los retos futuros. No lo evites, úsalo para salir adelante.

- Es normal sentir coraje hacia la persona que se fue, hacia Dios, hacia el destino. Dale salida a este sentimiento de una manera sana: golpea una almohada, patea la cama, grita, sal a correr. Cuando el miedo se canaliza de esta manera, desaparece.

- Prepárate para sentir culpa o remordimiento. Hasta cierto punto es normal, pero también hay límites, porque en exceso es muy dañino. El antídoto es el perdón (ya sé, es más fácil hablar de él que realmente llevarlo a cabo).

- Te sentirás deprimida, pero existen remedios naturales. Si tu depresión es severa, busca ayuda profesional.

- Permanecer consternada por mucho tiempo no significa que "amaste mucho". Tampoco sientas culpa por sentirte bien.

- Aliméntate bien y toma mucha agua; reduce el consumo de café, nicotina, alcohol o comida chatarra, pues interfieren en el proceso natural del cuerpo para sanar.

- Consiéntete y haz lo que te gusta: lee un buen libro, toma un baño de tina, ve a un buen restaurante, cómprate flores, vete de viaje a algún lado. Recuerda que el dolor va contigo, pero el sufrimiento lo evocas.

- Escribe lo que sientes y lo que piensas. Es una manera de ordenar y sacar la pena.

- Usa colores para levantar tu ánimo, ya que actúan sobre tu estado psicológico. Rodéate de verdes y de flores. Sal al campo. Evita vestirte con ropa oscura.

- Afírmate. Afirmar es "hacer firmes" los pensamientos positivos, curativos, de amor, que tienes acerca de ti misma y de la vida. Una afirmación se hace en tiempo presente y siempre empieza con "yo soy" o "yo estoy" (tranquila, feliz, en proceso de alivio). Repítelas varias veces al día.

- Ríe. La risa es una de las mejores terapias. Renta una película de humor, habla con gente que te hace reír. Hay una línea muy fina entre la tragedia y la comedia. Encontrar humor en tu pérdida, en tus reacciones, aun en tus recuerdos, te alivia.

Conforme pase el tiempo, te darás cuenta de que tu mente poco a poco se despeja, tu memoria mejora, renace tu deseo de estar con las personas, de hacer algo por los demás; te sientes más fuerte, viva y optimista. Todos sobrevivimos…

Comparto contigo el cuento "Yazul", que me hizo favor de enviar Juan Carlos Kanahuati. Solía contárselo su papá, "famoso" por sus cuentos de origen árabe:

Había una vez un rey que lo tenía todo. Contaba con los suficientes recursos materiales como para estar tranquilo, tenía una familia a la que adoraba, súbditos que lo admiraban, sirvientes que lo atendían cortésmente y grandes placeres. Sólo le faltaba encontrar una esposa.

Un día, sin embargo, llamó a su primer ministro, para pedirle un favor.

—Necesito que busques una palabra —le dijo el rey— para grabarla en un anillo que traeré todo el tiempo conmigo. Cuando sienta que estoy triste, con sólo ver la palabra, mi tristeza deberá disminuir.

El primer ministro escuchó atentamente y se comprometió a conseguir la palabra. Durante todo el día pensó en ella. Sin tener éxito, ya cansado, en la noche decidió irse a su casa. Cuando su hija lo vio, le preguntó si tenía algún problema.

—Todo anda bien, sólo que estoy exhausto.

La hija insistió, hasta que su padre le contó su problema.

—Vete a dormir, padre, verás que mañana, con la cabeza tranquila, encontrarás la solución.

A la mañana siguiente, la hija despertó a su padre:

—Papá, papá, ya encontré la palabra que buscabas. La palabra es *yazul*.

—¡Por supuesto! —contestó el primer ministro, con enorme alegría—. Jamás se me hubiera ocurrido.

De inmediato fue a ver al rey. Éste, maravillado, le preguntó que a quién se le había ocurrido tan sabia palabra. El primer ministro contestó que a él. El rey lo conocía bien, por lo que insistió. El primer ministro tuvo que confesar que fue su hija quien la descubrió. El rey quiso conocerla. Al hacerlo, se enamoró de ella y vivieron felices por siempre.

La palabra *yazul* significa, en árabe: "pasará".

LA NUEVA MUJER

VIVO SOLA, ¿ESTOY SOLA?

"¿Quién necesita un marido?" Ellas se definen como innovadoras e independientes. No le rinden cuentas a nadie. Son mujeres de entre 25 y 40 años que usan tacones altos, son autosuficientes, tienen buenos trabajos y sueldos, y están decididas a triunfar. Este nuevo tipo de solteras está de moda.

"Sí, me gustaría tener una pareja, pero tampoco es mi prioridad", me comenta Sylvia, quien tiene maestría en mercadotecnia y es gerente de marca de una empresa transnacional. Ella ve su soltería como un factor a favor en su aspiración para ser promovida a un puesto superior, quizá en otro país, dentro de la misma compañía. "Mi prioridad es mi carrera."

El estigma social de antaño, de la *solterona,* se desvanece.

"¿Para qué permanecer toda la vida con una sola persona? Si me entendiera con alguien como para lograr armonía, amor y cercanía, quizá. Pero eso no ocurre. Yo no he llegado a esos niveles de entendimiento con ningún novio", dice Diana, física con especialidad en astronomía, quien a sus 35 años, prefiere vivir sola. "Las parejas que he tenido me quieren controlar, mandar. Y no siempre resulta fácil comunicarse con ellos. Callan, calculan, tiran anzuelitos y tienden redes. No —finaliza—, relaciones a largo plazo, mejor no."

Las nuevas solteras, como Diana, rechazan la vida de matrimonio y entrega que llevaban su mamá y sus abuelas hace apenas una o dos generaciones. Lejos de sentir vergüenza de su elección, algunas de ellas se sienten orgullosas de eso. Apuestan al momento, gozan de la vida a sus anchas.

Otras tantas reconocen que les daría una flojera infinita "pastorear" a un hombre y a unos hijos. Muy pocas están en un "rebote" de "sí quisiera pero no quiero, me convendría, pero no me conviene, me gusta, pero me disgusta".

LAS MUJERES SE HAN EMPODERADO

Las mujeres se han empoderado, dicen los especialistas en género. Y esto se ha convertido en el mejor anticonceptivo de la época.

Con la posguerra y la aparición de la píldora, en los años sesenta, la mujer se descubre a sí misma y explora su capacidad para desarrollarse en otros campos, ganar dinero y, de esta forma, enfrentar la autoridad del hombre. Esto despierta en ella la idea de que quizá esa vocación "natural" por ser madre no siempre se tiene, como se daba por sentado hasta entonces.

El hecho es que hoy, a casi medio siglo de ese parteaguas, algunas mujeres eligen no ser madres. A quienes sí lo somos nos cuesta algo de trabajo entender esta posición; pero a la larga, cada mujer tendrá que descubrir por sí misma si tomó una buena decisión.

En los últimos años, muchas mujeres de la clase media y media alta han sustituido el matrimonio y la maternidad con una carrera, un trabajo, un viaje o un determinado puesto de poder. Los papeles se confunden, se intercambian, se traslapan. Los acuerdos se negocian. Las parejas se ponen entre paréntesis. Se condicionan. Ellas deciden estar solas.

MEJOR AMIGOS QUE ESPOSOS

No es casualidad que la serie de televisión estadounidense *Sex and the City* se haya convertido en un éxito; es la historia de cuatro amigas que rompen tabúes sexuales y nos muestran los bares, los restaurantes y las calles de la ciudad de Nueva York. El programa nos presenta la problemática de la mujer exitosa y sola; es el reflejo de los 30 millones de mujeres que viven en esa condición, en ese país, y que constituyen 33 por ciento de su población, según datos publicados en el periódico *USA Today*.

En este contexto, muchas mujeres prefieren tener amigos, antes que un esposo, y dedicarse a sus logros profesionales. Y muy pocas se plantean parejas a largo plazo.

"No quiero casarme. No quiero que vivamos juntos. Quiero disfrutar mis espacios, mi soledad, y trabajar a mi modo y en mis horarios", me comenta Claudia, quien recientemente volvió con un novio con el cual duró ocho años. Y ahora es ella quien le plantea a él una relación no convencional. "Sí lo quiero ver, pero cuando ambos queramos. De ninguna manera necesito que esté conmigo. No me fortalece. Yo soy fuerte. Y lo que deseo es que nos acompañemos. Sí. Eso es lo que yo quiero. Paco dice que está de acuerdo."

"¿Para qué?", dice Ixtle, que atiende una cafetería. "Yo soy independiente a mis 24 años. No necesito a nadie. ¡Y menos si sólo hay que soportarlos, como hizo mi mamá! Claro, si conociera a alguien con quien pudiera entenderme, que no quisiera mandarme, ni convertirme en una muñequita obediente, que no me exigiera atenderlo, quizá sí. Pero eso no existe." Y sirve, apresurada, el siguiente capuchino.

Parece disminuir cada vez más el número de mujeres latinoamericanas que desean llegar al altar o al registro civil. O bien, sólo unirse en pareja, "vivir juntos", como decimos. Y, mientras esto sucede, aumenta el número de mujeres que trabajan y son independientes.

Y LOS HOMBRES, ¿QUÉ OPINAN?

"Los hombres jóvenes, en cuanto sienten el rigor del matrimonio, con el compromiso que conlleva, pretextan juventud excesiva, ¡incluso a los 45 años!", me comenta Araceli, ejecutiva de cuenta en un importante banco.

A Agustín le ocurrió así. Cuando las negociaciones y los acuerdos se ponían difíciles en sus relaciones, corría hacia el lado opuesto del compromiso: "No sé si tengo miedo al compromiso. A lo que más le temo es a la incomunicación, al enojo, a las diferencias; situaciones en las que yo no he conseguido respeto."

"A mí me gusta sentir que yo soy el que protege, el que provee, porque es lo que viví y aprendí desde chico. Me cuesta trabajo salir con una de esas mujeres exageradamente autosuficientes. Siento como si estuviera con otro hombre, y lo que yo busco es una mujer", me comenta Francisco.

Los abuelos y algunos padres dicen que existe una falta de compromiso "que da pena". Y los jóvenes francamente no saben, hoy por hoy, si quieren tomarse la molestia de acordar, de tomar decisiones *a deux*. Argumentan que antes era mucho más fácil hacerlo:

ella mandaba en el fondo, él gritaba en la superficie. Ella sostenía emocionalmente, él era proveedor.

En medio de este mar de éxitos laborales, tironeos emocionales y *mea culpa* por romper reglas establecidas, las mujeres solas se deslizan a su antojo; mientras tanto, a los hombres sólo les queda añorar, quejarse, esperar o cambiar de actitud. ¿Tú qué opinas?

YA NO HAY HOMBRES...

"Ya no hay hombres. Están casados o son gay. Cada vez es más difícil encontrar un galán mono, decente, que quiera compartir la palabra 'nosotros'." Ésta es una queja recurrente entre las mujeres solteras, de cualquier edad, que buscan comprometerse. Cabe considerar también que cuanto más "inteligentes" y "sofisticadas" nos volvemos, más difícil se torna encontrar una pareja.

Si es tu caso, habría que explorar qué tanto provocas que los hombres no se te acerquen. Si eres como algunas mujeres que conozco, seguro has hecho todo para mantenerte al día: corte de cabello, gimnasio, ir a lugares de moda y, aun así, te sientas, te rascas la cabeza y te preguntas: "¿En qué estoy mal? ¿Por qué ella sí y yo no?"

Se trata de un juego. Y sí, es cierto, la competencia está muy fuerte. Y a lo mejor tienes razón: esa amiga tuya no es tan simpática, ni tan guapa, ni tan buena onda como tú; sin embargo, la razón por la que está llena de planes es que ha jugado mejor. Pero esto, como todo en la vida, se aprende.

TU PROPIO COMERCIAL

Lo primero que necesitas es hacer tu propio comercial. Imagina que quieres vender un producto y que debes resaltar todas sus cualidades. Para convencer a otros de que lo compren, primero requieres convencerte tú. Creerte, saberte maravillosa. Por ejemplo: ¿qué te dices cuando estás sola? Suele suceder que aunque por fuera te presentes como una mujer muy segura, por dentro "te traes de bajada" y nada más te enfocas en lo negativo. Pues debes saber que si eso pasa, así tengas el cuerpo de Miss Universo, de nada te servirá.

La gente percibe la mentira bajo la apariencia y, ¿sabes qué piensa?: "Oye, si ella, que se conoce mejor que nadie, siente que no vale nada, ¿quién soy yo para discutir?" Así que corre para otro lado. O bien, te topas con un *loser* que busca presa fácil: tú. Toda inocente; te la crees y termina por lastimarte. Tú mereces mucho más.

¡Ojo! Nunca te muestres —de ninguna manera— desesperada. Recuerda que si tu propio "comercial" está lleno de dudas, distorsiones y negativismo, lo vas a gritar por todo el mundo y de mil maneras a través de tu lenguaje no verbal. Cada gesto, cada acción, cada movimiento va a contradecir toda palabra que digas o impresión que quieras causar.

Pregúntate lo siguiente:

1. ¿Me siento una mujer valiosa?
2. ¿Hay algo verdaderamente malo en mí?
3. ¿Siento que no merezco ser amada?
4. ¿Me han "mandado a volar" alguna vez y por eso siento que debe haber algo malo en mí?
5. ¿Creo que no voy a encontrar la felicidad?

Lo primero que debes hacer es eliminar o cambiar las ideas negativas, porque, ya sea que algún día tengas una buena pareja o no, la relación más importante que tendrás siempre será contigo misma. Identifica tus fortalezas, abrázalas, sácales partido. Cambia lo que te disgusta. Decídete. No hay excusa para no hacerlo y nunca es tarde.

Si de plano crees que no puedes hacer tu comercial como se debe, como es la realidad, con todas tus cualidades y tu potencial, busca ayuda profesional. Te aseguro que todo tu mensaje va a cambiar: tu aura, tu seguridad y la manera en que te proyectas.

Es un hecho: si tú misma no te gustas, es difícil que le gustes a alguien más. Por el contrario, si te quieres y te aceptas, de inmediato encontrarás que los demás también lo hacen. Ése es tu poder. Nuestro poder. Si piensas que eres la mujer más completa, divertida, inteligente e interesante del planeta, ¿qué crees? Los demás también lo pensarán. Además, es muy probable que en este proceso encuentres que sí, que todavía hay hombres y, además, maravillosos. Es sólo cuestión de creer en ti. Nada más. Empieza y verás.

¿Por qué algunas mujeres tienen cinco hombres muriendo por ellas, mientras a otras les parece que ya no hay caballeros disponibles sobre la Tierra? ¿Y por qué a algunas de ellas las tratan como reinas y a otras no? ¿Por qué con el tiempo un hombre pierde interés por una mujer?

Hay ciertas mujeres, no importa la edad, que sin ser extraordinariamente atractivas o especialmente inteligentes tienen una manera de comportarse que las vuelve irresistibles.

A veces nos dan ganas de preguntarles cuál es su secreto. ¿Qué es lo que hacen? ¿Qué es lo que no estamos haciendo nosotras?

DATE A DESEAR

"¿Por qué no me llama cuando dice que lo hará? ¿Por qué no me invita a salir? ¿Por qué me deja 'plantada' o llega tarde? ¿Por qué llevamos saliendo tanto tiempo y no veo nada claro?" Éstos son algunos cuestionamientos que muchas mujeres solas, de todas las edades y condiciones, se hacen con frecuencia. Se quejan de los mensajes confusos que los hombres mandan: "A veces sí, a veces no. A veces siento que le gusto, a veces no. A veces es encantador, a veces no. A veces me siento en las nubes y a veces en el sótano tres." ¿Qué pasa?

La razón es que al hombre le encanta el reto, aunque no siempre lo reconozca. Le encanta la conquista, lo difícil de alcanzar. Es por eso que le gustan los deportes, el póker, las inversiones, el riesgo. Cuando una mujer se muestra interesada en un hombre y lo invita de manera insistente a salir, cuando con pretextos poco creíbles le llama frecuentemente por teléfono, cuando rápidamente accede a la insinuación sexual, lejos de atraerlo destruye el instinto natural de conquista que tiene el sexo masculino. Por el contrario, si la mujer juega el papel de "la inalcanzable", despierta de inmediato el deseo de logro y conquista.

¿TAPETE? ¡DE NADIE!

Las mujeres cometemos graves errores cuando un hombre nos gusta o nos interesa. El peor: ¡ponernos de tapete! Nuestro problema es la falta de una estrategia fría y calculada.

Éste es un escenario típico: una mujer sale con alguien y se emociona. Luego, él hace algo que medio la decepciona. No importa. Él sigue haciendo otras cosas que la decepcionan. No importa. Pasan semanas o hasta meses en los cuales ella le perdona TO-DO. Se rehúsa a enfrentar la realidad: ese súper hombre maravilloso, del cual está enamorada, está a punto de convertirse (o ya se convirtió) en un patán. Ni modo. La cruel verdad es que ella no le late, no le gusta lo suficiente o no le interesa.

Pero antes de llegar a este punto, lo disculpa y encuentra excusas para todo, sin importar cuán ridículas sean. "Es que no quiere arruinar la amistad, lo intimido, quiere ir lento y no apurar las cosas, está viajando mucho, tiene mil cosas en la mente, no le gusta hablar por teléfono, es muy importante y está muy ocupado, no está listo todavía, acaba de salir de una relación muy complicada, así lo educaron, se está encontrando a sí mismo, a lo mejor le pasó algo… Pero es muy liiiiindo." Todo antes que aceptar la realidad.

CUANDO LE INTERESAS

Lo cierto es que cuando a un hombre le gusta una mujer, lo demuestra de mil maneras: la busca, la llama, la procura, la invita. Nada lo detiene. No importa si lo acaban de nombrar presidente de la República; al día siguiente de conocerla, lo primero que hace es llamarla; tiene detalles, la invita a salir, quiere conocer a sus amigos, a su familia y, cuando está con ella, no le quita los ojos de encima.

¿Está muy ocupado? ¿No tuvo ni siquiera un minuto del día para marcar con su dedito ocho dígitos o la memoria de su celular? ¡Por favor! "Es que no había recepción."¡Ajá!

Si tú tienes que buscarlo, recordarle, invitarlo y demás, lo más probable es que, ni modo, *sorry*, no le lates. Y entre más insistes es peor. Lo más conveniente en estos casos es no hacer nada. No buscarlo, no mostrar interés, no hablarle, no esperarlo y, menos aún, aguantar desaires o informalidades.

Recuerda que los hombres, por no lastimarnos, difícilmente se atreven a hablar con la verdad; un hombre es capaz de hacer cualquier cosa antes de decirte: "La verdad no me lates".

A continuación te presento algunos consejos antiguos de las abuelas, que sí funcionan. Si no lo crees, te invito a hacer la prueba para que te convenzas.

1. Es importante sentirte especial, como la mujer que todos desearían tener a su lado. Lejos de ser un asunto relacionado con el físico, es una actitud, un estado de ánimo, una forma de irradiar confianza y orgullo por ti misma. Hay que caminar como si fueras la modelo más cotizada del año. Me ha tocado ver mujeres muy bonitas que no lucen porque les falta sentirse especiales.

2. Hay que ser un poco misteriosas. Aunque lo veas en la serie *Sex and the City*, no conviene iniciar la conversación ni invitarlo a bailar. Al final, las protagonistas siempre terminan solas. No te le quedes viendo como si estuvieras planeando la luna de miel, ni hables hasta por los codos, y menos le cuentes cosas muy íntimas. No olvidemos lo que decía Voltaire: "El secreto para aburrir es contarlo todo."

No entables conversaciones densas y filosóficas en las primeras citas. Hay que ser inteligentes, interesantes y misteriosas. No digas cosas como: "Nadie me había hecho sentir así" o "les he platicado tanto a mis papás y a mis amigas de ti, que se mueren de ganas de conocerte".

3. Evita aceptar una invitación para el sábado, después del miércoles. Si un hombre te habla el jueves, en forma amable pero firme, contesta: "Qué pena, pero ya tengo otro plan." Aunque te quedes frustrada en pijama viendo la televisión, él tiene que captar la idea de que eres una mujer con tantos planes y actividades que debe hablar con anticipación. Si la invitación llega el viernes en la tarde, es obvio que ya alguien más le dijo que no. Ser plato de segunda mesa, ¡jamás!

4. Sé la primera en terminar las conversaciones telefónicas. Aunque nos encanta platicar por horas y contar con detalle todo lo que nos sucedió, no hay que quedarse más de un rato hablando con un hombre. Puedes decir: "Bueno, qué gusto me dio que me hablaras", o "qué pena, tengo mil cosas que hacer". Créeme. Eso lo deja con ganas de platicar más, y seguro se preguntará: "¿Estará viendo a alguien más?", "¿Por qué me habrá colgado tan rápido?", "¿La habré aburrido?" (¡Perfecto!)

5. Aprecia todo. Sé amable, dulce y demuestra que es fácil convivir contigo. Sonríe mucho y no te sientas con la obligación de llenar los silencios en la conversación.

En general, que sea él quien haga la mayor parte del trabajo: abrir la puerta del coche, retirar la silla, etcétera. Es importante agradecerle por todos estos detalles y ver lo positivo en todo.

6. Al principio, procura no ver al galán más de dos veces por semana. Por lo general, el hombre se enamora y desenamora más rápido

que la mujer. Así que, ojo: es importante dosificar las citas, aunque el instinto y las ganas de verlo nos aconsejen lo contrario.

7. En esta etapa de conquista, tras el beso de la despedida, cuando él pregunte: "¿Qué vas a hacer mañana?", muérdete la lengua y contesta: "Qué pena, ya tengo planes." Si no resistes la tentación y a todo dices que sí, notarás cómo con el tiempo su interés va decreciendo.

¿ES RIDÍCULO?

Mis hijos, al escuchar estas reglas, no me bajan de anticuada: "¿Rechazar a alguien que te invita después del jueves para el sábado? ¡Cómo crees!" "Eso de ser la primera en despedir la llamada telefónica, perdóname, ¡pero es ridículo!" "¿Ser misteriosas? ¿Por qué y para qué?" En fin... Estoy segura de que si tú, lectora, eres una mujer joven, estarás totalmente de acuerdo con ellos.

Sólo te pido una cosa: haz la prueba. Estas reglas no las inventé yo, aunque mis hijos jurarían lo contrario; las inventaron hace siglos mujeres inteligentes que se dieron cuenta de que perseguir a un hombre, llamarle insistentemente y estar a sus pies, simplemente no funciona, ya que por naturaleza a ellos les gusta el reto y la conquista.

Claro, cuando la relación pasa de la etapa de conquista y ya andas con él, las cosas son diferentes (aunque no del todo). ¡Créeme! Pero ahora tu trabajo es ver por ti, construir tu propio mundo, ser independiente, interesante, ponerte guapísima y divertirte mucho. Porque eso sí les atrae. Tú mereces una gran relación que sin duda llegará y te hará sentir como reina. Porque, ¿tapete? ¡De nadie!

Date tu lugar. Ese antiguo dicho que mi abuelita no dejaba de pronunciar: "Date a deseo y olerás a poleo", es anticuado y cavernario... ¡pero muy cierto! Haz la prueba.

RELACIONES DESECHABLES

Te uso, te dejo. Es un modelo cada vez más común: la relación desechable. La conexión es ligera, sin compromiso, sin ataduras, con sexo casual y divertida. ¿Qué mejor?

Sin embargo, en "el mejor de los mundos" aparece una sensación de que "algo falta". Ese algo es *intimidad*, ésa que va más allá de lo meramente físico. Sin ella, la relación es absurda, porque se da entre cuatro personas, no entre dos: las dos falsas, que se tratan, y las dos reales, que permanecen ocultas.

Los humanos tenemos cinco partes importantes en nuestra vida, hechas para funcionar en armonía: la física, la emocional, la mental, la social y la espiritual. Y claro, en el *fast track* es más fácil encontrar intimidad en lo físico que en las otras cuatro áreas. Sin embargo, pronto descubres que ese tipo de intimidad es temporal, porque el deseo de profundizar no se sacia; es por ello que, a veces, saltamos de relación en relación.

Intimidad significa compartir nuestro ser en su totalidad. Es esa conexión profunda con el otro; una unicidad sin máscaras, sin miedos. Desnudar el alma y tocar los linderos de lo espiritual.

¿ES RIESGOSO?

¡Claro que lo es! Es como entrar a la jungla. No hay garantía alguna. Entre uno y otro se percibe una especie de peligro, y no sabes si la relación lo aguantará. Es por eso que interactuamos de lejitos y vivimos protegidos con 20 escudos. Es más cómodo. Si te acercas demasiado, amenazas mi esencia y yo la tuya. Mejor dejamos que nuestras máscaras se relacionen.

Marshall Hodge, en su libro *Fear of Love*, dice: "Anhelamos momentos de expresiones de amor, de cercanía, ternura, pero a menudo, en el momento crítico, nos retractamos. Tememos la cercanía.

Tememos amar." Más adelante, escribe: "Entre más te acercas a alguien, mayores son las posibilidades de sentir dolor." Ésta es la verdadera razón por la que rechazamos la intimidad.

Sin embargo, vale la pena asumir el riesgo. Lo peor que puede pasar es que la relación termine, pero es mejor ser auténticos y estar separados, que permanecer juntos y con mentiras.

¿Cuántas mujeres pueden decir que no han salido lastimadas de una relación? Creo que muy pocas. La pregunta es: ¿Qué hacemos con ese dolor? Para camuflarlo, optamos por ese doble juego: "*Quiero amar y ser amada... pero espérame tantito, ya me han lastimado antes. Así que saco mis escudos*". ¿El resultado? Una gran soledad.

El erotismo, que no la sexualidad, es una puerta maravillosa que nos conduce a la intimidad. Sin embargo, en esta última, las expectativas románticas y la magia que esperamos son muy altas. Queremos que todo sea tan perfecto que se pierde el sentido profundo del placer en unión.

El doctor Henry Brandt, en *Collegiate Challenge Magazine*, dice que hay un síndrome, un patrón de conducta en las parejas que lo consultan: "Al principio, el sexo era emocionante. Luego empecé a sentirme incómoda, y después me enfadaba mi pareja. Peleamos, discutimos y finalmente terminamos. Ahora somos enemigos." Ese síndrome se da por la unión de dos personas centradas en sí mismas, que buscan su propia satisfacción. Los elementos de unión e intimidad no pueden darse de inmediato, sin riesgo, paciencia y esfuerzo, por lo que una persona que tiene una relación desechable vive fuera de balance y añorando la armonía.

Arriesga todo. Da el paso a pesar del peligro. Si te equivocas, de todas maneras sales más fortalecida. Lo único que está en tus manos es tu vida; hazla lo más rica posible.

LA ACTITUD ES TODO

Me fascina Galia Moss. Lo que me fascina es su actitud. Cruzar el Atlántico a los 31 años, en un velero, sola, durante 41 días, en la inmensidad del mar, sobre esa cascarita de nuez, no es cualquier cosa. Me imagino que desde que la idea le nació, hasta que culminó su aventura en Xcaret, tuvo que haber pasado por muchas adversidades y etapas difíciles; hizo miles de planes, tuvo sueños, vivió desencantos, buscó patrocinios... Seguro escuchó más de 100 veces "estás loca" y demás.

Creo que, como ella, todas nos planteamos retos y desafíos; quizá no tan riesgosos, pero igual de importantes.

Es por eso que le pedí nos contara cómo y qué la animó a realizar su travesía.

Todo comenzó después de la primera vez que navegué un mes en el océano. Al regreso leí un libro acerca de una chica que navegó sola por el mundo entero. En ese momento tuve la idea.

Nunca me pregunté por qué cruzar sola el Atlántico sin siquiera saber velear. Sólo pensaba: "Me encantaría hacer lo que hizo esta chica." Me ayudó mucho pensar que todos los que han navegado en solitario son humanos y, como yo, tampoco sabían velear.

Si me preparaba como ellos, yo también lo podría lograr. Desde entonces comencé a leer más sobre la navegación en solitario, a tomar cursos, a velear donde necesitaran veleristas.

Por supuesto que, en esos años, me encontré con mucha gente que no confiaba en que yo podría cruzar el océano sola. Ningún comentario como ése entraba en mi mente. Yo sólo pensaba: "Llegará el día que esté preparada y lo voy a hacer."

Tuve que buscar patrocinadores. Durante un año visité muchísimas empresas, las cuales me concedían el tiempo para presentar mi proyecto, pero luego o no me contestaban o me decían: "No tenemos presupuesto para tu proyecto."

Mi perseverancia fue lo único que me animó a seguir tocando puertas. Siempre que escuchaba un "no", pensaba: "Habrá un 'sí' en algún otro lugar." Después del primer "sí" llegaron otros.

Antes de zarpar enfrenté muchos retos, pero cada uno me daba fuerzas para vencer el siguiente. Sin embargo, lo que más me fortaleció fue mi actitud: nunca dejé que un reto o un "no" me separara de mi sueño. El sueño de cruzar el océano siempre fue mucho más fuerte que cualquier adversidad.

Para mí, lo importante es saber que nada ni nadie me puede detener. Si nos guiáramos por la opinión de los demás, nunca alcanzaríamos nuestros objetivos.

Todos tenemos un océano que recorrer, sea en el mar, la oficina, la casa, donde sea. El hecho de que un sueño haya estado en nuestra mente significa que lo podemos lograr. Quizá en un principio no resulte como nos lo imaginamos, pero eso nos enseña que siempre podemos aprender algo de las adversidades.

Cumplir un sueño acariciado por años, el que sea, sólo obedece a una cosa: *actitud*.

Leo en la página de Galia: "He tenido malos ratos. He llorado, he estado en silencio; le he reclamado a las velas sus escándalos y al viento por qué no viene. Pero casi todo el tiempo he estado de buen humor. Mucho tienen que ver los años que soñé estar aquí, pues ahora ¡lo estoy viviendo! ¡No es un sueño! Algo que he aprendido es a ofrecer una sonrisa al mal tiempo en vez de darle la espalda o hacerle un reclamo."

Todas realizamos nuestras travesías, y no es ningún secreto que la vida nos premia cuando adoptamos una actitud positiva. Nuestro reto, como el de Galia, es que cuando suframos un golpe o llegue la adversidad, no dejemos que nuestros propósitos se escapen por

la ventana. El asunto es que, en el momento de la verdad, sepamos sacar la casta.

La actitud es el centro que gobierna nuestra vida: te empuja hacia las estrellas o te envenena y paraliza.

Para modificar nuestra actitud, lo primero que debemos cambiar es el corazón (aunque suene cursi), porque en él reside todo lo que somos.

¿Te imaginas lo que la mente de Galia le murmuraba antes de aventurarse? Seguramente enlistaba todas las razones por las que no tendría que ir. Sin embargo, es el corazón el que te dice: "Sí puedo, no sé cómo; fácil no va a ser, pero me prepararé lo mejor que pueda y me lanzaré."

Y se lanzó. Eso es lo que mueve a los grandes héroes y heroínas de la historia: el corazón.

CONCLUSIÓN

CONCLUSIÓN

> La más noble función de un escritor
> es dar testimonio, como acta notarial
> y como fiel cronista, del tiempo que
> le ha tocado vivir.
>
> CAMILO JOSÉ CELA

El equilibrio en nuestra vida es posible. Basta realinear nuestra manera de pensar para establecer ese equilibrio entre la *forma* en que vivimos y la *razón* por la que vivimos.

Agradezco de todo corazón a mi queridísima amiga Olga Sánchez Cordero por compartir su testimonio, el cual me pareció tan valioso que lo considero la mejor manera de concluir este libro. Olga, a quien admiro mucho, es la primera y única ministra en la Suprema Corte de Justicia de la Nación, y ha sabido combinar con gran inteligencia y corazón su trabajo de esposa, madre y amiga. Es un ejemplo a seguir para todas nosotras.

No nací siendo ministra de la Suprema Corte de Justicia de la Nación ni notaria pública. No nací siendo abogada ni defensora de los derechos de las mujeres y los derechos humanos. No nací siendo esposa ni nací siendo madre. Nací en México a mediados del siglo xx, un tiempo y un lugar afortunados. Esta circunstancia me dio la libertad para tomar decisiones que las mujeres que me precedieron no pudieron tomar y que todavía son inconcebibles e inalcanzables para muchas. Comencé mi edad adulta en la eclosión de tumultos sociales y políticos. Tomé parte en muchas batallas en las que, básicamente, se luchaba por encontrarle significado a una libertad que comenzábamos a experimentar.

Mi madre y abuela jamás hubieran podido tener una vida como la mía, por más que hubieran luchado, pues vivieron en un mundo masculino que no permitía a las mujeres pensar diferente, creer en ellas ni actuar en consecuencia. Pero, de ellas heredé la capacidad de creer en mí misma. Estas líneas, que parafrasean el inicio de un libro que ha dejado honda huella en mi vida, *Historia viva*, de Hillary Rodham Clinton, tienen como único objeto, dejar constancia de que no hay capacidad más grande, más importante en la vida que la de creer en una misma.

Soy de las primeras generaciones de la posguerra. Una generación de lucha y transición, de conflictos y dudas, de avances y retrocesos; pero también de convicciones firmes, de ideales serios. Una generación que aportó a la cultura de nuestro mundo, una nueva manera de verlo, una firme determinación en favor de los seres humanos y de su libertad. Esa libertad nos llevó, a mis contemporáneos y a mí, a combatir con mucho optimismo por los ideales que, desde el mayo francés, surgieron en el mundo para renovarlo. Esa búsqueda de libertad nos llevó también, a algunos de nosotros, a participar de manera muy intensa en los movimientos que surgieron en esa época.

Era un periodo de revolución de los esquemas de pensamiento en el mundo. Era la época de los Beatles, los Rolling Stones, Janis Joplin y Jimmy Hendrix. La época del "prohibido prohibir", de la minifalda, de la generación *beat*, del *baby boom*, el movimiento hippie, el *peace and love*. En fin, era un periodo marcado por un ansia libertaria que trastocó para siempre nuestras costumbres y valores.

De la época dura de la posguerra, pasamos a otra que educó a sus niñas y niños en el respeto a la igualdad, la legalidad, la democracia, la justicia y la libertad, un cimiento sólido para construir esa sociedad de paz con la que tantos días amanecimos soñando.

A pesar de haber heredado los valores de mis padres, mi vida fue diferente. Mi desarrollo profesional y personal tuvieron necesariamente que hermanarse y la ayuda de mi madre fue fundamental en el proceso de crecimiento de mis hijos, hasta que se pudo (murió muy joven). Después, me recuerdo en mis distintas facetas vitales: solicitando una beca para estudiar en el extranjero; entrevistándome con personas que me preguntaban si estaba segura de querer un posgrado, con tres hijos y un marido que también iba a estudiar; atendiendo alumnos en la Facultad de Derecho de mi querida UNAM como secretaria escolar; escuchando a personas con sed de justicia como magistrada en el Tribunal Superior de Justicia del Distrito Federal.

Fue cuando me convertí en la primera mujer en la historia del Distrito Federal que obtuvo la patente de notario por oposición, que me di cuenta de que la autoestima, el autoconcepto, la forma en la que una misma se ve, es la virtud más grande que nos ha dejado este tiempo vital. Hoy, como ministra de nuestro más alto tribunal, me ha tocado participar en la resolución de los temas más importantes y trascendentes para la vida política de este país; pero además, en decisiones que han afectado positivamente la vida de muchas mujeres y niños por hacer de sus derechos fundamentales una realidad viva. Por ello reafirmo que creer en una misma, saberse capaz, sentirse bonita, plena, feliz, es el valor más importante del tiempo que me ha tocado vivir.

Gaby Vargas ha dedicado gran parte de su vida a recordarnos esto y, con ello, ha evocado una de las tradiciones más ancestrales de las culturas clásicas: la del testimonio. Esta figura del testimonio se utilizaba para dar fe de algo, para dejar constancia, como dice Cela, del tiempo que nos ha tocado vivir. Gaby se hace acompañar de nosotras, como en las culturas antiguas, para dejar constancia.

Por esa razón, pienso que las mujeres somos transmisoras de cultura, de esa cultura que engloba a los valores. Somos quienes nutrimos y dotamos de luz el alma y los sentimientos de nuestros hijos. Las mujeres somos el primer contacto que nuestros hijos tienen con el mundo y, por ese hecho, adquirimos la responsabilidad de educarlos en los valores en que creemos. Como dijo Gandhi: "La verdadera educación consiste en obtener lo mejor de uno mismo [pues], ¿qué otro libro se puede estudiar mejor que el de la Humanidad?"

Con esa convicción, quiero dejar testimonio de que hay que enseñar a nuestros hijos a creer en ellos mismos. Hay que llenarlos de cariño, comprensión y apoyo. Hay que incrementar exponencialmente su autoestima, porque el futuro del mundo depende de que ellos sean mejores personas. Dice un gran escritor uruguayo, Eduardo Galeano: "Al fin y al cabo, somos lo que hacemos para cambiar lo que somos." Por ello, metida ahora a escritora por invitación de Gaby, quiero dejar constancia de la mejor enseñanza del tiempo en que he vivido, que reproduzco en palabras de Wayne W. Dyer: "Si crees totalmente en ti mismo, no habrá nada que esté fuera de tus posibilidades."

Olga Sánchez Cordero de García Villegas

Querida lectora, me gustaría saber de ti y conocer tu opinión. Puedes escribirme a: mujer@gabyvargas.com También puedes consultar: www.gabyvargas.com

BIBLIOGRAFÍA

- Angier, Natalie, *Woman*, Anchor Books, 1999.

- Arnot, Robert, *The Biology of Success*, Little Brown and Company, 2000.

- Babcock, Linda y Laschever, Sara, *Women Don't Ask*. The High Cost of Avoiding Negotiation and Positive Strategies for Change, Bantam Books, 2007.

- Beauregard, Jack, *The Power of Balance*, Innervision Press, 2000.

- Bloom, Linda y Bloom, Charlie, *101 Things I Wish I Knew When I Got Married. Simple Lessons to Make Love Last*, New World Library, 2004.

- Bloomfield, Harold H., y Colgrove, Melba, *How to Survive the Loss of a Love*, Peter McWilliams, 2000.

- Butterworth, Bill, *On-the-Fly Guide to... Balancing Work & Life*, Currency Doubleday, 2006.

- Carlson, Richard y Carlson, Kristine, *Don't Sweat the Small Stuff for Women*, Hyperion, 2001.

- Carter-Scott, Chérie, *If Success is a Game, These are the Rules*, Brodway Books, 2000.

- Castañeda, Marina, *El machismo invisible regresa*, Taurus, 2007.

- Chopra, Deepak y Simon, David, *Grow Younger, Live Longer*, Three Rivers Press, 2001.

- Crittenden, Danielle, *What Our Mothers Didn't tell us*, Simon Schuster, 1999.

- Day, Laura, *Welcome to your Crisis*, Little Brown and Company, 2006.

- De Angelis, Barbara, *How Did I Get Here?*, St. Martin's Griffin, New York, 2006.

- De Angelis, Barbara, *What Women Want to Men Know*, Hyperion, 2001.

- Ekman, Paul, *Emotions Revealed*, Times Book, 2003.

- Fernández Moreno, Carlos, *El ocaso de Zeus*, Innovación Editorial Lagares, México, 2006.

- Goleman, Daniel, *Emotional Intelligence*, Bantam,1995.

- Gottman, John, M. y Silver, Nan, *The Seven Principles for Making Marriage Work*, Crown Publisher, Inc., 1999.

- Harrell, Keith, *Attitude is Everything*, Harper Business, 2005.

- Helmstetter, Shad, *What to Say When you talk to your self*, Simon & Schuster, 1982.

- Hendrix, Harville, *Getting the love you want*, OWL Book,1988.

- Heskell, Peta, *The Flirt Coach's Secrets of Attraction*, Element, 2004.

- Hewitt, Fran y Hewitt, Les, *The power of Focus for Women*, Health Communication, Inc., 2003.

- Hogan, Kevin, *The Psychology of Persuasion*, Pelican, 2000.

- Horn, Sam, *What's Holding you Back?*, St. Martin's Griffin,1997.

- Katherine, Anne, *Boundaries*, Simon & Schuster, 2000.

- Legato, Marianne J., *Why Men Never Remember and Women Never Forget*, Rodale, 2005.

- McGraw, Phillip C., *Self Matters*, Simon & Schuster, 2001.

- Osho, *Intimacy*, St. Martin's Griffin, 2001.

- Pease, Barbara y Pease, Allan, *Why Men Don't Have a Clue and Women Always Needs More Shoes*, Brodway Books, 2004.

- _____, *Why Men Don't Listen and Women Can't Read Maps*, Brodway Books, 2001.

- Perlmutter, David y Braverman, Eric R., *Younger You*, McGraw Hill, 2007.

- Pinkola Estés, Clarissa, *Mujeres que corren con los lobos*, Ediciones Grupo Zeta, 2005.

- Schlessinger, Laura, *10 Stupid Things Couples Do to Mess Up Their Relationships*, Cliff Street Books, 2000.

- Schlessinger, Laura, *Women Power*, Harper Collins Publisher, 2004.

- Silvia Fittipaldi, *2 + 1 = engaño*, Longseller, 2006.

- Small, Gary, *The Memory Bible*, Hyperion, 2002.

- Wilson, Paul, *Calm for Life*, Dorset Press, 2000.

Esta obra se terminó de imprimir en septiembre de 2012
en los talleres de **PRO**cosa
Santa Cruz, No.388, Col. Las Arboledas,
C.P. 13219, México, D.F.